劉君祖易經世界

身處變動的時代，易經教你掌握知機應變，隨時創新的能力。

易經密碼 第三輯

易經六十四卦的全方位導覽

劉君祖——著

目錄

君臨天下——臨卦第十九（䷒）

觀民設教——觀卦第二十（䷓）

割喉競爭——噬嗑卦第二十一（䷔）

人文化成——賁卦第二十二（䷕）

浩劫餘生——剝卦第二十三（䷖）

一元復始——復卦第二十四（䷗）

隨機應變——隨卦第十七（䷐）

二〇一二年前的思考

師、比二卦在兵法的應用上，除了可作為戰略的指導，還可以作為謀和的工具。不管應用在兩岸關係，或中、美兩國，甚至全世界，都可視為最高的和平戰略指導。國共交惡近五十年，從上一代到這一代，兩岸的戰與和所發生的諸多事情，應該足以讓我們從這段歷史教訓中找出新的智慧，突破藩籬。也就是說，要找到一種史無前例的方法，解決海峽兩岸因歷史問題所造成的困局，這是兩岸的人們需要繼續努力的。

在歷史上，大國崛起從來沒有因為和平，都是因為戰爭。那麼，能不能突破這樣的歷史宿命或歷史困局呢？若有可能，那就需要更高超的智慧。我認為，這就得從中華經典著手。儒、釋、道、墨、法等諸家，自古至今都是智慧的靈感泉源，但不是直接拿來就可以用，而是要觸類旁通、活學活用，所以要加強經典文化中待開發、待運用的智慧，應用於當今之世。

《易經》是中華思想文化之源、智慧之母，絕對是當之無愧的。《易經》六十四卦以始壯究、始壯究的循環，所以能無窮盡地繼續發展。就像第六十四卦未濟卦一樣，「物不可窮也，故受之以未濟，終焉。」宇宙中的人、事、物都無窮無盡，最後一卦不可能是既濟卦的終止，一定是取之不盡，用之不竭的開放系統。就像我們這一章要講的隨卦一樣，面對紛然變化的局面，隨機應變。

中華經典的學習如今在大陸逐漸升溫，自上至下，已形成整體的學習態勢，很多人已習慣於從經典中尋找啟發、獲得動能，用以面對新世界的艱鉅形勢。正是這種普遍需求形成的學習氛圍，不論在校園或各行各業，都能感覺有一股動力。而且這個趨勢正在快速形成中，這是值得每一個中國人欣喜的事情。

當下即是，剎剎生新

隨時隨地都能讓自己的身心得到安頓，這就是「當下即是」。重視當下，就是隨卦的特色。我在上一卦豫卦就曾提到，豫卦注重未來。《易經》的過去、現在、未來，可以用三個卦說明。豫卦看未來，希望高瞻遠矚，做到百分之百「不忒」的預測，然後根據預測及早做準備，如果這兩個都做對了，一定是豫樂的結果。它是對未來提出願景和夢想，藉以激勵自己，甚至激勵別人，所以豫卦「利建侯行師」，是熱情行動的象。行動要有節奏，所以豫卦中又有音樂的象，音樂會激發人的奮鬥情緒，「雷出地奮」，甚至「殷薦之上帝，以配祖考」。好像接觸到天人互動的按鈕，碰觸到天地鬼神之間的神聖感、超越感、激勵感，這就是一個人往未來看的基本態度。

可是我們往未來看，不見得都看得準，故豫卦後面是隨卦，萬一事態發展不如預期，就必須尊重現實、隨時調整。堅持不改的結果就是豫卦最後一爻「冥豫」，冥頑不靈，無法清醒過來。隨著時間流變，象徵未來的「豫」慢慢都會變成眼前的事實，那就進入隨卦了。如果當下眼前的現況跟豫卦的預測有很大的差距，務實的人就不會堅持已經無效的預測，他會尊重現實，立即調整。這就是隨卦，非常有現場感。其實我們在時間裡活著，最可靠的還是當下、現在，豫卦代表未來，因為不可知的因素太多，只能憑空想像，尚未成真。隨卦則是真實的情境。人總是不滿現實，總覺得今天不好，明天會更好，一天到晚擬計畫，完全沒有顧及眼前該做什麼？該如何享受、如何努力奮鬥、如何安頓身心？還有一種是老活在過去，那就是隨卦的下一卦蠱卦（䷑）。蠱卦就是講面對過去，要勇於革除積弊；不論是面對傳統文化、面對歷史，還是面對自己的過去，都要隨時反省檢討，從中提煉寶貴的經驗智慧，用在當下，期許美好的未來。可是有些人可能因為過去太輝煌，無法適應現在，更沒有勇氣計畫未來，一直活在對過去的單相思中，天天發牢騷。時光不會倒流，過去永遠不回頭，人生的真實存在就是現在，這就是隨卦。由這三個卦的卦辭可以看得出來，《易經》最重視的是當下能不能做得好；不僅要活得很自在，還要有創造的動能。

所以隨卦卦辭就是完美的「元亨利貞，无咎」。象徵過去的蠱卦就不是「元亨利貞」了，因為有些東西已經在崩解、敗壞，如同病毒一般擴散。其實隨卦和蠱卦相綜相錯，而且卦序也是「隨」而後「蠱」；因為隨著時間流逝，一切都會漸趨敗壞，所以蠱卦裡面有「元」，有「亨」，有「利」，但沒有「貞」。「貞」就是固守，很多東西一敗壞就守不住。蠱卦也代表不正之風瀰漫，逼得你必須改革、撥亂反正。元亨利貞裡面缺「貞」的卦，六十四卦裡只有蠱卦，就是敗壞守不住，青春過去，無論如何挽回，也守不住了。所以，能夠掌握的還是象徵當下眼前的隨卦，因此它的卦辭特別好、特別圓融。

老是往未來看的豫卦，離「元亨利貞」就更遠了，它只有「利建侯行師」。如果一個人能務實，有夢想，對未來有預測，現在就要組織行動、積極佈局。因為眼前的剎那即是永恆，這就是禪宗講的「當下即是」，珍惜每一個當下，讓每一個現在都過得很圓滿。

人生的際遇很難說，要調整大環境很不容易，若能調整自己的身心狀況，順應隨緣，日日是好日，怎麼樣都可以活得自在，這就是「元亨利貞，无咎」的隨卦哲學。

隨卦內震外兌的特性

隨卦有原則性，又有靈活性，這種應變的彈性，在卦象上就有明確的顯示。隨卦內卦是震，「帝出乎震，萬物出乎震」，中心有主，有核心競爭力。從人體取象來看，震為足，故屯卦是坎下有震，表示在生命一開始就有穩固的基礎。隨卦之震則表示絕對站得住腳，同時，其雖然原則堅定，但並不影響待人接物或靈活應變的能力，因為隨卦外卦是笑臉迎人、充滿誠意的兌卦，所以它隨時以歡喜心和外界往來。一般來說，內心有「震」的人，往往因為太有原則而難以相處；而且它是誠於中、形於外，外表就是一張撲克臉，一天到晚板著臉教訓人，或是標榜某些規範。隨卦是內心有震、外面是兌，親和力十足，很容易跟人建立友誼。這種最佳搭檔，就構成了隨卦的卦象。

中國人最推崇外圓內方的處世原則，隨卦正是如此。假如內心正直，外表也正直，很可能會得罪人，當然就做不到《易經》屯卦所講的「匪寇婚媾」，廣結善緣。別人可能敬畏你，但不會喜歡你，因為你不好相處。隨卦的外表和顏悅色，是樂於溝通交流的兌卦，很容易讓人起歡喜心。但這並不代表他很隨便，因為隨卦中心有主，內卦有「震」做衡量。外兌內震是絕好的卦象，不過要修到隨心所欲不逾矩的工夫，很難！孔子七十歲才修到這個境界。

面對過去未來，處理當下

「隨」是與時俱進，不脫離時代，所以外卦兌表示法喜充滿、親和力十足；而且可以說法傳道，影響世人。隨卦兼具原則性與靈活性，倘若兩者真能融洽無間，卦辭所說的「元亨利貞，無咎」確實是可以期待的。而且隨卦隨時保持放鬆、自在。太有原則的人通常緊張兮兮，把一個原則當成要用生命去捍衛的無限上綱，這就無法與其他人、事和平相處。相反的，如果老是走兌卦的路子，一天到晚迎合人家，就不免扭曲原則，變成濫好人。隨卦將分寸拿捏得恰到好處，處處給人方便，但絕不隨便；富有權變的彈性，又不影響大原則。如果把方便當隨便，一天到晚嬉皮笑臉，就會失去原則。這是「詭隨」；貌似隨卦的圓通自在，其實是隨波逐流的鄉愿。所以佛門講「慈悲生禍害，方便出下流」。隨和是為了接引群眾，用通俗易曉的手法，跟所有人打成一片，但絕不是媚俗。通俗之後，就要循循善誘，讓對方往上提升，而不是降低水準、遷就低標準。隨卦在這一點上把持得非常好，不管情勢如何動盪變化，永遠能掌握「外兌內震」的最佳和諧，這是難得的人生境界。

與隨卦相錯綜的是第十八卦蠱卦。我在上文說過，豫卦嚮往未來，隨卦重視當下，蠱卦則是面對過去。隨著卦序流轉，未來變成現在，所以豫卦後面是隨卦；現在稍縱即逝，若沒有好好把握，馬上就開始敗壞，走入歷史長河，所以隨卦後面就是蠱卦。過去、現在、未來三世，也就是豫、隨、蠱三個卦。人在生命流程中就是要學會以健康的態度，善處過去、現在、未來。如此，後面就是自由開放、君臨天下，而且是「元亨利貞」四德俱全的臨卦（䷒）。所以，想要成為臨卦這種創意開放的領導，或者建立這樣的社會格局，開發那麼大的能量，就必須對未來有精準的預測力和周全的準備，這就是「豫」的工夫；還要能務實地處理當下的事，這就是「隨」的工夫；更要能批判繼承、繼往開來，這就是「蠱」的工夫。如果這三方面有任何一點缺陷，君臨天下的領導就會有問題。

讀過《金剛經》的應該知道，豫、隨、蠱三個卦都不能執著，即「過去心不可得，現在心不可得，未來心不可得」。隨卦代表無所執著，圓滿自在；蠱卦則代表肉腐重生。從蠱卦「外艮內巽」的卦象就可看出，蠱卦是典型的黑箱作業，裡面臭不可聞，外面卻看不到，因為外面壓住了。貪腐政權、權錢交易的政商勾結就是如此，所以需要改革，把蓋子掀開，讓真相暴露出來，這就叫「幹蠱」。再者，蠱卦外卦是艮，大山壓頂，代表空氣不流通；內卦為巽，巽為風，封閉空間裡的空氣被污染了，必須突破外卦艮這個封閉的蓋子，讓新鮮空氣進來，否則就會造成疾病感染。《黃帝內經》說過，風為百病之長，風不流通，就會造成細菌病毒的擴散。所以蠱又有病態之象。此外，隨著時間的流逝，事物都會衰老、敗壞，成住壞空的變化是必然的，所以隨、蠱相綜相錯，兩卦的關係太密切了，是一體的兩面，是不可分的整體。這是繼泰、否二卦之後第二對相錯綜的卦，所以要從整體去看隨、蠱二卦，把它們當作渾然一體的太極球。如果只從一方思考，一定不能周全。泰、否是三陰三陽的卦，隨、蠱也是三陰三陽。相錯綜的卦必然是三陰三陽的卦，因為卦與卦既相錯又相綜，關係這麼密切，大概只有三陰三陽的卦辨得到，這是數理的必然，只是泰、否二卦陰陽界限分明，其他如隨、蠱二卦則陰陽交雜，其間的關係就更為複雜了。隨著時間流逝，一切有形的東西都會敗壞，所以「隨」之後就是「蠱」，一邊「隨」一邊「蠱」，現在跟過去徹底相反，眼前馬上就變成過去；因為隨卦代表的眼前當下是「元亨利貞，無咎」，充滿活力；但剎剎生變，當下一刻瞬間就過去了。

蠱卦在卦序上位列十八，也有數理上的依據。大衍之術的占法有「十有八變而成卦」的說法，三次變化決定一個爻，十八次變化決定一個卦，「蠱」就代表劇烈的變化。可見，蠱卦在自然卦序中排第十八也非偶然。

生死之際：隨、蠱二卦卦中卦的比較

隨、蠱二卦相錯綜，關係如此密切，從它們的卦中卦分析，可加深我們對隨、蠱兩卦自然生命衍化的理解。

隨卦初爻到四爻是頤卦（䷚），頤是養生、生態；而隨卦三、四、五、上爻所構成的卦，則是象徵崩毀死亡的大過卦（䷛）。所以簡單來講，隨卦是隨時變化，逝者如斯，不舍晝夜，伸足入水，已非原水；基本上就是成住壞空，從生到死的過程。由「頤」的養生，慢慢流動到最後的「大過」，即養生送死、從生到死的時間變化流程，這就構成了「隨」。由生到死是一個劇烈的變化，頤卦和大過卦相錯綜，也是經過劇烈的變動。換而言之，隨卦代表每一個剎那的變化，剎剎生新；我們講完一句話，到講第二句話時，第一句話已成為歷史。每個念頭跟前一個念頭都是如此接續變化。隨卦的結構底層，就是由「頤」往「大過」的自然流程。一旦想通這一點，就不會太拘執了。

既然「隨」是由「頤」往「大過」走，在六畫卦的自然卦序中，「隨」自然會變「蠱」，什麼事物都經不起時間的沖刷，最初的鮮活無法保持，敗壞是必然的。貪腐政客剛出道時，可能也是充滿靈活性的「隨」；隨著時間變化，他被習氣敗壞，就變成了「蠱」，而且還會傳染，讓旁人也跟著腐敗。隨、蠱接續出現，幾乎是必然的流程。蠱卦畢竟不是《易經》最後一卦，到「蠱」的時候該怎麼辦呢？受到病毒侵襲，事物開始折舊、敗壞、中毒、崩解，當然不能坐以待斃，所以要改革、打擊貪腐、揭發黑箱作業……，這是蠱卦的另一面。有病就要治，治病就是「幹蠱」，希望恢復正常。

隨卦是「元亨利貞」四德俱全的卦；蠱卦是「元亨利」而沒有「貞」的卦，所以蠱卦不正，亂得不得了。如果「幹蠱」成功，蠱卦就可以從最壞、最糟的狀況搖身一變，成為第十九卦臨卦。這個意義太明顯了！也就是說，蠱卦若能治病成功，把「貞德」找回來，就是撥亂反正。所以，蠱卦是最亂的時候，也可能是最充滿希望的時候；若能「幹蠱」，大刀闊斧整飭積弊，把壞習氣改正過來，馬上就煥然一新，變成君臨天下，而且「元亨利貞」四德俱全的臨卦，又把「貞德」找回來了。

蠱卦就是受到蠱惑而陷於不貞的狀態。但是對蠱的任何狀況都不要喪失勇氣和信心，因為好壞都是一瞬間，只要方法對、有決心，前後兩個「元亨利貞」的卦（隨、臨二卦）都會激發你的決心和智慧。一旦改革成功，十年後又是一條好漢，又可以開展「元亨利貞」這個充滿創造能量的新局面。綜觀古今，中國歷史上的太平時期，幾乎都是從最壞的局面中激發更高的智慧，鼓足勇氣突破舊局，結果煥然一新。這就是「治起於衰亂之中」。「蠱」之後就是臨卦。臨卦是第十九卦，在卦序中排第十九也不是偶然。十九代表「陰陽合」的曆法概念，也就是在三十八歲、五十七歲等十九的倍數那一年，陽曆、陰曆生日剛好在同一天，這就是陰陽合的概念。蠱卦就介於其中，所以碰到「蠱」的時候，要想到後面可能是「臨」，絕對不要輕言放棄，有病治病、有狀況就改。即使生於憂患，也要懷抱希望。因為最黯淡、最絕望的時代，往往也是充滿希望的時代。

從卦中卦看，蠱卦初、二、三、四爻構成的是快要崩解、滅亡的大過卦（䷛）。蠱卦中有大過卦的象，意味著使用過度、身心超負荷。可是要懂得「幹蠱」，不想坐以待斃，就要積極面對。三、四、五、上爻構成的是頤卦（䷚），又回春了，煥然一新、死而復生。隨卦是由生到死，由「頤」到「大過」；蠱卦是死裡求生，恢復生機，下面就接到臨卦。從卦象來看，這兩個卦的卦中卦，一個從生到死、一個從死到生，企業、組織、社會的重生再造，都是這樣。而且這兩個卦中卦交接的地方是「三多凶，四多懼」的人位，這說明生死交關時，事在人為，全看人的智慧能不能「隨」或「幹蠱」。隨卦「六三」、「九四」跟蠱卦「六四」、「九三」，正是卦中卦頤卦和大過卦交接之處，完全落在人位。組織得好，改革成功，就「元亨利貞，無咎」；處理得不好，就敗壞。

隨卦的卦中卦除了上面兩個，還有三個。中間四個爻二、三、四、五爻構成的是漸卦（䷴）。隨卦中有漸卦的象，說明有時間流程，是循序漸進的。我們會發現，隨卦是由「頤」漸漸走向「大過」。另外就是五個爻所構成的兩個卦中卦，一是初、二、三、四、五爻構成的益卦（䷩）。

「隨」中有「益」，隨時跟上時代，處世圓融又有原則，當然是「益」，可以利益眾生。另一個是二、三、四、五、上爻構成的咸卦（䷞），是少男少女談戀愛的狀態。以上是隨卦的卦中卦。接下來分析隨卦的單爻變。

隨卦的單爻變

隨卦六爻的單爻變，首先是初爻變為萃卦（䷬），說明隨卦隨時隨地都能創造精英相聚的機會；能夠群聚群力、在隨時流變的現象中看到機會，並及時做出風險評估，而不是私下交易。隨卦二爻爻變為兌卦（䷹）。兌卦是充滿親和力的交友和溝通。第一爻如果懂得萃，懂得利用人群相聚的因緣，下面就要坦誠溝通。第二爻就有這個意思。

第三爻爻變為革卦（䷰），脫胎換骨，經歷身心的重大變化。革卦是第七個「元亨利貞」四德俱全的卦，也是以人道為主的下經唯一一個「元亨利貞」的卦，這表示人的創意發展到可以革故鼎新，甚至可以革天命了。

第四爻爻變為屯卦（䷂），屯卦也是「元亨利貞」的卦，有草莽清新的新生命之象。隨著時間的流變，隨卦好像又回到生命原點，又出現一個清新可喜、草莽開創的象。

隨卦第五爻爻變是震卦（䷲）。「隨」是非常有彈性的，「震」則非常剛直、強硬，有行動力和主宰權。一般越有原則的人越難與人合作，容易合作的人往往不能堅守原則；可是充滿彈性的隨卦君位，卻巧妙地將兩者融合為一，這在四爻以下修為、歷練都不足的幾個角色，恐怕都無法辦到。隨卦君位的修為確實了得！既能保持「隨」的靈活性，又能堅守「震」的主宰性、原則性，難怪可以「元亨利貞，無咎」，融通無礙。

上爻爻變為无妄卦（䷘），又是「元亨利貞」四德俱全的卦。我們看隨卦本身是「元亨利貞，無咎」，隨卦的三爻變、四爻變、上爻變，全都是「元亨利貞」。可知隨卦的結構相當好，六十四卦總共七個「元亨利貞」的卦，隨卦連本卦的「元亨利貞」，加上三個爻變就占了四個，所以它就是資質好，不管怎麼敲、怎麼打、怎麼錘煉他，能量都很足夠。

順便提一下，隨卦和蠱卦都是歸魂卦。隨卦內卦是震，所以它是震宮的歸魂卦，從不穩定的遊魂最後回歸本宮，變成歸魂卦。震宮的歸魂卦就是「隨」。蠱卦下卦是巽，它當然是巽宮的歸魂卦。精氣為物，遊魂為變，是故知鬼神之情狀。可見，隨、蠱兩卦蘊含豐富的生死奧秘和天地人鬼神的奧秘。

隨卦內卦與外卦的關係

隨卦從下卦、內卦的震慢慢往外、往上進展推移而進入上卦、外卦的兌。這是什麼意思？由內往外、由下往上，就是由震往兌的發展。人生在世，先要確定生命的內在主宰，然後各方面的歷練都圓融飽滿了，就能「厚德載物」，以平易近人的親和力，與群眾和合。

還有就是方位。後天八卦方位中，隨卦的卦象剛好是日出到日落，完全是《易經》創作時代農業社會的生活樣貌。日出而作是下卦震，日落而息就是上卦兌。在一天之中，今日事今日畢，苟日新，日日新，又日新，盡量利用白天陽光充足的時候，把事情做得圓滿。這是由日出到日落，珍惜日光。此外，隨卦的卦象裡還有一個由東往西的概念。像主張念佛法門的淨土宗，終極嚮往就是往生西方極樂世界，西方極樂世界就是上卦的兌。下卦震是生在東方的下界眾生，必須一個爻、一個爻由內而外、由下而上一步一步念佛修行，希望將來往生西方。

兌是西方，也是法喜充滿的象；震是東方，就是實踐的過程。像臺灣的淨空法師一天到晚勸人老實念佛。我受他啟示很大，但是我不想去西方。佛教能開智慧，讓人心量放寬、放大生命視野，確實很不錯；可是要我剛生下來就往西方世界走，這我不幹。把可以做很多事的時間都拿來念佛，這確實是很奇怪的人生態度。佛教認為人生基本上就是個錯誤，一定是前生修得不夠，這輩子才要來受苦，所以呱呱墜地就哭，能越早覺悟、早點走「隨」的路子越好。可是，在傳統佛教入土中國以前，儒、道兩家很少是這個看法的。

鬆緊之間的隨、蠱之道

〈序卦傳〉云：「豫必有隨，故受之以隨。以喜隨人者必有事，故受之以蠱。蠱者，事也。有事而後可大，故受之以臨。臨者，大也。」這是用簡單的言語描述卦序，雖然因為文字表達的限制，無法講得圓滿，但對於每個卦的前後因果和自然相接的關係，一定要透徹了解。

我們在豫卦講過，叱吒風雲的第四爻可以吸引好多人追隨，他可以讓人實現願景，覺得此生沒有白活。「以喜隨人者必有事」，你追隨的對象一定會派你任務，讓你做事，這就和蠱卦有關。在改革大業中做事特別難，會面臨很多「蠱」的象，所以要堅持原則。「貞者，事之幹也」，這是蠱卦最需要的。因為蠱卦卦辭就缺「貞」，得積極幹事，投入改革，才能成就「幹父之蠱」。這都不是空講理論，是實際的歷練；而且要把壞事改造成好事，還要把「貞」找回來，並不容易。所以「貞」、「事」、「幹」這三個字就可以幫助我們了解蠱卦的卦爻辭。

「有事而後可大，故受之以臨，臨者，大也」，這是〈序卦傳〉很簡潔的描述，改革很難，如果改革成功，接著就是開放。就像大陸三十多年的改革開放，至少在經濟層面上獲得顯著功效，由蠱卦僵硬的經濟體制，慢慢走到臨卦自由開放的市場經濟形態。然後其他政策也要因應新形勢，往國際化的方向走。打破封閉的、僵硬的「蠱」，由改革的「蠱」進入開放的「臨」，就是改革開放。在「蠱」的時候就如同悶罐車，一旦開放，跟國際接軌，空氣流通了，整個領域就放大了，這就叫「臨」，是海闊天空的開放社會。接下來就要學習管理開放社會的智慧，那種封閉、威權式的管理思維，想殺就殺、要管就管的時代已經過去了，不能靠這種行政命令來君臨天下。

「臨者，大也」，從字義上來講，「臨」字並沒有「大」的意思；但在《易經》卦序的因果關係中，「臨」就有大的意思了。因為開放了，像中國大陸經濟產值在開放前後有天差地別，那就是「大」。但臨卦開放自由的「大」，跟《易經》其他與「大」有關的卦不一樣，各有特色。像大有卦的「大」跟臨卦的「大」就不是一回事。乾卦是一種大，大壯、大畜、大過這三卦，連卦名都冠上了「大」，但每一個大都不同；第五十五卦豐卦絕對也是一個「大」，但豐卦的「大」跟臨卦的「大」，完全不一樣。有的「大」是在一個框架，有的是「大」在一個格局，有的「大」是內含的東西很多。我們會在具體的卦中詳細說明。好，這是〈序卦傳〉。我們再看〈雜卦傳〉怎麼說。

〈序卦傳〉云：「隨，无故也。蠱，則飭也。」「飭」即整飭，面對積弊或疾病要對症下藥、好好整頓，不然就會敗壞、鬆懈。所以隨、蠱兩卦可謂是「鬆緊之間」，就像一根橡皮筋，人生有時要像隨卦，該放鬆時要放鬆；像蠱卦的時候就必須抓緊。鬆緊之間要達到平衡，該鬆時鬆，該緊時緊。如果該放鬆的時候緊，該要認真抓緊的時候又太鬆弛，那就不會有好績效。所以隨、蠱兩卦相錯綜的鬆緊之道也是「執兩用中」。一張一弛是文武之道，周文王、周武王時期是小康世的代表，因為他們在治理的技術上都懂得鬆緊平衡，算是治理得不錯的太平盛世。文王的時候比較鬆，武王的時候該要發動戰爭，就很緊；等戰爭打完了，又得放鬆。文治武功的交替運用，就是一張一弛；「弛」就是鬆弛、放鬆，「張」就是緊張。隨、蠱二卦教我們的人生態度是不能永遠張，也不能永遠弛；一張一弛文武之道，這就是隨、蠱兩卦的活學活用。

「蠱，則飭也」，因為病毒會傳染，壞風氣也會傳染，為了不讓一粒老鼠屎壞了一鍋粥，該隔離就得隔離，不能鄉愿，必要的時候一步不讓，不然就完蛋了。像金融風暴不是就得下決心用條條框框來整飭、防堵，而且還不能縱容，要鐵面無私。

可是「隨」就很輕鬆，不背任何包袱，也沒有條條框框，因為它無可無不可，完全看當時狀況因時因地制宜，這就是「隨，无故也」。「故」就代表過去的東西。「隨」是永遠立足當下，不背包袱，往前看，不回顧。過去有用的方法，現在時代變了，不一定管用，所以就得用新的方法。這完全符合乾卦的開創精神。人常常會被老舊的東西綁住，《孫子兵法》也講，上一次戰勝了，這次再用同樣的方法，很可能會失敗，此即「戰勝不復」；你得面對新的環境、新的敵人、新的形勢，以創意的思維，採取靈活的招術隨機應變。人常受限於過去的成功模式，不能覺察時勢的變化；

只有完全放開，沒有任何意識形態的成見，也沒有人情的包袱，才能以充沛的創造能量，隨時調整作法，這就是「隨，无故」的意義所在。人生在世，眼前的局勢就夠麻煩了，只有把眼前的事處理好，才有長期的未來。要是一天到晚沉溺過去，就很難處理眼前的事情；因此隨卦針對豫卦最後的問題，絲毫不留戀，當下立刻調整。

我們知道，〈雜卦傳〉提到「故」字的卦很多，像革卦是「去故也」，所有過去的東西都不要，重新打造。革卦也是「元亨利貞」四德俱全，「去故也」，不希望被舊方法、舊思維綁住手腳，寧可另起爐灶。隨卦則充滿彈性，「无故也」，自由自在，不被過去任何東西綁住手腳，因應最新、最活的環境，隨機創造。還有就是豐卦的「多故也」，雖然資源豐富，但這些東西很快就過了最佳賞味期，為了管理這些早已過期的東西，就要花很多工夫。所以「豐」反而是沉重的包袱。因此，人到豐功偉業、如日中天的時候，很可能就要往下滑了，豐卦的下一卦就是失去一切的旅卦，那就更不好管理了，因為沒有再創新的動力，變成無法流動的庫存資產，要管理它，還有管理成本；而且人在「豐」的時候最容易驕傲，所以「豐」不一定是好事。像大國的霸權、大公司的豐極一時，很可能馬上就灰飛煙滅。《易經》的教訓萬古常新，多不一定好，要保持靈活的創造力，就要「无故」一身輕，那可能最自在、最有動能。可見，「豐多故」、「革去故」、「隨无故」，從這三個「故」的象去參人生，有很深的啟示。

隨卦卦辭

䷐

隨。元亨利貞，无咎。

隨卦注重的是隨機應變，我們都知道，隨時變化的能量是很大的。從「時」的角度來講，正如乾卦〈彖傳〉所說的「時乘六龍以御天」。孟子稱孔子是「聖之時者」，能掌握時代變化的腳步。以處世哲學來講，就是隨緣而不攀緣。攀緣就是強求，學問見識的功底不足，就想上下拉關係。豫卦第三爻「盱豫悔」就有攀緣的毛病，睜大了眼睛揣摩上意，情緒隨之起伏，結果當然不好；「遲有悔」，悔而又悔，做人何必那樣呢？好的方式是豫卦第二爻「介于石，不終日，貞吉」，「上交不諂，下交不瀆」。往上要交，但是不諂媚，不失格；往下也要交，但不會褻瀆正義，這就是「介石知機」；所以知微知章、知柔知剛，堪為「萬夫之望」，這才是領袖群倫的人才。這是豫卦二爻和三爻對「上下交」的不同態度。

回到隨卦來。「隨」是隨緣、隨喜、隨善，有「從」的意思。我們從乾、坤二卦開始就提到主從的架構，乾為主，坤為從，主從之間配合無間，就能創造萬物，這就需要剛柔互濟、陰陽和合。英文版的《易經》對隨卦的翻譯就取「從」之義而譯之，譯為「follow」。「follow」雖然言簡意賅，但要全面概括理解隨卦的精義，還是有所不足。隨卦的作法是「從」，從什麼呢？從善如流。我們要追隨、追求的可能是道、真理或者是值得追求的上師。就是要隨「正」，從中學得很多成長經驗。我們講從善如流，就是在終身學習的過程中，見到好的立刻改過遷善；就像「君子終日乾乾」一樣，這才是「隨」。

我們在不斷追求成長的過程中，鎖定值得學習、追隨的目標，需要隨緣。人生有很多機緣，碰到的時候，能機敏地感覺到，並快速做出正確的解讀，隨機應變，隨時變化，慢一步都不行；否則就無法跟上時勢的演變，落入被動挨打、隨人擺佈的局面。所以，「隨」是非常機敏而富有應變彈性的，時機就是一切。對於周遭環境的變化，不管是好還是壞，立刻就有感覺。「履霜堅冰至」、「潛龍勿用」都是如此。坤卦初爻「履霜堅冰至」代表時勢開始走下坡，那麼只要感覺到凍結的氣氛，就要趕快做調整。乾卦初爻「潛龍勿用」指一個力量要崛起之前，就要有所準備，因為馬上就將「見龍在田」。這都是「隨」的智慧，非常有彈性。但這種應變的彈性，並不表示「隨便」，而是非常有生命力，有自己堅持的主張。換句話說，隨卦充滿應變的彈性，但又絕對有內在生命堅持的原則。

有原則又兼顧彈性，就是隨卦，它的能量非常大。《易經》有七個「元亨利貞」四德俱全的卦，隨卦就是其中之一。而且隨卦的卦辭接近完美，只有短短六個字：「元亨利貞，无咎。」我們都知道《易經》主要追求的還不是吉凶，趨吉避凶是人之常情，境界比較低，超脫吉凶、輸贏、勝負、得失以外的是「无咎」，亦即不犯錯，不製造遺憾，也不隨便怨天尤人。《易經》追求的終極目標是「无咎」。〈繫辭傳〉云：「懼以終始，其要无咎，此之謂《易》之道也。」隨卦卦辭就有「无咎」的精神，前面是「元亨利貞」，元亨利貞當然是終而復始的創造性能量形態。不管「无咎」是結果，還是堅持「元亨利貞」加上「无咎」，幾乎都是完美的。如果占卦占到一個完全不變的隨卦，結果當然是正面的，不但「元亨利貞」，充滿創造性，而且「无咎」，不會落入吉凶、勝負的執著中。

隨卦〈大象傳〉

〈大象〉曰：澤中有雷，隨。君子以嚮晦入宴息。

「澤中有雷，隨」，這是隨卦的象。「君子以嚮晦入宴息」，「晦」就是兌卦的方位，是日落西山的時候。「日出而作」是下卦震，跟太陽起來；「嚮晦入宴息」，在「嚮晦」臨近黃昏時，就要趕快收拾東西回家休息，不能等到天全黑了才來準備；要是熬夜加班，說不定績效還更差。

像經濟不景氣的跡象一出現，就要趕快著手應付；不能等到景氣一片黑暗才手忙腳亂。這時候該休息就休息，不要再擴張投資。「嚮晦」就是往黑暗走。「入」，人生不是「出」就是「入」，下卦「震」就是「出」，起來幹事。上卦「兌」還在景氣不錯的時候，一旦發現情況不妙，就要趕快收手；因為「嚮晦」，馬上要往黑暗發展了，那就收工休息，等黑暗過去，陽光再現時再出門幹事。這就是「嚮晦入宴息」，既保養再出發的動力，又不會在不適合幹的黑暗時期勉強去幹。所以，隨卦仍然保持著豫卦的機敏，預測能力尚在，一看形勢不對，趕快跳轉。「入」就是採取巽卦的動作。「巽」是入，採取低調、無形的作法，不像震卦一天到晚鬧著要出手。這就是「隨」，尊重時間規律，懂得隨著時勢變化調整應對策略。

「嚮晦入宴息」理論上不難理解，但真要運用到人生大大小小的決策上，還真不容易。像金融風暴後的實體經濟並沒有改善，但市場上各種炒作的對象依然很誘人，諸如股價、房價、黃金價、石油價等，全世界皆然，所以這時候就要特別小心。黃金漲到天價，連我都難免動心，可是一占卦，心就撲通撲通跳；結果是晉卦（䷢）最後一爻「晉其角」，由「晉」轉「明夷」（䷣）的轉折點，再要上去就很難了。如果從「晉」轉「明夷」，晉卦上爻就是「嚮晦」，從日出到日落。為什麼不等太陽起來，偏要在黑暗中盲目蠻幹呢？可見「嚮晦入宴息」代表人生既要作、也要息；休息是為了走更長遠的路，不能老往前衝。白天幹，晚上休息；時機好的時候幹，不好就收，要尊重外在形勢的節奏，內在相應做調整，不要急於一時。有人急功近利或者幹得正歡，不願收手，往往會累及自身，無力再續。懂得休息，作息相間，這就是「隨」的智慧，也是人生的重要策略；鬆緊相間，該拿起的時候就要拿得起，該放下時，念頭一擺就過去了。有些人過去好久還在想，想二十年前的初戀，再想明天的新戀會不會有問題，那就太苦了。

擱置的智慧

「嚮晦入宴息」就是擱置的智慧。當一件事情短期內很難處理，乾脆就擱置一段時間，等待時機轉變；時候到了，說不定就迎刃而解了。

就像我們在豫卦中提到的釣魚台問題。現在急著處理，恐怕不會有什麼好結果，不如就先擱著——擱置不等於放棄，從卦象上來看，到時日本越來越衰，大陸越來越強，以日本這種見風轉舵的習性，一見美國不行了，大陸經濟是日本經濟的十倍，這邊只要打一下噴嚏，他那邊就雙手奉上。這就叫「隨」，拿得起放得下；倘若現在放不下，就會把事情弄擰了。不只有釣魚台問題，很多事也一樣。像兩岸關係，大陸有些朋友很擔心，兩岸關係好不容易回溫了，又有些不確定的因素在作崇。其實急也沒有用，兩岸關係就是要「嚮晦入宴息」，因為國共對峙期間死了那麼多人，用佛教的觀點，對峙六十年，造了這麼多殺業，回溫不到兩年就希望完全和好，可能性不大。所以急也沒用，硬摘的瓜一定不甜，要先經過長期緩和再共和，讓它水到渠成。這就是隨卦給我們的智慧。

我們看民國以來，軍閥混戰、八年抗戰、國共內戰，死了那麼多人，大家造的共業擺在那裡，形成一股負面能量，不會那麼容易擺平，需要很長的時間化解，一定要有耐心，需要隨卦「嚮晦入宴息」的智慧。日本為什麼這麼衰？未來好像也還會繼續衰下去，離不開南京大屠殺造的業，天地人鬼神共憤；但他們至今不肯道歉，上天也不肯讓日本振興起來。很多戰禍也是這樣，一句道歉就可能化解所有的仇怨；不道歉，天地也不容。我不是講笑話，時間會證明一切，很多棘手的問題不要急著當下處理，交給時間，反而可以圓滿善終。

再如下圍棋。圍棋是中國發明的，在日本發揚光大，現在好像是韓國最強。有段時間中日之間的圍棋水平有很大的差距。像大國手吳清源年輕時去東瀛打天下，就面臨很不公平的制度。那時的圍棋不像現在要求速戰速決，有時一盤棋下兩年都可以。在這種情形下，吳清源要向那些棋霸——日本棋壇老大挑戰常會吃虧，跟他們下了幾手，遇到他們沒辦法應付挑戰時，他們就可以「封棋」，棋局暫停，等到想出解法時再開。「封棋」就是「嚮晦入宴息」，看情形不對，就找藉口暫停。暫停期間，這些人就可以跟徒子徒孫們切磋琢磨，想辦法對付吳清源的棋路。其實這種拖延戰術即使勝了，也是勝之不武。不過，我們的大國手吳清源當年打遍日本無敵手，也是這些「嚮晦入宴息」的日本人料想不到的。不僅是圍棋，就是現在很多競技運動也是如此，像籃球、足球，教練一旦發現對方佔優勢，就會向裁判喊「暫停」，雖然不一定能起死回生，但只須暫停一分鐘，馬上轉換氣氛，就可以挫挫對方贏的氣勢。所以「暫停」也是「嚮晦入宴息」的戰術應用。不要看著已經「嚮晦」了，就完全不思改變，順著它倒；必須馬上調整，尋求轉換。「入宴息」，休息就是智慧，適度放鬆之後，形勢又會不一樣。大事、小事都是如此，這就是隨卦擱置的智慧。

隨卦〈彖傳〉

〈彖〉曰：隨，剛來而下柔，動而說，隨。大亨貞，无咎，而天下隨時。隨時之義大矣哉。

上面講了〈大象傳〉「嚮晦入宴息」的智慧，提醒我們要隨機應變，並且及早調整，不要執著過時的東西或心態。「嚮晦入宴息」跟需卦的「飲食宴樂」一樣，都是長期等待時保持平常心。孔子說：「無欲速，無見小利；欲速則不達，見小利則大事不成。」所以吃飯、穿衣、睡覺都是兵法、戰略，也都是人生有所追求的一種智慧。不能老繃緊著，放鬆之後再拉緊，拉緊之後再放鬆，才能保持身心的最佳狀況。

我們看隨卦的〈彖傳〉。隨卦〈彖傳〉總共只有二十七個字，是六十四卦中篇幅最少的一卦，所以真是要言不煩，但意義很深。最長的是恒卦，有九十二個字，篇幅是隨卦的三倍之多。〈彖傳〉也很有意思，隨卦既然強調千變萬化、間不容髮，所以要隨機應變、立刻採取行動，否則就稍縱即逝。〈彖傳〉就用最短的篇幅來表達這層意義，好像沒時間講那麼多了。可是恒卦是天長地久、千秋萬世，〈彖傳〉可就囉嗦了。可見，〈彖傳〉的筆法非常有意思。

「隨，剛來而下柔，動而說，隨。大亨貞，无咎，而天下隨時。隨時之義大矣哉！」簡單明瞭，強調重視當下、把握當下。首先是「剛來而下柔」，就有「動而說（悅）」的美好結果。下卦是震，剛強、正直、有活力，要以此為主。「來」就是爻往內、往下走。隨卦中心的主宰即是下卦震的剛，它是「來」，就是指「下柔」。因為上卦是兌，和顏悅色，長男（震）居少女（兌）之下，所以外表和悅，親和力十足，讓別人看了起歡喜心。從爻看也是一樣，因為內卦震的初爻也就是隨卦的「初九」，就是主爻，也是中心主宰的內在核心生命力的出發點。「初九」就是震的核心，和屯卦「初九」的生命根源有相似之處。只是屯卦「初九」象徵海洋的生命，這裡是指生命誕生於內陸湖泊。

從第三卦的「水雷屯」開始，生物從海洋誕生；隨著生命的繁衍，生物漸漸離開海洋，進入內陸。到了第十六卦「雷地豫」，陸地上開始出現很多動物，例如大象。接著，生命的種子繼續繁衍在內陸的湖泊、沼澤中，那就是「澤中有雷」的隨卦。另外，「剛來而下柔」，「初九」就是「剛來而下柔」，震卦之所以取得生命的活力，就是因為一陽居二陰之下，這是震卦的結構原理。隨卦內卦之所以那樣有活力，也是因為「剛來而下柔」，因為一陽居於二陰之下。其實從上卦兌來看還是一樣，二陽居於一陰之下，所以震在兌的下面，居內居下，在外面的都是笑臉迎人、和藹可親，這就是隨卦成功的秘訣；鋒芒不顯，和光同塵，發光但不刺眼，像冬天的太陽一樣；不凸顯自己、標榜自己，可以跟群眾打成一片。當然，打成一片不代表要犧牲原則。所以卦跟爻都是「剛來而下柔」，就有「動而說（悅）」——內動而外悅、下動而上悅的好結果；你一動人家就心悅誠服、溝通無礙，雙方就能合宜地相處。這是動而說（悅），隨卦的象。

「大亨貞，无咎」，這是解釋卦辭。「大」就是解釋「元」，「元」有大、有重新開創的意思。「大哉乾元，萬物資始」，「大亨貞」就是解釋「元亨利貞」，「无咎」也是重複講一次，不必細講。下面就講結論：「天下隨時。」宇宙萬物都是隨時變化的，滄海桑田、生老病死、榮枯盛衰、成住壞空，沒有任何例外。所以「天下隨時」，如果不能隨時調整，就會跟不上節拍。

「隨時之義大矣哉」，隨著客觀形勢的變化，我們就要有正確的應變作為，那就叫「義」。人之所當為就是「義」。環境變了，我們也得變，這種智慧很重要。「隨時之義大矣哉」。豫卦也講「豫之時義大矣哉」，預測、預備須與時偕行，分秒不差。但這兩個卦是不一樣的，豫卦是「豫之時義」，隨卦卻不是「隨之時義」，而是「隨時之義」。這可不是咬文嚼字，而是有範圍的不同。隨卦是壓倒一切的屋頂原則，包含一切卦、一切爻都要「隨時」；要懂得變化的「不變」、「變易」、「簡易」之理，才能「元亨利貞，无咎」。可見，「隨時之義」就不限於隨卦，若是「隨之時義」，就像「豫之時義」一樣只限於隨卦。隨卦強調所有事物都是隨時變化的，這種智慧的適用範圍太廣了，是一個包羅萬象的理論。

我們在豫卦講過，《易經》非常重視「時」，〈彖傳〉就指出十二個特別重視「時」的卦，並且最後都用驚嘆的語氣表現。其中，「隨時之義」又是最高級別的，其他十一個卦都拘泥於該卦本身，像「豫之時義」，還有「遯之時義」的退場機制、下台的智慧；「姤之時義」的人生機遇稍縱即逝；出外旅行、漂泊不定的「旅之時義」等，統統都是「某之時義大矣哉」，只有隨卦是「隨時之義大矣哉」，意思是，沒有任何東西能違反這個原則。

另外，就是長男震在後、在內、在下；少女兌在外、在前、在上，這種佈局也比較能獲得「元亨利貞，无咎」的績效。就以最普通的例子來看，一個公司行號裡，親和力很高的年輕女孩，滿臉笑容、貌美如花，一定擺在櫃台前面接待客人；而長男這種「帝出乎震」的決策主管，一定擺在後面的經理室。這樣客戶一上門，看到笑臉迎人的櫃台小姐，他就覺得有親切感，這也是利用男人的弱點，即使不買東西，至少覺得很貼心。於是你在「隨」的時候如沐春風，然後莫名其妙的簽了約，受制於人，就是因為你被「兌」俘虜了，忘了她後面有一個主宰的震。商場上這種例子太多了！外面是兌卦，裡面是震卦。其實真正做決策的是震卦，但是震卦不出面，因為他的樣子不可親；外面可親的，你看到她笑的樣子，你就心動、心軟。所以凡是做生意的，把長男擺在裡面真正做決定，把吸引人家上門、爭取好感的少女擺在外頭，一定「元亨利貞，无咎」。也就是說，外面的包裝一定要能吸引人，用兌卦的象拉近距離，這是當代社會百試不爽的作法。如果把震卦擺在外頭，把兌卦藏到裡頭去，這就形成了交卦，隨卦內、外卦對調，馬上變成「征凶，无攸利」的歸妹卦，一毛都賺不到。如果是「隨」，懂得把少女請出來，馬上就「元亨利貞，无咎」，這是很普通的道理。其實不學《易經》，大家也會這麼做。像臺灣的檳榔西施，如果換作是一個拿檳榔的男人站在那裡，還會有人買嗎？但檳榔西施是誰在控制啊？一定是檳榔攤的老闆在控制。這就是外兌內震。所以，結果是「隨」還是「歸妹」，就看你把資源擺在哪裡？所以動不動就板起面孔教訓人，很難被接受，要懂得用兌卦循循善誘，最後再導入內卦震的規範。要做到這一點應該不難，因為「隨」重視當下，如果把眼前每一分每一秒都做得圓融自在，當下產生的效果，絕不限於現在，它的影響必然是長遠的。

像幾部重要的佛經前面一開頭，除了「如是我聞」之外，也常講「一時」。「一時佛在舍衛國」、「一時佛在舍利國」，怎麼不講具體時刻，就講「一時」呢？「一時」就是沒有固定的時候，最重要的是，那個法會在當下進行。這個「一時」如果翻譯成「this time」那就完了，因為它不是歷史上哪個時間佛在舉行法會，而是「anytime」的意思。所以，只要當下領會，這個「時」便是永恆的。任何時代的任何人，只要讀這部經，從裡面得到的智慧就叫「一時」，隨時隨地、「anytime」，剎那即永恆。這也是萬法歸一的「一」，也就是隨卦圓融無礙的智慧。

隨卦和蠱卦初爻、上爻的特色

上文把卦中卦和六個爻的單爻變做了簡單的介紹。隨卦是三陰三陽的卦，下卦震為足，初爻是整個隨卦最重要的起始點，又是落腳的根源所在，代表內在有主張，充滿生命力。隨卦和蠱卦的初爻跟上爻都非常好、非常正面，這個特色是其他卦所沒有的，連乾、坤二卦都比不上。乾、坤兩卦的初爻都還沒成氣候，可是隨卦在初爻就將整個卦在如何掌握當下的精神格局，大開大闔地點出來了；蠱卦要面對過去，繼往又開來，對過去絕不概括承受，該批判就批判、該改革就改革。所以兩個卦的初爻都顯得精神十足。初爻能像這樣具體而微地把全卦精神淋漓盡致表達出來的很少。而隨、蠱兩卦的上爻經過了始壯究、始壯究的輪迴，最後都達到究竟圓滿的最高境界。這就完全不同於乾卦的「亢龍有悔，盈不可久」和坤卦的「龍戰于野，其血玄黃」都有遺憾。天地之初的乾、坤初爻、上爻，顯然一個是尚未完成，一個是已經敗壞，可是隨、蠱二卦始、終都是「上上」的結果。其他卦很少能這樣。最值得深思的是，隨、蠱本身又是相錯綜的。

不含於卦中的八個卦

另外，《易經》的理氣象數是一套極為嚴密的系統。有其象，必有其理，必有其數；有這樣的理，一定有這樣的象、有這樣的氣、有這樣的數。有了卦爻符號系統之後，自然就會推衍出一些數理現象或符號規律。這些規律不是抽象的，倘能深思細想，拿宇宙人生中的許多現象去印證，就會發現很多精妙的道理都藏在其中。

就以卦中卦的理論為例。隨卦有五個卦中卦，但隨卦卻不是任何一個卦的卦中卦，因為符號的規律，使得隨卦的結構無法壓縮在別的卦中。可見隨卦的結構很有意思，這也不容易講清楚，只能靠自己慢慢參詳。蠱卦也是一樣，任何卦的卦中卦不會有蠱卦，這也是符號的規律使然。道理很簡單，通常卦中卦的組合不管是四個爻還是五個爻，其中一個一定會跟三爻或四爻有關，如果三爻、四爻同陰同陽，就很好壓縮了；可是隨卦、蠱卦的三爻、四爻是陰陽對反，那就很難了。還有隨卦中間的二、三、四、五爻，是兩個陰再加上面兩個陽，蠱卦是兩個陽後面兩個陰，這就已經注定了，任何一個卦中間如果是連續的二陰二陽、二陽二陰，而不是陰陽交雜的卦，因為無法重疊到一起，就沒有辦法壓縮到別的卦裡頭。隨、蠱就是如此。

因此，六十四卦中只要中間是二陰二陽或二陽二陰，然後上下四爻可為陰、可為陽，一定是八個卦，那就沒有辦法藏到別的卦中成為卦中卦。用這個規律來推出其餘的卦，方法很簡單，利用隨、蠱二卦上爻、初爻爻變就可以推出四個卦，隨卦上爻爻變是无妄卦（䷘），无妄卦不會是任何卦的卦中卦，因為它中間的二、三、四、五爻跟隨卦完全一樣，是濃縮不了、重疊不了的。另外，隨卦的初爻變是萃卦（䷬），萃卦也不屬於任何一個卦的卦中卦。

再看，蠱卦上爻爻變是升卦（䷭），初爻爻變是大畜卦（䷙），中間的二、三、四、五爻和蠱卦一樣都壓縮不了。所以升卦、大畜卦、萃卦、无妄卦，還有隨卦、蠱卦，都不會是任何卦的卦中卦。還有兩個就是泰卦（䷊）、否卦（䷋），中間不是連續的二陰二陽就是二陽二陰，所以泰、否二卦也不會是任何一個卦的卦中卦。總共有八個卦塞不進任何卦成為卦中卦。那麼這八個卦有什麼意義？從實際宇宙人生去想，必有其道理。那些可以成為卦中卦的卦，大概就是善於鑽到別的卦裡面去影響人家，像剝、復、夬、姤就是如此。若專門從這個角度切入去了解《易經》，又是無窮無盡。所以任何人學《易》，不論花幾輩子都還是「未濟」，沒完沒了。

隨卦六爻詳述

初爻：彈性原則

䷐

初九。官有渝，貞吉。出門交，有功。

〈小象〉曰：官有渝，從正吉也；出門交有功，不失也。

現在開始進入具體的隨卦六爻世界，先講初爻。上面講到隨卦初爻、上爻都是最好的，初爻就已經具備整個隨卦的格局氣勢，完成隨卦的修行是在上爻，千里來龍在此結穴，堪稱是最高深的境界。如果隨卦是淨土宗，初爻就是東方之人、下界眾生篤志修行的出發點，希望透過辛苦修行往生西方；那麼上爻就是西方極樂世界。從初爻到六爻，從發心到完成，各方面都圓滿正確。

我們來看發心的「初九」：「官有渝，貞吉。出門交，有功。」「官」，不管是指當官的「官」還是器官、感官的「官」，都是一種分化，不是全體。人的眼耳口鼻舌五官，各司其職、各有各的功能，除非你已經修到神通自在，不然眼睛不能拿來聞。就是當官的官、器官的官、感官的官，是專業範圍，但它是受局限的；超過其範圍，因為不精通，就很難處理事情。可見，「官」是分化之後再合作的關係。在我的職權範圍以內，我就根據這個作為行事的主導原則。這就是「官」，必須跟其他人連通，才能變成整體行動，不然一定是局部的。

「官有渝」，在隨卦來講，「官」就有執著，有限制，守著神聖不可侵犯的金科玉律，用狹隘的專業眼光看世界，所以無法應付「隨」時千變萬化的情境。偏偏隨卦就得像〈雜卦傳〉講的「無故」一樣，必須自由自在，不受任何規範所困；「君子不器」，不被有限的「器」世界封閉，可以隨時面對無限無量的世界，並提出圓融無礙的應對辦法。所以初爻爻辭說，這個「官」太執著了，拘泥於教條、成法，僅憑狹窄的專業判斷，不夠應付「隨」大開大闔的世界，所以要「有渝」，必須有所調整、變化。這裡完全接續豫卦上爻「冥豫」的毛病，所以「成」還得「有渝」才行。

從訟卦開始到隨卦初爻，一再強調變、再變；該變就一定要變，不能抱殘守缺。「官」本來是為了專業分工、提高效率，可是在「隨」的狀況下反而成為罣礙。隨卦既然「無故」，就不能奉行某個不容打破的原則。如果被「官」畫地為牢，圈在一個小範圍的原則裡，就沒有辦法應付「隨」的情境；必須放開、調整，虛心接納其他人的意見，這叫「官有渝」。但不管怎麼變，小原則可以逾越，大原則卻不能破壞，這就叫「貞」，萬變不離其宗，那是做人做事的底線。守住大原則，掃除小障礙，這就「吉」。所以《論語》中子夏說道：「大德不踰閑，小德出入可也。」說的就是這個爻。打破小的框框條條，可是不能逾越如來佛的手掌心，這就叫「官有渝，貞吉」。

隨卦第一爻就灌輸我們這樣的思想——在隨卦屹立不搖的生命核心競爭力中，下卦震象徵立足之所在，如果第一步就站對了，就是「出門交，有功」。「出門交」對「官有渝」，「有功」的結果對「貞吉」，像對聯一樣。如果「官有渝」，不拘執於小的條條框框，大原則也守得住，那就是「貞」，結果一定吉。原則性與彈性具備，這樣的人就能在隨卦立於不敗之地，進可攻，退可守。不管是投資還是交朋友，「出門同人，又誰咎也？」這是同人卦第一爻就告訴我們的，人要出門，別老待在家裡。尤其在隨卦的大環境之下，更要到處隨緣、處處應變。因為看得準，所以不會逾越大原則，該守的時候守住，等機會來了，一定可以掌握時機、交上朋友。所以「官有渝，貞吉」；做好一切準備，一旦時機成熟，「出門交」，一定「有功」。

這就像練太極拳一樣，剛開始是打套路或基本動作，到了一定時候就要「隨」了，開始要練「推手」或交手互動。雙方交手時，兩腳重心一定是虛虛實實、隨時變化的，不能讓交手對象知道你真正的重心是落在左腳還是右腳；而且不能老把重心落在一腳上，要變來變去，要是落在左腳，右腳是虛的；落在右腳，左腳是虛的。所以推手的時候，一直要測試對方的重心落在哪裡，如果他老是變來變去，而且能保持「貞吉」，站得很穩，你就根本沒有出手的時機，那就得耐心等待。雙方都在不可測知的變化中等待，一旦對方出現破綻，馬上就出手攻擊。隨卦基本上就是如此，由被動轉為主動，而且出手極快，是後來居上者建功。這跟兵法完全是一樣的。要是自己重心都沒調好，沒有防衛能力就先去找人家麻煩，那是不行的。先求立於不敗之地，再尋求千鈞一髮的求勝機會，這才是隨卦的作法。人生不管在哪個階段，先立於不敗之地，誰都絆你不倒。等到該你出手時，逮到可乘之機，「出門交」一定「有功」。

所以〈小象傳〉說：「官有渝，從正吉也。」不要死守僵硬的小框框，隨時求新求變，也跟得上「貞」所象徵的「正」，不違背大原則，那麼就能「吉」。然後「出門交有功，不失也」，電光石火般，該出手時，一出手就有功。初爻爻變為萃卦（䷬），萃卦前面是姤卦（䷫），因緣際會、千載難逢的那一瞬間被你抓住了，就有出類拔萃的表現；而且能集中心力、集中一切菁英資源，結果就是「升」（䷭）。這就是隨卦初爻，一方面因為本身沒有任何問題，一方面找到出手的最佳時機，這就叫「不失也」。可見初爻這個起手式並不容易。

關於「交有功」，另一個解釋也可參考。「交」是動詞，「有功」是指交往對象。意思是說，我們要出門與人交往，但不要濫交，要結交值得交往、追隨的對象。像在事業上奮鬥有成、對你可能會有幫助的人，那就是「有功」。跟這種人交往，這才是隨卦的象。亦即取法乎上，不然一天到晚跟混混交往，什麼時候被拖下水都不知道。這就是「出門交」的另一種解釋。這話聽起來好像很世故，其實不是，《論語》也有這樣的告誡。孔子的學生要到一個陌生的國度發展，臨行前問孔老夫子有什麼要指示的？孔子講的一番話實際得不得了。他說，到一個國家去，一定要重視他們的精英、高端人士，而且還要表現優秀的，一個都不能漏掉；但貪污的不要交。跟一個社會的菁英分子建立深厚情誼，可以共學，也可以共事，需要幫忙時也有肯出力的人。所以說「出門交」，要「交有功」，別亂交，不然就太浪費時間了！

二爻：隨時選擇

六二。係小子，失丈夫。

〈小象〉曰：係小子，弗兼與也。

在講第二爻之前，先提一下隨卦特殊的爻際關係。隨卦的爻際關係跟一般卦錯綜複雜的承乘應與關係不同。像屯卦有承乘、有應與，有近距離的直接關係，有遠距離的呼應關係，是以陰乘陽或陽乘陰決定吉凶禍福。所以有一個正常的承乘應與關係，大部分的卦都是如此，瞻前顧後，希望能維持上下、內外、朝野的全方位圓滿關係。隨卦不是，隨卦是「无故也」，一意向前、絕不回顧。所以它的爻際關係沒有第二個，只重視當下；遙遠的未來是豫卦的事，對隨卦來講沒有意義。因為可能就在一個爻差距之內的那些事，就得要你付出百分之百的心力去應付，有時還不一定應付得來；眼前這一關就過不去，哪能顧得了將來的計畫？完全沒意義。所以當務之急是全心全意應付好一個爻的承乘關係，讓它百分之百圓滿；「應與」關係是三個爻以後的事，相較而言，太遙遠了。短期都過不了，絕不會有中長期。所以，對隨卦的爻來講，應與關係是沒意義的。

另外，隨卦的爻只有承乘關係，一個爻一個爻往上走，而且不回頭，是單向的承乘關係。初爻要百分之百投入去應對二爻；二爻就不用、也沒有時間管初爻了，它得聚精會神應付擺在前面的第三爻。三爻要應付的就是四爻，四爻就要應付五爻，五爻就要應付上爻。上爻因為終究圓滿，就沒有這個問題了。隨卦這種絕不回頭的單向承乘關係，就像箭頭一樣，不會從上往下、從外往內，所以要重視當下。「隨，无故也」，本身就無情無義、說放下就放下，絕不浪費一點點時間。一旦念頭過去就不再執著，只想眼下該怎麼做，下一步要怎麼辦？而且也不想遙遠以後的事。還有就是，當下一個爻一個爻之間的問題，能圓滿應付就很不容易了。這也是隨卦的特異之處，其他卦沒有一個是這樣，往前看，不回頭，沒有應與關係。如果第四爻一天到晚還想著「初九」，那也太不長進了！對「九四」來講，「初九」已是過眼雲煙。如果硬把「初九」當包袱背著，「九四」怎麼應付更難纏的「九五」？過去的仇恨老是縈繞在心，不就耽誤了往前的發展嗎？該放下就放下，這就是隨卦的精神，意義非常深。表現在爻際關係時，只往前看，這是很特殊的，也落實、貫徹了隨卦的精神。但問題是，人有感情，難免有執著，昨天的事、剛剛鬧的一點不愉快，有誰能完全忘了呢？

我們看第二爻「係小子，失丈夫」，第三爻馬上「係丈夫，失小子」。就像有些老師老是把A班學生拿到B班去講，依此類推，B班的糗事同樣拿到A班去講，所以學生都不敢犯錯。第二爻也是貫徹隨卦的精神，「六二」中正，它一定是一心掌握「六三」的形勢變化，不管「六三」多麼不起眼，不中不正、陰居陽位，對「六二」來講全無意義；因為它眼前只有「六三」，過了「六三」這個門檻，才會有下一步的發展。再者，已經成為過去的「初九」，即使它陽居陽位，充滿生命力，對六二來講也沒意義，因為已經過去，無須留戀。

「係小子」，「小子」是指「六三」這個陰爻，經驗不足，各方面都沒有發展成熟，所以叫「小子」。可是對「六二」來講，這時一定要跟「小子」建立百分之百套牢的關係，所以叫「係」，綁在一起，成為生命共同體。「失丈夫」，「丈夫」當然比「小子」成熟、老練，可是他已經成為過去，儘管「初九」陽居陽位，條件比「六三」好太多了，可是這個爻的爻辭告訴你要忘掉過去，掌握當下及不久的將來。因為「隨時之義大矣哉」，美好的昨日已成過去，勉強挽回也沒有用；如今「小子」

才是當務之急，不能要小子又要丈夫，必須二選一，當下放下，捨掉初九這個「丈夫」，然後才有機會用全部心力掌握眼前的小子「六三」；而且要做得滿心愉快，不能有半點勉強。

「六二」爻變為兌卦（䷹），兩情相悅，心甘情願，所以是自然而然的在這時候係上「小子」，拋掉「丈夫」。〈小象傳〉說：「係小子，弗兼與也。」不能兼與，「與」就是承乘應與的「與」，水乳交融、感情好叫「與」，可是不能又要「小子」，又不放掉「丈夫」，這時就不能劈腿，只能選一個。一般人會覺得「丈夫」比「小子」好得多，所以「係丈夫」，魂牽夢縈、舊情難忘。可是如果「六二」係丈夫，隨卦就走不通了，必須捨「丈夫」，才能得「小子」。因為兩者互斥，只能二選一，沒有騎牆、劈腿的可能。像政治立場一樣，坐上牌桌就有輸有贏，看你押寶押哪邊，不能像同人卦第四爻的騎牆派，要這樣，又要那樣。在同人卦可以的，在隨卦可不行，當下就要決定站到對的一方。所謂「對的一方」，就是識時務、合時宜而已。千萬不能兩頭都想要，否則就會導致兩頭落空。有些政治人物就很能當機立斷，一旦發現被狗仔拍照，馬上「係小子，失丈夫」，先閉關五日，然後做出決定，絕對不能兩頭都要。人生有時候就是捨得捨得，能捨才能得。第二爻不講吉凶，因為全看當事者的選擇，而且當下若不這麼做，就是死路一條，萬事不論，先做再說。那麼是不是永遠跟小子糾纏在一起？絕不是！下一爻就要把「小子」丟開了。「小子」在第二爻只是暫時合作的跳板。有時為了打擊共同敵人，就得跟魔鬼握手；短暫合作之後，待時機成熟，再把你一腳踢開，係上新的「丈夫」。這種選擇好像很現實，跟「比之匪人」、「包羞」一樣，是吉是凶，端看你的修為、智慧，但眼下非這麼做不可，別無選擇。這就是「弗兼與」，不能兩個都想要，一定要有捨有得，因為在隨卦的全盤戰略中沒有別的選擇，不能因主觀好惡耽誤當機立斷的選擇。

另外我們會發現，隨卦完全是活的，係一個丟一個；丟一個再係上一個；不斷追求與時俱進的新目標，不讓任何舊目標阻礙開拓新路程。所以第三爻馬上就「係丈夫，失小子」，這個「丈夫」不是吃回頭草，而是代表陽爻的「九四」。對「六三」來講，「九四」代表更上層樓的需求，由此可知二爻當時「係小子」，並不是打算跟小子過一輩子，是當時的權宜之計。到了三爻就把「小子」丟掉，轉到一個新的目標。

三爻：能捨才能得

六三。係丈夫，失小子。隨有求，得，利居貞。

〈小象〉曰：係丈夫，志舍下也。

「六三」這一爻我在第二爻講了前面一半，也就是說，做得到也好，做不到也好，「隨无故」，當下就得放下，不再回頭，無所謂正確不正確，吉凶全在你自己，無論是「係小子，失丈夫」，還是「係丈夫，失小子」，沒有說一定對，但是「隨」的時候就得這麼做，和「比之匪人、包羞」一樣，吉凶禍福，最後決算。要緊的是當下絕對不能猶豫。這一點從人情來看是很困難的。像我們經常遇到這樣的問題：小孩跟妻子都掉進水裡，先救誰？這是典型的兩難法。有個美國人的回答是——當機立斷救妻子，等再回頭，小孩可能就遇難了。這與二爻相反，是「失小子，係太太」，人生確實會遇到這樣的難局，尤其在時代大變動的時候，放棄和選擇都好難，每做一次取捨，往後的命運軌跡都不一樣。二爻、三爻短短六個字，卻點出了儘管抉擇之難，但無法迴避，必得在千分之一秒內做出決定。係「六三」失「初九」在第二爻的處境是正確的，也是唯一可做的。到了「六三」，環境又變了，「六二」變成了「小子」，「九四」變成必須要全神應付、全力爭取的「丈夫」，所以要「係丈夫，失小子」。

「隨有求，得，利居貞。」這也講得很實際，如果初爻、二爻真放得下，一路發達，貫徹了隨卦的精神，當然有求必得；因為你絕對不會讓過去的、失效的事物擋住前進的道路，耽誤你積極爭取當下及未來的福祉，所以有求必得。我們知道，佛教講人生有一種大苦，就是「求不得苦」，求名、求利、求愛等等都求不到，苦不堪言。「六三」雖然不中不正，但它能夠完全按隨卦的精神行事，結果「隨有求」，得到了，這種結果跟「六三」的爻性好像不搭配，可是不搭配也有好結果。如果不按隨卦行事，該係的不係，該失的不失，結果一堆包袱，一定求不得。「六三」反而圓滿實現，大概也有自知之明，因為「利居貞」，賺到了馬上固守；對它來講，能賺已算是非分了。這麼說來，「六三」的機緣特別好，暗合隨卦「天地不仁」的自然法則，永遠往未來看、不回頭，所以「隨有求，得」，「利居貞」，開始鞏固所得的結果。

〈小象傳〉說：「係丈夫，志舍下也。」「舍」就是捨棄，「下」是「六二」。對「六三」來講，「六二」已經過去，那就放下，心中要想的是「係丈夫」，是眼前的利益。往者已矣，來者可追，這就是隨卦的作法。「六三」爻變為革卦（䷰），因為一路該放就放，該爭取就爭取，沒有戀棧猶豫，而且還懂得趕快守住。由「隨無故」的本卦進入「革去故」的之卦。這是「六三」。

四爻：溝通保身

九四。隨有獲，貞凶。有孚，在道，以明，何咎？

〈小象〉曰：隨有獲，其義凶也。有孚在道，明功也。

「九四」之後進入不同的境界，因應策略又得隨時調整，因為上卦兌重視溝通交流，要說清楚、講明白，不要憋在心裡。上卦的整體環境是要跟別人和顏悅色的交往，必須「學而時習之，不亦悅乎」，超越凡夫俗子的執著、罣礙，法喜充滿，進入兌卦論道、證道的境界。「六三」和前面的「六二」、「初九」是震卦的境界，行動要快，要狠、準、穩，該放棄的放棄，該爭取的爭取；積極主動，從初爻守住，然後逮住機會，一路向前直到上卦。

一到上卦兌之初的「九四」，就不再是行動的問題了，而要展開人際溝通。「九四」的位階很高，剛而能柔，陽而能陰，有韌性、有耐力，不會寧折不彎。而且我們從乾卦、坤卦開始就知道，「九四」這個爻是高度政治敏感的爻，人際關係特別複雜，「九五」可能怕你功高震主而猜忌你，同儕之間會嫉妒你。九四「或躍在淵」，在懸崖邊跳舞，一不小心粉身碎骨，所以要「括囊，无咎，无譽」。隨卦「九四」也是希望追隨長官、老師，只要值得追隨的都會追隨；「一人得道，雞犬升天」，押寶押對了，他上去，你也上去了。「九四」也懂得「隨」，所以一路過關斬將升到四爻。三爻「隨有求」就「得」，四爻「隨」就「有獲」，但是多凶多懼。從卦中卦的「頤」到「大過」和生死之交的三爻、四爻來看，人怎麼面對「大有所獲」的狀況呢？「九五」的猜忌，同儕「九四」的妒忌，面對人性的弱點，「九四」的處境是很複雜的；越有所獲，越可能招妒、招謗，所以「貞凶」。擁有這麼多，不懂得低調、自保，不懂得在「隨」中藉著和顏悅色的溝通交流化解人際上下的猜忌，還自我標榜、一枝獨秀往前衝，結果一定凶。若是這樣，「隨有獲」就不是資產，而是負債。

人的劣根性就是嫉妒，自己不成，也見不得人家好，於是「成事不足，敗事有餘」者大有人在。這給我們很大的啟示。因為人生成事本來就難，所以泰卦特別短，否卦特別長。一千個人奮鬥，真能成事的可能不到十個，其他九百九十個曾經努力卻沒有成功的人就會不服氣。更麻煩的是，就有人自己不能成功，也不要別人成功，專門搞破壞，甚至不惜造謠。所以人往高處走，像隨卦「九四」「隨有獲」時，千萬不要沾沾自喜，那絕對是凶，要想辦法化解於無形。要知道，在奮鬥過程中有所得還不是究竟圓滿，隨時可能會失去。正如〈小象傳〉說的：「隨有獲，其義凶也。」連「貞」都凶，這是天經地義的，不要不服氣。「九四」爻變是屯卦（䷂），「動乎險中大亨貞」，正說明要爭取新生，就要設法化解隨著「有獲」而來的疑謗猜忌，才會得到後面的爻辭：「有孚，在道，以明，何咎？」

「有孚」，要表現信望愛，以誠信為上。「在道」，一定要證實給「九五」（老闆）和旁邊的人（同儕「九四」）看，自己可是規規矩矩做事，絕對沒有偏離正道，也沒有壞心眼和私心，更沒有培植私人勢力。「有孚」即讓人家感受到溫暖和誠意。「在道」即清清楚楚、明明白白、中規中矩的走；但光是「有孚」、「在道」還不行，還要「以明」，證明給人家看。通過上卦兌的溝通交流，藉著「以明」的巧妙表態，化解別人的疑慮；想辦法讓人家真正感受到你的「有孚」而且「在道」。這樣一來就如屯卦所說的「匪寇婚媾」。「何咎」，就不會有咎，也把「貞凶」化解了。

「何」字跟小畜卦的「何其咎」一樣，應該還是動詞。「何」就是「荷」，即承擔。「九四」明明沒錯卻受到打壓、破壞，這也是人性之必然；但不能憋在心裡，還得趕快採取動作，想辦法疏通，不能讓一條道跑到黑。即「有孚」、「在道」、「以明」。這和「入宴息」的作法差不多，在談判、在勾心鬥角的過程中，發現於事無補，暫時叫停，慢慢尋求改善。因為自認無辜沒有用，必須對外表態。「何咎」，既然在社會上爬到「九四」的高位，受點委屈也是天經地義，必須承擔，不必忙著找人一吐為快。所以〈小象傳〉接著說：「有孚在道，明功也。」初爻是「出門交，有功」，到了四爻，關係產生化學變化，所以要「明」。「明」就是「以明」，要說清楚、講明白，看看問題到底在哪裡，不要迴避問題；至於自己的不愉快，自己承擔。對外還是保持和顏悅色的溝通，讓大家明白你所有的努力並不像他們想像的那樣，這就叫「明功」。

那麼「九四」有沒有這種情緒控管的EQ呢？隨卦其實很冷靜，展現在某些地方就是取捨剛斷，看似無情，但基本上都做得對。隨卦的處境中，不必迴避公開解釋。有些人會覺得問心無愧，不用解釋，那就得吃大虧。因為外卦是兌，雖然滿肚子大便，但還得笑臉迎人。這是「九四」要有的EQ。如果做到了，又是重生再造的屯卦，「元亨利貞」四德俱全，把「有獲」帶來的凶，徹底清洗乾淨。

五爻：眾望所歸

九五。孚于嘉，吉。

〈小象〉曰：孚于嘉吉，位正中也。

五爻是君位，像四爻就要追隨「九五」，受制於人，沒辦法，有委屈也得自行化解。四爻係五爻，三爻係四爻、二爻係三爻，初爻係二爻。五爻要係誰？五爻已經爬到最高位，在金字塔塔尖，無人可追隨了，那就要追隨上爻所代表的真理、代表隨卦究竟圓滿的境界。人法地，地法天，天法道，道法自然；在元首的位置，無人可隨了，就要隨「道」。如果第五爻不追隨真理，那非垮台不可，因為無法應付多變的環境。

「孚于嘉，吉。」爻辭很簡單。「孚于嘉」是非常正面的，「亨者，嘉之會也」，最高領導人政通人和，可謂仁君，跟代表天道的上爻也保持暢通無阻的關係。而真正夠格的五爻，也能圓融處理跟四爻之間互相猜忌的關係。「九五」的成功就表現在「孚」上，而且「孚于嘉」，不像四爻的「有孚」是單方面的。「九四」如果不能得到五爻的恰當回應，沒有互信互愛，還是宰割由人。五爻的「孚于嘉」是照顧到了雙方，「雙喜」曰「嘉」。非常像小畜卦四爻「有孚，血去惕出，無咎。」和五爻「有孚攣如，富以其鄰」的關係，雙方都有善意回應。然後「九五」孚於眾望，民心願意追隨，達到一個高點，即「孚于嘉，吉」。

可見，「嘉」一定不是單向的，有的「孚」不一定有回應，五爻的「孚」確定有雙方的互動交流。原因就在於〈小象傳〉所說的：「孚于嘉吉，位正中也。」「九五」爻變是震卦（䷲），政權穩固，孚於眾望，然後懂得各方面的溝通，而且君位仍具有上卦兌的特質，所以大家心悅誠服。這種最好的狀態，也是因為它既中且正；既有震卦的大原則，該守的全守住，又有隨卦的機靈權變、自由彈性。所以說，第五爻落實了原則性與靈活性兼備的精神，這絕對是一種修為的境界；外面是兌卦，和顏悅色，可是內心絕對有震卦的主張和堅持。這就是鬆中有緊、外圓內方。

上爻：不離不棄

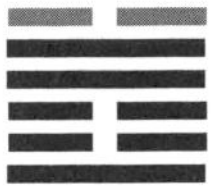

上六。拘係之，乃從維之，王用亨于西山。

〈小象〉曰：拘係之，上窮也。

第五爻如果確立了，接著修成正果，就是第六爻的美麗境界。第六爻爻辭是拿歷史故事來講道理。這個故事在《孟子》中提了好幾次，中國歷代知識分子也常舉這段歷史佳話為例。這是講周朝興起，而後建構了中國歷史上最長的一個朝代。儘管最後也是苟延殘喘，但一個朝代能存活八百多年，一定是根基深厚的。當時文王、武王，包括周公，甚至文王以上，從太王開始，因為深得民心、福蔭後民，所以周朝興起發跡，成為隨卦上爻的最佳註解。這就告訴我們，要吸引人心追隨，就要懂得追隨最高的道。周朝開國君王都能做到「孚于嘉，吉」，正是天下民心嚮往的王道境界，所以武王伐紂能把商朝推翻取而代之，然後周朝建國可以撐那麼長的時間，這一點後代都辦不到。

這個故事在《孟子》中記載為：「昔者大（太）王居邠，狄人侵之，去之岐山之下居焉。非擇而取之，不得已也。苟為善，後世子孫必有王者矣。君子創業垂統，為可繼也。若夫成功，則天也。君如彼何哉？強為善而已矣。」周文王的祖父太王在邠這個地方居住時，飽受野蠻民族侵擾。老百姓不勝其擾，周太王覺得一定是自己道德有問題，做得不好，再不然就是不該在邠這個地方建構政權，才會給老百姓帶來這麼多麻煩，所以他做出了一個震驚歷史的決定——把所有的事業歸零，乾脆下台，放棄經營好幾代的邠地，集體遷徙。就如「隨无故」一樣，他不要求邠的老百姓跟著受苦，只率領王族往西拓荒。最後他們遷到西山，也就是岐山，就在西山腳下落腳，建立新的基地。邠地居民捨不得他走，就全部放棄基業，扶老攜幼，跟著太王跋涉山河，千辛萬苦走到陝西岐山腳下。

就像隨卦一路上有許多東西非丟不可，小捨才有大得，可是當時難分難捨，要捨棄經營幾輩子的地方，而且是上下一心，全部放棄舊居地前往陌生的地方，其痛苦可知。這有點像《聖經》裡面的摩西，帶領在埃及過著奴隸生活的以色列人，到達神所預備的流著奶和蜜之地——迦南（巴勒斯坦古地名，在今日約旦河與死海西岸一帶）。歷史上沒有誰能夠像摩西那樣，擁有如此眾多的崇拜者，但那個歷程也是千辛萬苦。周太王得到民心支持，所以有這麼一大批人自願跟隨，就是摩西這個境界。任何情況下，萬眾一心就是一個組織最大的資產。周朝發跡就是這樣。他等於做了一個測試，什麼都不要了，可是所有人都跟著他走，都覺得這邊才有希望。到岐山腳下重新安定之後，一切從零開始，號召天下反紂王暴政的有志之士全部到岐山腳下，像滾雪球一樣，聲勢越來越旺盛。於是周朝興起，武王伐紂大功告成，原先放棄的邠地也全部收復了。這就是小捨大得，當時放棄一個邠，直如摧肝斷腸般痛苦，但是換了一個新的基地，成為號召天下的中心，不斷吸引人才投赴，等到時機成熟，一旦採取行動，「出門交，有功」，立刻取而代之；原先放棄小的，一下子全部收回，這就是隨卦的境界。群眾對周太王不離不棄，死心塌地，生死相隨，就是隨卦上爻的境界。歷史上這段王道政治變成膾炙人口的故事。過去把這種地方叫「龍興之地」，是真龍天子發跡之地，開始的據點很小，但後來卻據以得天下。

我們且看具體的爻辭：「拘係之，乃從維之，王用亨于西山。」「王」是王道的象徵，就是指周文王姫昌的祖父太王，為周朝打下近千年的根基。什麼叫「拘係，從維」？很簡單，就是老百姓喜歡他，他去哪裡，人家就跟去哪裡，還想接受他的領導。這就是活的資源，東山再起的籌碼。而且「拘係之」，好像被綁在一起，是緊緊聯繫在一起的生命共同體。「乃從維之」，「從」是隨從，光是「拘係之」，可能還會因為某些變故而斷開，那就再加強聯繫，好像用繩子綁上了那麼牢固，海枯石爛也不破壞。隨卦前面五個爻不管怎麼隨，都還有一定的距離，一路上都是我想爭取，也應該要爭取，所以要設法拉近距離，因此內卦雖然是震、有主張，可是外卦絕對要用兌的笑臉來縮短距離，好形成說服力。但是再怎麼樣還是有距離，隨卦上爻卻合而為一，完全沒有距離，你就是我，我就是你，我們的命運永遠連在一起；這就是「拘係、從維」，永遠拆不開。如果有這樣牢固的民心支持，在上位的根本不必怕，人才、民心是組織最靈活的資產。我們現在經營企業，很多採用西方的記賬方法，但人才資產很難評估，一個反敗為勝的總經理值多少錢？在會計報表上找不找得到？因為這是一個活的資產，不像土地、廠房等硬體都有可能折價，民心所向的萬眾一心、同心同德，卻是唯一可能增值的資產。周太王就用「拘係、從維」這樣與民眾合而為一的穩固關係，亨通於岐山腳下，讓西周興起，然後到文王、武王發揚光大。

這種感情不能摻假，完全是真王道，所以「上六」爻變為无妄卦（䷘）。「无妄」就是全真，完全真誠。〈小象傳〉說：「拘係之，上窮也。」注意「窮」不是困窮之窮，也不是窮則變之窮，千萬不要誤解。窮是最高境界，是「上窮碧落下黃泉」的「窮」，一個境界已經到達究竟圓滿的窮極之境。隨卦的最高境界就是這種現象。因為開始還有主從關係，現在已經完全合為一體了。人心的維繫不就是「拘係、從維」嗎？若能用無形的聚合力把大家綁在一起，建立生死不離的關係，事業何愁不興旺？人是活的資產，還有可能不斷增值，強大的向心力就可以使事業發揚光大。如果失去民心，就像紂王，雖然擁有那麼多有形資源，最後還是一戰即潰。

這是上爻，上卦兌的歡樂之極，代表隨卦究竟圓滿的境界。也是隨卦與時俱進，讓追隨者不離不棄的最高成就。

任何組織都有發跡之地。在周朝來講就是西山，對國民黨來說，「王用亨于黃埔」；共產黨則是「王用亨于延安」。「亨」也是「享」，享受，它是有精神創造意義的；一個也許不起眼的發源地，卻是後來鴻圖大展的根基。

這是隨卦的最高境界，你中有我，我中有你。如果是夫妻、情侶，就是一首詩：「一塊泥土，捏一個你，塑一個我。」但這種情感在現代社會就快絕跡了；不離不棄，生死與共，天涯追隨，誰能做到？大概因為稀罕，所以三百八十四爻才寫了這麼一個故事，就是隨卦的最高境界。

占卦實例1：二〇〇九年日本外交走向

為了加深大家對隨卦「九四」的理解，下面以二〇〇九年日本外交走向為例。卦象是隨卦初爻、四爻動。隨卦動初爻、四爻，兩爻齊變，正是講外交策略聯盟的比卦（䷇）。日本自己問題一堆，美國開始走下坡，中國快速崛起，日本就越來越失落了。尤其日本又換了鳩山由紀夫為首相，明顯讓美國人感到不安。美國是國際間的「九五」，日本是二戰後追隨「九五」近六十年的「九四」。一個戰敗國能創造經濟奇蹟，所以日本不管怎樣都不能引起美國的猜忌，這就是日本的處境。可是到了二〇〇九年，日本發現它長期追隨的「九五」不太可靠了，美國跟中國的差距越來越近，所以它又想討好中國這個強鄰，最好兩頭討好，至少不要一味親美。於是它有很多措施就讓人覺得很奇怪。一方面想親中，中日韓三國定期開首腦會議，跡象明顯，誰都看得懂。美國緊張了，歐巴馬毫不客氣，馬上派國防部長去給日本施壓。其實日本也沒膽子真往中國靠，中日之間的仇恨還大得很呢，還有很多債沒算！但它覺得現實趨向一定得在美中兩國之間「兼與」。所以，當時日本的外交走向就是隨卦四爻、初爻。初爻是日本打破過去的框框，「貞」就是不管跟中、美的關係怎麼樣，大原則是要照顧日本的利益。而它想「出門交」，想要有功，想要突破現況，不再受制於美國，第四爻可能會得到一些收穫，但是，跟中國改善關係「隨有獲」的同時，美日關係絕對是「貞凶」，「其義凶也」，天經地義，美國怎麼會讓豬羊變色？這時，日本就有得解釋了。日本怎麼可能在短期內擺脫美國呢？所以它就得「有孚，在道」，自己辯解沒有偏離軌道，「以明」，還得一條一條說清楚、講明白，這樣才能「何咎」，承擔委屈和不愉快。這就是隨卦第四爻。因為動初爻、四爻，代表日本這段時間的外交政策，儘管透過各種言談的表露、試探，最後還是無法脫離美國。隨卦初爻、四爻兩爻變是比卦，說明日本會像「九四」那樣舉棋不定，希望在兩強之間創造自己最大的效益，但很難，處境也很尷尬。

做二把手的上面永遠壓著一個一把手，身為四爻，就要永遠記得「隨有獲，貞凶」，「其義凶也」；然後當機立斷，立即依法處理——「有孚」、「在道」、「以明」、「何咎」。不然就會被「貞凶」困住。我們看古往今來的官場上，位居一品的「九四」不常常是這樣的下場嗎？

占卦實例2：歸魂卦的深入探討

現代社會關於「安樂死」的討論塵埃未定，這也跟隨卦有關，因為隨、蠱二卦在京房八宮卦中都是歸魂卦。記得講乾卦的時候，我舉了一個卦例，就是我的一個學生，因心肌梗塞過世，當時還在「七七」之內，有一個同學就算他現在到底在哪裡？結果就是乾卦第四爻的「或躍在淵」，上不在天，下不在田，中不在人。乾卦第四爻爻變是小畜卦（䷈），「密雲不雨」，既沒有登天，也不在地，所以是中陰身；既非高層，也非基層，而是夾層，是等待投胎的狀況。所以卦象出來，我全身一震，《易經》真的令人震撼。

最近又碰到一例，這次是肉身沒死的植物人。那天，臺北課堂來了一位不速之客是位女士，她先靜靜聽完課，然後才告訴我一個悲傷的故事。她自己是醫生，年輕的弟弟已經是個植物人，到後來幾乎是腦死狀態，身上天天插著管子。大家都明白，如果法律許可安樂死，這樣活著還不如死了好；可是法律不允許，你就不能拔管子。弟弟在病榻上做了五年植物人，他的父母、家人每天早晚在病榻前，總希望他能甦醒過來。從醫學的案例上看，植物人醒過來的機率幾乎是零，這樣耗著，很可能把家人的事業、生活全部拖垮。五年來這位女士什麼人都見過了，各種宗教也碰過了，就是在尋求如何解脫痛苦？這次她就找到了《易經》。

《易經》怎麼看呢？法律不容許安樂死，親情牽絆的家人又還期待著奇蹟，像這種狀況該怎麼辦呢？還是占卦吧！於是我們問：倘若靈魂是一個真實生命的核心，那麼，植物人到底在哪裡呢？結果還是乾卦第四爻，但這次第三爻也動了。第四爻就是我們剛才講的，密雲不雨，苦不堪言，肉身已死亡，但他的靈魂「或躍在淵」，不上不下、卡在那裡。而且還多了第三爻這一層苦。乾卦三爻是「君子終日乾乾」，放不開父母親情的牽掛，「係」不得、也「舍」不得；走也走不了，活也活不回來，只能一直哭。三爻、四爻兩爻變是中孚卦（䷼），中孚卦是母鳥跟小鳥的親子之情。換句話說，做母親的尤其想不開，結果造成靈魂更大的痛苦。中孚卦還有一個意思，〈大象傳〉講「議獄緩死」，只能拖著，不能真的離開這個世界。因為母親想不開，沒辦法「隨」，那就更加重他的痛苦了，只能不死不活的拖著。所以「中孚」在這裡反而變成無法忍耐的期盼。

那我們能做什麼建議呢？從各種觀點看，最重要的就是讓她母親要想開一點。因為活的人苦，半活半死的也苦。如果法律允許，應該讓他早點離去，這才是解脫之道。但是要說服母親徹底斷念才有可能。我舉這個例子，是教大家面對人生這種狀況時，可以從什麼問題切入。所以後來我又占了一卦接著問：未來不管科技怎麼突破，有沒有可能產生奇蹟？如果有這個可能，現在讓他離世，會不會讓她母親遺憾一輩子？結果剛好就是中孚卦的下一卦——小過卦（䷽），小過卦連動四個爻，初、三、四、五爻。中孚卦是親情難捨難分，希望「議獄緩死」，小過卦就是告訴你應該去辦喪事了。小過卦〈大象傳〉講「喪過乎哀」，在喪事之中過分哀痛都沒關係。「中孚」是母鳥卵翼小鳥，想終身保護孩子；「小過」是小鳥從蛋殼孵出，自由飛翔。然後中孚跟小過一樣也是遊魂、歸魂的卦，跟隨、蠱一樣。第五爻是徒勞，第一爻是小鳥剛起飛就出意外，這都是非常凶險的。「小過」幾乎沒有一個爻是好的，第五爻費盡心思也沒辦法挽回，而且把所有人拖在裡面。

這樣的一個小過卦，四爻齊變為屯卦（䷂）。屯卦什麼意思？屯卦就是「往生」，佛教把死亡叫做「往生」，一個重新投胎的新生命。所以卦象很清楚，從《易經》的智慧、卦象的現實來看，這樣互相煎熬、想不開，只會製造更大的業障和痛苦。可能的話應該放手讓他離開，而且確定不會有奇蹟發生。

以上兩例都是我在教授《易經》時，案主自己上門求教的難題。我們從卦象上發現，《易經》對生死大事的看法，不論從推理、探測或理氣象數來講，完全是沒有罣礙的。

一九九六年八月，我的學生邱雲斌的同事肝癌住院，問病情發展，為隨卦初、五爻動，齊變有豫卦之象。隨為震宮歸魂卦，〈大象傳〉稱：「君子以嚮晦入宴息。」患者來年往生，得壽六十，又為一例證。

占卦實例3：二〇〇三—二〇一二中國大陸的經濟情勢

二〇〇三年四月底，SARS疾疫流行，美國發動二次伊拉克戰爭，世局動盪不安，我問中國內地往後十年的經濟情勢，得出不變的隨卦。卦辭稱：「元亨利貞，无咎。」內震有主，外兌與世親和，既有強大的核心實力，又能與時俱進，創造新猷。十年一晃即過，預測完全應驗。

占卦實例4：蔣介石的歷史定位

二〇一一年初，我問蔣介石的歷史定位，得出隨卦初、上爻動，齊變有否卦之象。隨卦之前為豫卦，豫「六二」爻辭稱：「介于石，不終日，貞吉。」就有蔣的名號，卦辭稱：「利建侯行師。」

蔣一生爭戰不已，風格也相合。一九四九年敗退臺灣，「遇隨之否」，隨著時勢移轉，走上了「儉德避難」的否塞之路。隨卦「初九」爻辭：「官有渝，貞吉。」仍想「出門交，有功。」發展至「上六」，爻辭稱：「拘係之，乃從維之。王用亨于西山。」帶著兩百萬軍民遷徙臺灣，期待還能復興。

隨卦之後為蠱卦，當下又成了過去，天不從人願，俱往矣！

撥亂反正——蠱卦第十八（䷑）

四德俱全的隨卦

隨卦、蠱卦是第十七、十八卦，在《易經》六十四卦中地位比較特殊。隨卦當然不用講，「元亨利貞」四德俱全，算得上是完美的卦。人生如果能保持「隨」的態度，隨時變化，與時俱進，身心靈都充滿隨機應變的彈性；人群關係圓融，反應機敏，隨著形勢變化，當下即是機會，自然活得豁達自在。所以隨卦在所有「元亨利貞」四德俱全的卦中都算是上上之選，因為《易經》追求的就是「无咎」兩個字，而隨卦是「元亨利貞」加上「无咎」，沒有任何負面因素。

隨卦之後那些「元亨利貞」的卦，都充滿了不可測的風險，像蠱卦後面的臨卦也是「元亨利貞」的卦，但是它不穩定。臨卦的自由開放、創意無窮、君臨天下，身臨其境是很過癮的經驗，可以海闊天空、自由揮灑，不受羈絆，這是它「元亨利貞」的一面；但是它「至于八月有凶」這個但書，就讓人不得不警惕了。從「元亨利貞」變成「凶」，形勢急轉直下，令人驚心動魄，因為自由過度便是災難。很多天災人禍，包括二〇〇八年金融風暴都是過度自由、缺乏節制的結果。臨卦有兩面性，但隨卦很穩定，不但「元亨利貞」，隨緣自在，法喜充滿，還中心有主，這是很難得的。

臨卦後面「元亨利貞」的卦是无妄卦，比臨卦更糟。无妄卦的不穩定性，由吉轉凶的可能性大增，因為人要做到無妄很難，起心動念稍一不正，不但沒有元亨利貞，而且天災人禍什麼都來了。所以「元亨利貞」只有口碑，實際修為是辦不到的，畢竟人性有太多弱點。換句話說，隨卦後面這兩個「元亨利貞」的卦都有但書，很有翻盤的可能性。可是隨卦如果真做到了外卦兌、內卦震的最佳配合，不但「元亨利貞」，而且「无咎」，與乾卦天道變化的圓滿創造歷程很接近。因為畢竟不是乾卦，人要隨天時而動，到最後不分主從，與天時合而為一。但一開始還是人的修為，到最後與天時沒有任何間距。所以隨卦的圓滿境界可說就是天人合一。

「王用亨于西山」，顯然是修成的象，而且「拘係」跟「從維」不分彼此，人道與天道合而為一；先天而天弗違，後天而奉天時。當我們要追隨一個目標，必然是我們自己有很多弱點，所以見賢思齊，想跟理想的目標拉近差距。儘管剛開始距離不小，但只要依循「隨」的修養一步一步接近，就越往隨卦「元亨利貞，无咎」的境界前進。所以，隨卦到第五爻，尤其到第六爻的「上窮也」，就跟追隨的目標合而為一、全無差距了。可是前面就很不容易，一路該捨就捨，拿起新的就得放下舊的，「係小子，失丈夫」、「係丈夫，失小子」；中間每個階段都是有得有失，還不是很圓融的狀態，但一路轉換、一路棄小就大或棄故就新，捨掉過去的包袱，一步一步往前精進，到第六爻就完全沒有距離了，道就是你，你就是道。這就跟大有卦的「自天佑之，吉无不利」很像。以周朝建功立業的例子來講，一個王者，一個深得民心的政治組織，他要去哪裡，老百姓都跟著他走，不管要拋下什麼，都願意生死相隨，沒有第二句話。這種民心永遠朝向王道政治的境界，「王用亨于西山」，亨通達八百多年的周朝政權。

以現代企業的觀念來講，隨卦第五爻是君位，是一個LOGO，是品牌的概念，對外就代表整個卦、整個組織。「孚于嘉，吉」，誠信一定是雙喜的狀態，當誠信卓著，深入人心時，拿出去馬上就有感召力。所以一個公司的品牌能做到「孚于嘉，吉」時，大家一看到品牌就有親切感，第六爻代表客戶服務。當品牌服務跟客戶沒有距離，就會形成品牌的歸屬感、認同感和忠誠度。不管有什麼大的變化，「拘係之，乃從維之」，他都認定這個品牌。政治政權也有品牌，人也有品牌，「隨」雖然充滿變化，但他永遠追隨你，你當然亨通。

女惑男，風落山

上面補充講述隨卦的特性，畢竟隨、蠱相錯相綜，關係匪淺。另外，我在隨卦也提過，隨、蠱兩卦有相當的獨立性，它們都不可能是任何其他卦的卦中卦。因為這兩個卦的中間四爻是連續的兩陽兩陰或兩陰兩陽，無法壓縮到其他卦中。這樣的卦總共有八個，隨、蠱是其中之二。還有一個特性就是它們的二、三、四、五爻構成的卦中卦，像隨卦是風山漸（䷴）的象，蠱卦是雷澤歸妹（䷵）的象，這跟泰、否的二、三、四、五爻構成的卦中卦完全一樣。泰、否是天地大環境的變動，泰卦中有「歸妹」的象，所以泰卦君位是「帝乙歸妹」；而且，人在順的時候，因為有「歸妹」的衝動，會急躁、狂傲，以致奢侈浮華，不易持盈保泰。蠱卦也有「歸妹」的象，跟泰卦內含的驅動因素是非常接近的。蠱是敗壞，有很多欲望。佛教講成住壞空，就是蠱卦。蠱卦有「歸妹」的象，所以它告訴你「征凶，无攸利」，一旦情欲用事，就會受到很多誘惑。

從卦象「山風蠱」的自然之象來看，就知道它殺傷力很大、折舊率很高。山下有風，這風力一定非常強，很多莊稼都會被吹壞。風本來是沒有障礙的，但山下的風遇到阻礙，它就會產生殺傷性的破壞，吹得人站不住腳，這就是「落山風」，蠱卦敗壞的象。《春秋左傳》有一段話，就是直接從自然取象的論述：

趙孟曰：「何謂蠱？」對曰：「淫溺惑亂之所生也。於文，皿蟲為蠱。穀之飛亦為蠱。在《周易》，女惑男，風落山，謂之《蠱》。皆同物也。」趙孟曰：「良醫也。」厚其禮而歸之。

「女惑男，風落山」，就是蠱卦的象。「女惑男」，是女性採取主動，從兩性互動關係來講，這是很難抗拒的，而且多半會出事。〈雜卦傳〉云：「蠱，則飭也。」「飭」即壞，是往負面的、不正常的方向變化，受到很多因素的蠱惑，諸如言談、色相或者金錢；就像落山風一樣，吹得人站不住腳，很難抵抗誘惑。有句老話說：「男追女，隔座山；女追男，隔層紗」，何況是女惑男呢？上卦艮是少男，沒經驗，血氣方剛，還沒成熟到艮卦止欲修行的境界，受不了一點誘惑。然後下卦啟動的是巽，巽是長女，經驗豐富。長女誘惑少男，多半會成為「蠱」，因為很難抗拒。「女惑男，風落山」，《左傳》對蠱卦的解釋，從落山風的自然現象，和不正常的兩性互動關係來分析，可謂刻劃入微，以今天看來，也確實如此。

人生很多事也是如此。以「風落山」的意象而言，不僅長女跟少男互動會產生極大的殺傷力，政壇也是如此。而且這種變化有時是質變，絕不只是量的積累造成變化。例如剛從政時形象清新，是滿懷理想抱負的改革者，等到掌權之後，往往經不起誘惑，說不定還敗壞得更快，變成被改革的對象。這是常有的事。換句話說，一個理想沒有經過各種考驗，都不能輕易相信，因為他對誘惑的免疫力可能更低，甚至變本加厲。所以我們對改革、反改革，最好都保持戒心，不要無限上綱，這是很可怕的。我們說改革是蠱卦，開放是臨卦，臨卦開放就是自由，自由也不能無限上綱，因為「八月有凶」，假自由之名義行罪惡之事，也所在多有；同樣，蠱卦也可能假改革之名造孽多端。從幾千年來的人性來看，並沒有多少改變，所以這樣的教訓是非常重要的。何況蠱卦的改革是近三、四十年全球的主調，大陸的改革開放就不用講了，雖然政治改革的速度較慢，但經濟改革絕對是成功的；以華人地區來講，有很多經驗值得參考；到底是越改越好，還是越改越亂，就是蠱卦必須研究的。

歷史上的改革

有句話說「治一經、損一經」，意思是說，在處理一件重要事務的同時，卻產生很多後遺症，扶了東來西又倒，改來改去，搞了半天，還是不平衡；而且在不斷改革的過程中，離原來的狀態越來越遠，改革的難度也越來越大。所以，改革不能光靠喊口號，做事是最難的，何況改革呢？「蠱，則飭也」，「而後可大，故受之以臨」。蠱卦的另一面是「隨」，時間已經改變了，不可能回到從前。然後因為「隨」勢必會「蠱」，隨著時間流逝，會變老、變醜、變壞、變髒，不可能保持原來的鮮活，所以必須改革。時間不會回頭，只能殺出一條血路，想辦法突破障礙，使改革成功，進入下一卦臨卦。

從歷史來講，改革成功的機率偏低，比革卦的革命還低。因為革命完全不考慮既有狀況，整個打翻不要，全無罣礙、掣肘，沒有顧忌，不用投鼠忌器。改革就像端著一個花瓶或金魚缸，一方面得時時保持平衡，水抽一點、放一點；一方面要把髒水換掉，所以壓力非常大，好像怎麼做都不對。革命就是把金魚缸砸了，光聽聲音就好過癮，然後再換一個全新的金魚缸。「蠱」為了保留某些舊有的東西，就要遷就現實、又想要改革現狀，那就要有絕高的智慧，還要有改革到底的決心、毅力，更要有一定的運氣。

透過蠱卦，我們可以學到很多歷史經驗。中國歷代革命成功、改朝換代的很多，但改革成功的幾乎沒有。政治改革叫做「變法」，而歷史上只有商鞅變法成功，那時還不是全中國，僅限於秦孝公時期陝西一隅之地的秦國。變法過程阻力重重，最後雖然成功了，但商鞅為他人作嫁，秦孝公死後被舊貴族以太子嬴駟的名義五馬分屍，下場很慘。在改革過程中，不知要得罪多少既得利益階層，即便有國王的支持也沒用，因為國王會死。商鞅的結局，不懂蠱卦也知道，就是得罪少東家，所以新老闆上台接位後，第一個就對付他。但是商鞅變法成功的果實，新任國君照單全收，所以秦國可以繼續富強。從秦國來講，商鞅變法成功了；從個人來講，商鞅死無全屍、下場淒慘。也就是說，改革者就要有這種心理準備。蠱卦中有所謂的「幹父之蠱」、「裕父之蠱」、「幹母之蠱」，因為上一代傳下來的東西，累積至少三十年、六十年，這種積弊根深蒂固，要有決心，還要有靈活處理事情的手段，分出輕重緩急，絕不能莽莽撞撞的捅馬蜂窩。屯卦第二爻「匪寇婚媾，十年乃字」就是叫我們千萬不要隨便樹敵，要等待。隨卦也提醒我們，即使內在有主張，外表還要和藹可親，而且要善於溝通。隨卦人緣好，能跟別人打成一片，就是「和其光，同其塵」，從人情義理來講，很多事本來就難搞，何況推動改革這麼難的事呢？

商鞅是一個很好的例子，他大權在握，推動改革成功，但他忘了給自己留後路，也忘了人性的特點。他之所以能改革成功，是因為秦孝公無條件的支持，但他在改革之初就得罪了太子嬴駟，一旦太子繼位，商鞅能躲過噩運嗎？

當然，商鞅最後死於非命，但他的改革還是成功的，秦國能夠一統天下，其功不可沒。但是商鞅的成功是區域性的，不是全國性的；全國性的改革沒有一個成功，在那之後就是西漢時期篡漢的王莽。王莽在歷史上也是一個改革者，但在傳統史家的觀點，總認為他是名不正、言不順。其實這沒道理，他失敗是一回事，不論是書呆子作法，或是他個人修為不夠導致失敗，但他推動改革的決心是對的，因為西漢末年的土地兼併確實搞得民不聊生。王莽學的是儒家思想，剛開始形象也很好，一旦掌權，他就想推動改革。他那個短暫的政權叫「新朝」，取的就是「革故鼎新」的意義。他有新的作法，可是在當時的歷史條件下根本不可行，反而搞得民怨沸騰，很快就招致失敗。王莽想在全中國推動改革，結果徹底失敗了，自己的下場也很慘。

再後面就是北宋王安石的熙寧變法，雖然有宋神宗的支持，但結果也是失敗。從改革的層面來講，王安石對於當時的社會積弊應該有一個同情式的理解，只是他雖然很努力，但他在推動改革的時候太急切了，非但得不到清流的支持，反而搞得勢不兩立。當時許多有名的知識分子，包括蘇東坡、司馬光等人，全都站在反對派那一面。支持他的，很多根本就是來撈錢、撈名望地位的，隨時可能見風轉舵出賣他。所以蠱卦很重視德行，沒有「德」的人不能改革，不然怎麼經得起種種誘惑？可是光有德還不行，還得有智慧，才能處理各種複雜的關係。因為改革面臨重新洗牌，任何一個社會都有既得利益和未得利益的人。有些人不見得有什麼理想，如果改革派有可能變成新貴，他就靠改革派；如果保守派佔優勢，他就加入既得利益階層；還有就是藉改革之名，行鬥爭之實，改革是假，真正的目的還是爭奪名利、鏟除異己。這就是蠱卦改革強調德的原因。千萬不要小看這個，王安石就是一個例子，他一開始是在一個地方從事新政的改革，尤其在經濟方面取得了成功；那時北宋的問題很嚴重，皇帝年輕有為，有改革之志，所以兩人一拍即合。王安石有實務經驗，所以能對抗保守勢力。但一個區域的成功，未必可以放大到全國，所以最後失敗了。任何一套制度都有一定的適用範圍，不見得可以等比例放大；適合大公司的，不見得適合小公司；適合小國的，大國不一定行得通。王安石的慘痛經驗，也是中國歷史上的重要例證。原本支持你的皇帝，後來發現到處都是反對的聲音，而且既定的改革方案沒辦法生根，好處沒看到，弊端卻一大堆，皇帝為了維持自己的地位，可能就會棄車保帥。可見，改革之難不可言表。

王安石失敗了，接下來就是一百多年前康有為、譚嗣同的戊戌變法，當時正是中國歷史的重要關口，結果變法一百天就結束了，欲速則不達。幾個熱血讀書人遇到了滿腔熱血的光緒皇帝，但一個千年老大帝國，怎麼可能一下子就翻過來呢？而且保守派跟慈禧太后掌握實權，小皇帝跟幾個書生意氣風發的大搞特搞，一堆老人一看活不下去了，就集體去老太后那邊哭，老太后只好順應輿情重新出山。結果皇帝沒了威信，變法的人跟著倒楣。戊戌變法徹底失敗，原因之一就是操之過急。

撥亂反正

蠱卦和隨卦相錯綜，是一體之兩面，所以，隨著時間的變化，任何事物都不可能永遠美好，會衰老、破敗、鬆弛，這時就必須拿出改革的魄力。如此才能固守正道、貞下啟元，創造新的未來。蠱卦卦辭中沒有「貞」，說明在最亂的時候，基本的道德操守都守不住了，整個社會同流合污，這時候就是用嚴刑峻法，也無法挽回頹勢。像如今貪腐行為變本加厲，利益集團形成共犯結構，甚至官商勾結，誰的後面有誰在支撐，一動就是盤根錯節，這時，改革很可能前功盡棄。有句話叫「法不治眾」，犯法的人超過守法的人，那個法就沒用了，因為你不能全部都抓起來。這種說法雖然有點誇張，但犯法的人多了，確實是抓不勝抓，有時只能打幾隻蒼蠅意思意思，沒辦法打老虎。

像鴉片戰爭的時候，林則徐到廣東查禁鴉片，在他去之前，鴉片商和當地官吏勾結，一級幹部、二級幹部幾乎沒有不拿錢的，他能怎麼辦？全部殺掉，就剩他一個，那他怎麼查禁鴉片？所以，面對所謂的共犯結構，就不能用教科書的方式處理問題。因為法不治眾，如果大家都有份，一旦動一個，拉出來就是一串粽子，而且犯罪的人越多，下手處理就越有顧忌，這就是蠱卦的可怕之處。

蠱卦是第十八卦，「大衍之術」十有八變而成卦，蠱就代表變化。事情有了變化，而且是往壞的方向變，如果不改革，就一步一步等死。成住壞空，衰弊的現象必須大刀闊斧整頓。十有八變而成卦，三變決定一爻，要十八次才形成六爻一卦，可見《易經》卦序的排列數之絕妙絕非偶然。蠱卦不在任何一個位置上，偏偏就在第十八卦；後面的第十九卦臨卦也很特殊，代表開放自由，也包含「元亨利貞」、春夏秋冬終而復始的循環；屬陰曆十二月，而第十九剛好是陰曆、陽曆相合，每遇到十九的倍數那一歲（即三十八、五十七歲），陰曆生日和陽曆生日是同一天，這裡面有其天道運行、陰陽變化的深層規律。陰陽合就能生，所以臨卦有「元亨利貞」的生機蓬勃，可是它一定有前面的「蠱」，將限制創造能量的枷鎖打破之後，才有「臨」的自由開放。中國大陸的經濟改革，把十幾億人壓抑了好久的能量整個開放出來，所以產生驚人的成長能量，改革的績效才會如此巨大。經濟改革尚且如此，政治改革可想而知。

蠱是封閉的，從其字形看，即是器皿中有蟲，而且會傳染，很多人抗拒不了誘惑，隨波逐流，結果越來越爛。外卦是艮，最上面的爻是山一樣的蓋子把整個封閉住，如果不能突破，裡面就是蠱；猶如暗箱作業，少數人掌握特權，他們可以不勞而獲，外面的人卻無從得知。等到蓋子掀開，弊端揭露，真相往往讓人嚇一跳。所以蠱卦最上面的爻很重要，那個爻就代表改革成功的象。這又是「不言之象」。蠱卦前五個爻一直到君位的「六五」，爻辭裡面都有「蠱」字，說明還是「蠱」的敗壞狀態，人人有份。處高位的在亂搞，基層百姓想反抗也力不能及；他所面對、所依存的就是一個敗壞的環境。所以從初爻的基層老百姓到五爻的最高領導人，爻辭中都有「蠱」，都在「蠱」的狀態中。第六爻爻辭沒有「蠱」，是「不事王侯，高尚其事」，表示「撥亂反正」，「幹蠱」成功，不再是「蠱」的狀態。所以從這個爻開始，一爻接一爻，一卦接一卦，下面就是自由開放的臨卦。隨卦是「元亨利貞」；蠱卦的「元亨利」沒有「貞」；到了臨卦又是「元亨利貞」，「貞」德重現，這就是撥亂反正、正道恢復的效果。可見，如果蠱卦上爻改革成功，就可以通到開放的臨卦。

《春秋》之微言大義

蠱卦上爻一變，陽爻變陰爻，密封的蓋子打開，內外通暢，變為升卦（䷭）。講到爻變為升卦，我們知道蠱卦跟孔子寫的《春秋》有密切關係，尤其是透過〈易傳〉之後，《春秋》的微言大義不再是歷史，而是藉歷史事實講道理，目的就是要撥亂反正。在孔子建立的義理象徵系統中，出現有名的三世說。《春秋公羊傳》說，孔子寫《春秋》，「所見異辭，所聞異辭，所傳聞異辭」，董仲舒發揮這一學說，認為「《春秋》分十二世以為三等，有見有聞有傳聞」。東漢何休明確提出「三世」的概念。他認為孔子著《春秋》，是取春秋時期二四二年「著治法式」，將社會的興衰治亂分為三世：據亂世、升平世、太平世。「太平世」就是泰卦，「升平世」就是升卦，「據亂世」就是蠱卦。蠱有亂象，所以要撥亂反正。

「據亂世」時期，如果改革成功，社會進化，就進入「升平世」；其實就是蠱卦上爻改革成功，爻一變成為升卦的「升平世」，四海昇平的社會出現了。「升平世」要進入「太平世」，還有一個爻要動，就是升卦初爻變泰卦（䷊）。「升平世」跟「太平世」的差別在於廣大的基層有沒有參與權？是否還政於民、國泰民安？因為升卦初爻是虛的，泰卦初爻是實的，所以蠱卦即使改革成功，上爻改革得很辛苦，最後突破特權，只是「升平世」，沒有真正讓基層的民眾參與、享受特權。升平世要往太平世提升，就要升卦初爻再變。可見，孔子《春秋經》由「據亂世」到「升平世」、「太平世」的公式，就是《易經》爻變的概念。「四書五經」之間的關係本來就是一以貫之的，這是了解其真正含義的關鍵。

好比我們讀《易經》，卦與卦之間的關係能否搞清楚，是《易經》的修為有沒有真正進入狀況的指標。有些人研究《易經》只停留在〈易傳〉的哲學概念上，沒有進入《易經》的卦爻結構去深入理解，對六十四卦之間的動態聯繫莫名所以，這就是捨本逐末；唯有進入《易經》的卦爻世界，包括四千零九十六種變化，以及每個卦承乘應與的爻際關係，才算具足研究《易經》的基本功。《易經》如人生，永遠都在變化中。只有從整體上觸類旁通，才能貫通。經典與經典之間的關係也是如此。

我在上一節提到蠱卦的不言之象，又提到從蠱卦往升卦、泰卦的「據亂世、升平世、太平世」轉進、變化所代表的意義。「據亂世」的「據」是動詞，而不是名詞的概念。「亂世」就是佛教講的末法時期。最早提出這個字的意思是說，人間社會以亂世居多，像我們現在所處的就不是太平盛世，畢竟整個世界並不很太平。如果處在亂世，不要覺得生不逢時，因為你唯一的根據就是亂世；要勇於面對，要「利建侯」，在亂世中扎根。所以蠱卦就很重要了，如果不希望永遠這麼亂，就要面對它、改革它，不能睜一隻眼、閉一隻眼，消極避世。

繼往開來

要了解蠱卦，必須掌握幾個關鍵字，第一個是「幹」，第二個是「貞」，第三個是「事」，也就是「貞者，事之幹也」這句話。蠱的時候沒有「貞」，所以要把「貞」找回來。怎麼做呢？要承擔責任，要能幹事，不能光有德行和原則，然後腳踏實地，以眼前的「亂」作為人生奮鬥的根據地；因為前面是隨卦，你要活在當下，對已存在的歷史包袱付諸行動。所以「蠱，則飭也」，「有事而後可大」，「不事王侯，高尚其事」，道理都在其中。

「貞者，事之幹也」，是揭開蠱卦密碼的關鍵。蠱卦的卦、爻辭中，有「幹」、「事」沒有「貞」，就是要把貞德找回來，但是要懂得幹事，才能進行改革大業。「事」就是「隨，無故也」的「故」，就是面對過去的歷史包袱，如何正確解讀，做批判式繼承，「繼往」還要能「開來」。因為那已經是過去的「故事」了。「隨」是當下隨緣自在，每個剎那都能自在面對，這就叫做「無故」；與時俱進，沒有過去的包袱。蠱卦剛好就是要面對過去。我在「隨卦」一章就提到過，「蠱」是面對過去，「隨」是掌握當下，「豫」是面對未來；隨著時間（卦序）的流轉，未來會變成現在，現在會變成過去，所以豫卦後面是隨卦，隨卦後面是蠱卦。「蠱」是過去的事，如果很動人、很有啟發意義，現在的人還會一講再講，讓故事流傳久遠，變成人人傳誦的故事。就像唐明皇與楊貴妃的故事已成過去，「白頭宮女在，閑坐說玄宗」，白頭宮女還在述說著他們的故事，並一代接一代傳下去。過去的事很有啟發意義，我們就要吸取歷史教訓，面對歷史，面對「俱往矣」的才子佳人、英雄豪傑，並從中累積面對當下和未來的處世智慧。「蠱」就是「故」，過去已經褪色、剝落、敗壞；當時轟轟烈烈的那麼多人、那麼多事蹟，最後卻漸漸退出歷史舞台而被人們淡忘，能載於史書，或口耳相傳流傳下來的故事，可能只有千中選一。

隨、蠱兩卦相錯，性質完全相反，〈雜卦傳〉說「隨」是「無故」，「蠱」就是「故」。經典就是「國故」。民國初年有些人覺得西化運動太過頭了，所以要整理國故，取其精華、去其糟粕。像故宮收藏的文物也是國故，那些絕對不是現代人創造的，但值得流傳，讓後人不斷從其中讀出新的意義來，生發新的力量。可見，「蠱」雖然是「故」，是成住壞空、生老病死，但蠱之中依然可以提煉出有意義的詮釋，作為掌握當下，往未來邁步的動力。本來已經過去的，經過時間沖刷留下來了，還可以引領我們繼往開來，與時俱進，讓它有當代的意義，這就是隨、蠱二卦相錯綜的意義，也就是經典和歷史的價值所在。

現代企業時常要每隔一段時間重新檢討行之有年的工作方法是否有問題，然後針對性地重新設計、重新調整，希望能天翻再變、提升績效，這就是「蠱」。其實企業改革，尤其是流程上的改革，成功率很低，因為「蠱」是普世問題，要打破積習談何容易！大部分人都是因循守舊，一旦改革，他就面臨不可知的新局面。用佛教的話講，就是「我執」甚深。很多人對名利是很執著的，就像十幾年前我看余秋雨的文章，華而不實，沒有真的生命，也沒有真的慈悲，現在不都證實了嗎？你有沒有這樣的眼力可以辨識，尤其在亂世的時候？因為改革不能靠喊的，搞不好還成為製造大時代悲劇的禍源。

蠱卦在卦序、方位上深藏的意義

從後天八卦方位來講（下圖），蠱卦是從東南到東北，下卦巽是東南方，上卦艮是東北方，從東南繞一圈到東北，中間缺了一個正東方的震卦。震是一個新的循環的開始，「帝出乎震，萬物出乎震」，就像

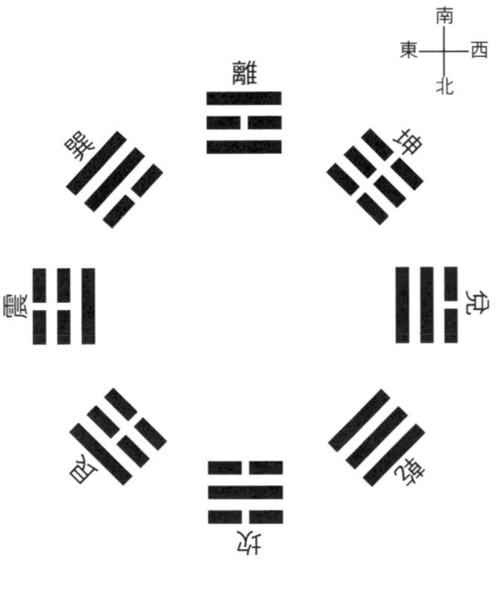

後天八卦方位圖

隨卦是淨土宗，下卦東方震是人的初發心。蠱卦是從東南方繞一圈到東北方，東北的艮卦下面就要接到正東方的震，那又是新的開始，所以叫「終而復始」。我們看蠱卦的改革多辛苦！從東南跑一圈到東北，翻山越嶺，然後才達到艮卦的登峰造極。蠱卦充滿了欲望，結果上卦艮止欲修行，登到孤峰絕頂，整個往上提升了，才能啟動下面的臨卦。也就是說，這一代人已經盡到責任，結果就啟動了下一代的新生。由艮卦一圈跑完了，艮卦做得好，就能啟動下一卦震，那就是自由開放的臨卦。「臨有大震之象」，臨卦（䷒）就是震卦（䷲）擴大的象，這是卦序非常精密的地方。從方位的角度切入，蠱卦有很深的意思，不跑這麼一遍，哪能有震卦下一圈、下一代的新生？臨與震，君臨天下和「帝出乎震」有共通的原理，他們都強調積極面對、積極開創。

此外，隨卦和蠱卦都與生死有關，一方面都是歸魂卦；一方面裡面都藏著遊魂卦、都有頤、大過之象。這意味著生死一瞬之間，可能生的變死，死的變生，甚至死了還能重生。隨卦初、二、三、四爻構成的是頤卦；三、四、五、上爻構成的是大過卦；因為隨著時間的流變，一切都是由生往死、由生往滅轉，這是很自然的。可是蠱呢，死了還能重生，就是改造成功，因為它的初、二、三、四爻構成的是大過卦（䷛），一進入蠱卦就是「大過」的動盪不安、瀕臨滅亡；可是三、四、五、上爻構成的是頤卦（䷚），又活過來了；也就是改革成功了。所以這裡面的生死遊魂、歸魂，都是有意義的。

從「身體易」來看就更明顯了。「隨」是指人體的器官、體力隨著時間推移逐漸退化、耗竭，這就成為「蠱」。蠱可能就是病，尤其是傳染病。「蠱」的外卦是艮，在一個封閉的空間裡，裡面是巽、是風，空氣不流通，久了之後就會滋生病毒迅速傳染。這一點很可怕，剛開始是幾個人生病，慢慢大家都有病了，因為出不去，窗子是密閉的。中醫說「風為百病之長」，蠱卦內卦是巽，密閉空間的空氣越來越污濁，不能與外界交換新鮮空氣，非腐化不可。傳染病流行是「蠱」，在疾病傳播過程中，「蠱」跟「隨」根本不能分。傳染病是怎麼流行的？從隨卦來說，本來是極少數人染上疾病，後來接觸到親近的人，他就被傳染了，然後他們可能去搭捷運，於是整個車箱都被傳染了；然後一個社區有人被傳染，整個社區就淪陷了。病菌的傳播很厲害，它會不斷讓自己基因突變，並且不斷更換新的寄宿主，並從其中得到新鮮的生命資源；就像隨卦的「係小子，失丈夫」、「係丈夫，失小子」，快速突變、快速複製，也快速傳播。《易經》的抽象規律很驚人，不論大宇宙、小宇宙都在這個規律之下。對病菌來講，不斷尋找新的宿主，這邊快吃完了，趕緊再想下一個。人性也差不多是這樣。隨卦是「丈夫」跟「小子」，蠱卦的主角變成父母跟小孩，第一爻就講父母，有父母當然就有子女，所以叫「幹父之蠱」。從疾病來講，先天遺傳疾病，就是「父之蠱」、「母之蠱」。除了疾病，還有先天體質，或是彷彿累世業報積下來的個性、習氣、精神特質等等。要怎麼面對、處理這種胎裡帶來的病或個性習氣？從蠱卦應該可以開發很多方法、原則。

蠱卦卦辭

䷑

蠱。元亨，利涉大川。先甲三日，後甲三日。

卦辭「元亨，利涉大川」，只有「元亨利」。「利」是聚焦在「涉大川」，利於冒險犯難、從此岸渡過彼岸。因為改革一個敗壞的狀況，或者面對「蠱」這種難治的病，風險非常高，可是不能坐以待斃，只能往前走，尋求好的治療方法以求突破。那麼在一種病態、貪腐、混亂的狀況下，蠱卦怎麼可能元亨呢？跟蒙卦一樣，蒙卦得到啟蒙，就會亨。蠱卦則是「幹蠱」成功，病體痊癒，就會「元亨」。所以碰到「蠱」的狀況不要慌，「蒙」有亨通的可能；「蠱」若治得好，不但「亨」，還「元亨」，可以恢復元氣、得到新的創造力。只要把「貞」找回來，就「貞下啟元」。蠱卦是因為不貞，所以節節敗退、持續惡化。若把「貞」找回來，「元亨」這個未來式就告訴你，「蠱」是有救的，但是你得按照以下原則治病或改革，才會「元亨」。「亨」就是通，不通則痛，通則不痛，那些積壓的東西就清除掉了。「利涉大川」，一定有風險。訟卦講「不利涉大川」，需卦講「利涉大川」，是以卦的規模來講；蠱卦又來一個「利涉大川」。整個《易經》從頭到尾就在檢討這個問題——從此岸到彼岸，能不能過得去？

接下來的卦辭是高度抽象的，跟天干地支有關。相關的解釋過去有很多，我們講大原則就好。也就是說，改革、治病想要「元亨，利涉大川」，就得遵循「先甲三日，後甲三日」這八字真言。「甲」是天干之首，「甲」的意思是土生。甲、乙、丙、丁、戊、己、庚、辛、壬、癸是十天干。甲是創造新循環的開始，就像「元亨利貞」的「元」是一個新的開始；所以乾卦是「大哉乾元，萬物資始」。中國用干支紀時，甲是一個新生的狀態；把蠱治好，就是新生。所以從小學開始，我們都期待成績得到「甲」，「甲」代表最高檔次；是新的，是演化到高層、表現最優秀的。改革治病就是希望能有這個結果，過去糟糕的狀態已經撥亂反正，現在有「甲」的優秀表現。可是，要得到甲也沒那麼容易。簡單講，就跟第二十四卦復卦（䷗）的「七日來復」有關。想要復「元」、想要剝極而復，至少要經過七天的週期，不能著急。復卦跟父母的遺傳有關，代表生生不息；也跟中醫講女性十四歲懷胎到四十九歲停經的「天癸至」的概念有關。一元復始，萬象更新。更新剛好就是天干第七、第八，就是「庚、辛」，這是時間密碼。《易經》就研究「時」。甲是一種新的、優秀的狀態之始，充滿生命力，前途不可限量。但再好的狀態也會衰敗，所以隨卦之後就是「蠱」。專講改革的革卦用到第六天干「己」的「己日乃革」的觀念；當狀況開始走下坡，就要改弦更張，非變不可。後面就進入第七天干「庚」，就是變更。一元復始，七日來復，時間的第七個階段，就是變更的階段；也就是剝極而復、重生再造。第八就是辛（新），變更之後就是全新的了。於是又進入一個循環——「庚辛」而後「壬癸」，然後再「甲」。這都跟復卦的「七日來復」有關。人可能是先有「蠱」，發現有病，可是真正的原因不知道，直到復卦才清楚生命深層的原理。所以復卦的卦序反而在後，發現之後就要運用，前面的卦才能得到圓滿的解釋。

人一定會有病，任何東西都有敗壞的可能，如果能掌握復卦「七日來復」的原則，用在治病也有效。巽卦第五爻叫「先庚三日，後庚三日」，那是第七天干。蠱卦是「先甲三日，後甲三日」，一個是甲，一個是庚。

那為什麼跟七日有關呢？蠱卦如果改革成功，就代表有一個新的開始。決定要改革的那一天、開始推行新政的那一天都叫「甲」，希望經過改造之後，有甲等的表現。以農業社會來講，「甲」就是種田要深入扎根。蠱卦的下卦巽卦就是深入的象。改革、耕種一定要往深處扎根，代表要深入了解「蠱」的病因，才能進行改造。況且「蠱」的病根往往是很深的，可能累積了好幾代，所以一定得下深入的工夫。「甲」就是深入扎根的象，深入扎根才能長得好；長得好，往上生長，就叫「由」，合起來就叫「申」。在巽卦就有「君子以申命行事」。

要啟動一個新的循環、希望有一個「甲」，必須前三天就開始佈局，一方面深入研究，一方面推出改革方案。也就是說，「幹蠱」的那一天就叫「甲」，但絕不能到那一天才臨時動手，必須前三天就展開佈局，然後等到「甲」的那一天真的就幹起來了。當然，改革必然會招致反彈，也可能有很多頑強的病毒，無法按照既定方案把它消滅，還要有一個觀察期、試行期，看績效再決定怎麼調整方案；並不是說前面研究了三天，第四天把新方案推出來，馬上就成功，哪有這麼好？所以還要有三天觀察期，再根據各方反應調整，那就叫「後甲三日」。可見蠱卦的改革是很周密的，預先有一個方案，像豫卦；然後看看當下的狀況，像隨卦。「先三日、後三日」，「甲」的前面、後面各需要三天，加上「甲」的那一天，剛好就是七天，正是「七日來復」。想要剝極而復、重生再造，這是必須遵循的規律，急不得。歷史上很多變法都是欲速則不達，失敗是必然的；因為沒有真正深入，以為一紙行政命令就可以改過來，哪有那麼簡單？不但得瞻前顧後，還要去除剛愎自用，別以為已經研究三天，到「甲」那一天推出來，一定是天下響應，沒有的事！然後要針對實際反應再推什麼新的調整方案，也要有一段時間，即「後甲三日」。如此，一個完整、周密的改革才有機會成功。

《易經》過去對「先甲三日，後甲三日」的解釋真是太多了！甚至把天干的諧音都提出來了。對於這些解釋，我們僅作參考，基本上不取其意，只需研究卦與卦之間的關係，像巽卦、蠱卦、革卦、復卦之間是怎麼回事？我們現在按照卦序才學到蠱卦，這是《易經》的第一個改革，到下經革卦是要革命了；再學到巽卦的時候，既不要改革，也不要革命，但卻能實際達成目的，那是潛移默化、借殼上市。所以中國歷史上轟轟烈烈的變法改革叫蠱；改朝換代的革命叫「革」，那是更劇烈的行動，但可能比改革容易一點。還有一種是既不革命，也沒有轟轟烈烈的改革，可是最後發現它借殼上市，那就是採用巽卦長期部署的陰柔手法，叫「先庚三日，後庚三日」。舉例來說，戊戌變法失敗了，因為「幹蠱」失敗了，最後沒辦法，就有了辛亥革命以及後來中共的革命，用革卦的方式解決中國的問題。

換句話說，從《易經》卦的觀點講，要打破現狀，對現狀不滿或想捍衛現狀，就是這三個卦。想要改變現狀的人，就要學這三個卦；想捍衛現狀的人，也要學這三個卦。一個攻，一個防，都不出這三個卦的招式。若能深入體會，要獲勝或是達到預期效果就比較容易了。

蠱卦〈大象傳〉

〈大象〉曰：山下有風，蠱。君子以振民育德。

我們先看蠱卦的〈大象傳〉。「山下有風，蠱」，這是落山風的象，風力強烈，吹得你睜不開眼、站不住腳，而且破壞性非常高，裡面可能藏汙納垢，種種腐敗現象在下面亂竄，然後大家都感染、變壞了。

〈大象傳〉教我們修德，要從根本上培養；〈彖傳〉教我們怎麼把事情做成功。〈大象傳〉很有意思，不管什麼卦都可以作為修德的道場，壞的卦搞不好修得更歡。所以〈大象傳〉是德行的人生觀、世界觀，它的重點不是吉凶禍福，而是用德去超越、克服吉凶禍福。當然在實際人生很難做到，畢竟〈大象傳〉是宏觀看世界，什麼狀況都是好的，而且惟德是親，可是人不行光這樣唱高調，所以創造時代較晚的〈彖傳〉就解析卦所代表的處境結構，教我們務實面對不同的環境，最後得到成功。

〈大象傳〉要我們在蠱卦的環境中做到「君子以振民育德」。蒙卦〈大象傳〉則叫我們「果行育德」。蒙卦也是極困頓的環境，越是困頓的環境，越要「育德」，這就是〈大象傳〉的修為。這不是道德教條，而是對生命能量的一種期許。「德」是要育的，要培育、教育、化育。「育」這個字我們講過，跟「孚」——信望愛的關係是平列的概念。卵生動物是「孚」，胎生動物叫「育」。「育」字是母親懷胎的象，下面是一塊肉，上面是倒過來的「子」，就是「倒子之象」。胎位要正，所以是頭下腳上。「育」的過程充滿辛苦，需要極大的耐心，跟「孚」一樣。所以「育」很重要，需要時間和耐心的教養。如果不正，要把他扶正。德也要在這樣的過程中慢慢形成，所以叫「育德」。

「振民」，「民」是蠱卦的最基層，蠱卦其實在講全民改革，而不是高端人士的專利。如果老百姓對改革漠不關心，不監督也不制衡，改革一定完蛋，絕對會變成以改革為名，行爭權奪利的政治鬥爭之實，老百姓就倒楣了。所以在一個時代變遷的時候，「蠱」的改革要保證成功，全民的素養智慧必須提升，而且要全民參與監督。可是在「蠱」的情況之下，老百姓都是愚民，什麼也不懂，政府說什麼就是什麼，這樣的作法注定會失敗，因為改革一定要從本質上產生改變，從舊時代進入新時代的所有基層人民，他的本領、德行、教育都提高了，改革才能取得全民的基礎，在上面的人就不能亂來。所以振作民氣，才能形成全民參與的巨大力量，遏止少數人藉改革圖謀私利。

天下沒有白吃的午餐，在一個蠱的惡劣環境中，想要扭轉困局，就要培養群眾力量，以獲得更大的支持。所以要先提振人心，並從群眾教育入手，提升全民的智慧與見識，這就叫「振民育德」。〈大象傳〉可謂苦口婆心。

蠱卦〈彖傳〉

〈彖〉曰：蠱，剛上而柔下，巽而止，蠱。蠱元亨，而天下治也。利涉大川，往有事也。先甲三日，後甲三日，終則有始，天行也。

蠱卦〈彖傳〉說：「蠱，剛上而柔下，巽而止。」這是分析卦的結構，告訴你這就是蠱的象。隨卦是「剛來而下柔」，蠱卦是「剛上而柔下」，真的是相錯綜，完全相反。隨卦「動而說（悅）」，蠱卦「巽而止」，下巽而上止、內巽而外止。巽有深入的象，止的意義就是蠱的象。剛上而柔下，上卦為艮為少男，是陽剛的卦；下卦是巽，是長女，是陰柔的卦。隨卦是少女（兌）在上，長男（震）在下，剛來而下柔，聯動起來就「悅」；「剛上而柔下」，一動就「止」。從卦象的轉換來看隨、蠱二卦，就可以清楚它們的實質意義。

假定蠱是一種病，要探討病根何在，只看表面是無法深究的，因為病根埋得很深，甚至跟前代有關，所以要下深入的工夫。《易經》任何一個卦的結構，可能是告訴你問題的結構，也提供解答的結構，簡單講就是病理的分析。病理跟生理有關，人不可能不生病，所以生理會產生病理，「蠱」為什麼會有病？因為空氣不流通，外面是封閉的，而且病根很深，要根治它，必須下「巽」的工夫，要對症下藥。如果病入膏肓，只在表面下工夫，那就完蛋了。所以要找出病根，不管是人身的病根，還是社會、制度的病根，找到病根才能治，根治則止，疾病就不再擴散。這就是「巽而止」。

「蠱元亨，而天下治也。」如果真的悟透了，開始下刀治理、幹蠱，績效會非常好，如同醫道高手妙手回春，改革大業就成功了。「天下治也」，這話說得很莊重，天下都治理好了，什麼問題都沒有了，然後天下太平，進入「太平世」。「天下治」是〈易傳〉中很重要的說法，六十四卦之中，也只有乾卦和蠱卦出現「天下治」的概念。而且乾卦必須「群龍無首」才是「天下治」，就連「飛龍在天」都還是「上治也」，不夠資格談「天下治」。因為「天下治」絕非泛泛之言，而是全民參與、全民改革，是全民共同管理，把權力下放到民間。臨卦這一點就很突出了，初爻、二爻統統參與管理，即「咸臨」。這得打破特權專斷才辦得到，不能讓少數人決定大多數人的命運，「群龍無首」就打破「飛龍在天」的壟斷格局。所以乾卦〈文言傳〉說「乾元用九，天下治也。」這是乾卦奮鬥的最高境界，然後是「乾元用九，乃見天則。」最高的天道規則是眾生平等，而不是由少數人控制一切的金字塔結構。佛教講眾生平等也是一樣，天下是治理的主體，即天下共和，全民共治，不像「飛龍在天」充滿危險，還有墮落的可能。「天下治」是古往今來人間社會追求的最高目標，在蠱卦這麼糟糕的卦裡面，卻充滿了「天下治」的美好希望。這就是中國人的觀念，所謂「末法興大道」，如果整治成功，就是一個大好的新世界，這叫「治，起於衰亂之中」；「治」從哪裡來，就從衰亂中來。所以，即使處在最亂的時候也絕不灰心，因為蠱卦尚且「元亨」，只要「先甲三日，後甲三日」，最黑暗的時候雖然很難熬，但可能是大放光明的前夕。正如英國詩人雪萊說的：「冬天來了，春天還會遠嗎？」在充滿痛苦挫折的時刻，要是熬過去了，美麗新世界即將來臨，就像否卦的「包羞」，若在包羞時放棄，就看不到大壞之後的大好。所以要熬過最黑暗的階段，千萬不要放棄黑暗的蠱，因為「蠱，元亨，而天下治也」。在蠱中受苦受難的人，因為有最深刻的反省，反而能找到病根，並從根治起，從最壞到最好，面貌煥然一新。接下來的臨卦卻有可能從最好到最壞；「元亨利貞」要是沒弄好，就有可能導致「八月有凶」。蠱卦這麼糟，最後卻可能「天下治」。如果一個民族這種智慧能代代相傳下去，這個民族真的不會亡。

「利涉大川，往有事也。」改革大業要「往」，就是想要利涉大川，但絕不容易，所以一定要有清楚的主張。「往」是行有主，要拿得出辦法，中心要有主宰，還有主要的資源。「往」與「行」不同，行不一定有目標、有主宰，如同在海灘漫步、在公園裡閒晃。「往」是我知道要往哪裡去，有清楚的方向目標。蠱卦當然得有自己的主張、訴求，知道自己在幹什麼、該怎麼幹？這就是「往有事也」。需卦健行遇險，雖然「不速之客三人來」，〈彖傳〉說「往有功也」，但需卦是「利涉大川」，渡到彼岸就成功了。蠱卦的成功率很低，改了這個，那個又不對了，又得改，焦頭爛額、忙於應付。這一定要下很大的工夫，可又不一定能成功，所以〈彖傳〉不說「往有功」。《易經》很多卦講「往有功」，就是蠱卦特殊，它的文字很費了一番斟酌，它不能騙你說「往有功」，因為大部分的改革都是失敗的，所以得先準備好「棺材」。忙了個半天還不成功，那怎麼辦呢？蠱卦告訴你，該幹的還得幹，一代不成功，累積幾代還是要成功。這就是「利涉大川，往有事也」。

人就是我執太深，一定要在自己的任期內搞到青史留名，因此忽略了真要改革成功，必須經過「先甲三日，後甲三日」的長期準備；任何人在這個過程中，都只是一個接力的，沒有後來者繼續完成，改革不可能真正成功。可是，很多人眼看自己任期快到了，就製造表面成功的業績。所以不能急不能躁，不能感情用事，要有功成不居的心胸。就像「勞謙」，一代接一代做下去；前人努力的結果，後人接著做。「生而不有，為而不恃，長而不宰」，道家這個觀點是很值得推動的。學佛的也知道，一天到晚想著做好事，那就不是好事了；菩薩要無所住行於布施，一天到晚想我是菩薩我布施，這就是最大的執著。萬事萬物都有自然律，若有半點私心，想在自己名下成就，還要天則配合你，那是不可能的。相信機緣，該做就做，不計較成敗得失，不然只會招來痛苦。「往有事」告訴你不一定成功，所以不要急功近利，「先甲三日，後甲三日，終則有始，天行也。」終結之後又有新的開始，這是天道的運行法則、自然的規律。「貞下啟元」就叫「天行也」，剝極而復也叫「天行也」。所以要懂得自然、社會、歷史的規律，消除得失心，改革才能真正成功。

蠱卦的單爻變

進入實際的改革階段就會發現，歷史上很多成敗興亡都跟蠱卦六個爻有關係。我們能列出來的只有單爻變，一個卦的多爻變就有六十四種變化，先把單爻變研究清楚，才能掌握更複雜的多爻變。

前面已經提過，上爻變是升卦（䷭），由「撥亂世」變「升平世」，改革成功。初爻變為大畜卦（䷙），二爻變是艮卦（䷳），三爻變是蒙卦（䷃），情欲蒙蔽理智，搞不清楚狀況，或者不明真相，這是蠱卦第三爻可能有的象。

第四爻爻變是鼎卦（䷱），鼎是公權力的象徵，「六四」是高官階層，典型的既得利益者，也可能就是蠱的根源、改革的對象。鼎是烹肉的鍋，也是政權的象徵；曹劌論戰時說「肉食者鄙，未足遠謀」，第四爻就大有嫌疑。所以「六四」爻辭「裕父之蠱」，「裕」代表資源太多，在為民服務的位置居然會「裕」，不是很奇怪嗎？其他的爻都還是「幹父之蠱」或「幹母之蠱」，這個爻「裕父之蠱」，甚至打著旗號「假改革，真撈錢」，越改革獲利越多。顧名思義，可見人家都在努力地幹，他卻在「裕」。《易經》爻辭的寫作真是厲害，四爻假改革之名，行斂財之實，打著紅旗反紅旗，有人在改革過程中變成新貴階層。歷史上任何一種改革都有這種情況。改革之後，舊的利益集團被徹底擊潰，卻又產生新的特權階層。有的在改革中失去過去的東西，有的在改革中得到過去從來沒有的東西，腐敗的循環又開始重複。在第四爻執政的高官位置上，這太明顯了。像當年大陸的土地改革要打倒地主，惡霸地主當然要打倒，地主若非惡霸，不就倒楣了嗎？他可能很體恤農民，靠自己辛苦致富，怎麼都要收繳歸公呢？不過，翻天覆地的改革之中，這是難免的。蠱卦呈顯出眾生相，第四爻是「裕父之蠱」，初爻、三爻都是「幹父之蠱」，五爻君位也是「幹父之蠱」，因為正是他下令改革的，如秦孝公、宋神宗、光緒皇帝。秦朝自秦穆公之後累積了很多問題，長期積弱之下，秦孝公想要富強，就必須強力支持商鞅變法。對他來講，秦國的積弱就是「父之蠱」，要改革就得破除情面、批判先人。一個領導人作為「幹父之蠱」的代表，就要用鐵腕手段支持改革，不然改革絕對沒希望，因為它不是革命；革命不需要領導人支持，革命是要把皇帝拉下馬，但是「蠱」一定是從上到下，「革」是從下往上。「巽」是混進去之後，混到最高位置，自然而然篡位奪權，然後就可以隨心所欲了。這是三種改變現狀的模式。

二爻比較特殊，別的爻都是父親的蠱，它是母親的蠱，所以要「幹母之蠱」。「母之蠱」跟

「父之蠱」差別在哪裡？因為二爻爻變是艮卦，遭遇障礙了，想改革的對象不動如山，推不動。第五爻的爻變也很值得玩味，是無形無象的巽卦。巽是病根藏得很深，不容易被察覺。國家元首貪污很難讓人發現真相，帶頭改革的人帶頭貪污，問題很嚴重，很難根治。第四爻的腐敗是看得到的，因為「裕父之蠱」一看就知道他越來越肥了；可是第五爻藏在幕後，連君位都腐化了，這個蠱是很深的，當然很難治。而且他是蠱卦最高權力擁有者，假定他有問題還喊改革，那就是巽，巽為風，有發號施令的象；如果他也在共犯結構裡，問題的嚴重性就難以想像了。這說明「幹蠱」太難，連最上面的人都是改革的對象，要怎麼推動改革？然後第五爻、第四爻都是王侯集團，所以第六爻要真的搞清楚真相，「不事王侯」，我才不伺候你們這些王八蛋呢，因為蠱的禍源就是第五爻的「王」和第四爻的「侯」；但第四爻好抓，第五爻難逮，尤其第五爻還在位，怎麼動得了他呢？而且他表面上也在「幹父之蠱」。所以，怎麼抓大角色？那才叫工夫。

蠱卦的卦中卦

再來就是卦中卦。我講過幾次，改革切忌感情用事，急功近利，想要一步到位，成功必在我，那是絕不能成的，因為違反「先甲、後甲」的規律。就像泰卦中含歸妹卦（䷵）一樣，不能急，畢竟少女出嫁是終身大事，改革也涉及「終身大事」，為了不讓最後落得一場空，所以要慎選婚嫁的對象。改革因為有熱情，看到不公不義，就想最好立刻就把它改過來，這就壞了！改革最需要耐心，急功近利一定犯錯，尤其跟盤根錯節的守舊勢力鬥爭，絕對要沉得住氣。所以蠱卦二、三、

四、五爻構成的是歸妹卦。如果改革成功，由大過卦到頤卦，就是天蠶再變，破舊立新；初、二、三、四爻構成的大過卦（䷛），就是蠱卦瀕臨滅亡的象，高度動盪。如果跳到三、四、五、上爻，變成嶄新的生態，又活過來了，就是重生再造的頤卦（䷚）。這跟隨卦的從生到死剛好形成對照。自然的東西一定是從生到死，可是有些東西經過改造之後，重新恢復活力，就可以死而復生。中間有歸妹，後面才有臨卦的生機。整個蠱卦可以如此透視，一開始接手的是個爛攤子，就是「大過」；負荷很重，要考驗一個人有沒有那樣的承擔能力和魄力膽識，又不能一板一眼，要用非常的辦法才能挽救非常的危局，最後真救回來了，那就是頤卦。可是中間的歸妹卦又千叮萬囑，要你小心謹慎，最好循序漸進，一個階段一個階段玩，不能急，否則全部砸鍋。

這是四個爻的卦中卦，還有五個爻的，更有意思。首先是初、二、三、四、五爻構成的恒卦（䷟），「一日心」為恒，這說明改革不是一兩天的事情，需要天長地久持續的努力和始終如一的「一日心」；甚至一代接一代的長期努力，才可以把累世積弊改正過來。我在前文說過，每一個人都有個性和弱點，有的是遺傳，有的是天性。一個民族經過長期繁衍留下來的積習，就是劣根性；中華民族也有很多不完美的地方，這都是蠱。蠱卦上卦為艮，正是要根治，壞的要改正，好的要繼承。不論個人或民族，若是對自己的習氣長期缺乏自覺，就沒有成長、進步的機會，不能與國際接軌，一旦習慣了，久而不知其非，這就麻煩了。所以要打破民族累世積習的劣根性，這也是蠱卦的意思。就像從大禹王至秦始皇之後，再到清宣統皇帝，家天下的格局雖然已經過去，可是它的影響多麼深重！一個朝代興起，一個朝代滅亡，中間最倒楣的是老百姓，興也苦，亡也苦，那就是習氣。為什麼很多人不思突破呢？因為大家都想做皇帝夢，不希望「天下治」，而且習焉不察。其實從根源上反省，我們會發現，傳統體制是可以質疑的，因為制度是人創的，人的貪欲會忽視並保留對他有利的部分，對他不利的就要改革、打破。「恒」的意義是，不管怎麼改革，有些東西確實不能動搖，有永恆價值的東西就要保存下去。而且還要看得遠，改革之功，不必在我。

其次是二、三、四、五、上爻構成的損卦（䷨）。由「恒」到「損」，意思是說，傳播再久遠的體制，也得斟酌損益去調整。此外，蠱卦是欲望受到蠱惑而導致敗壞，損卦就叫你清心寡欲。老子說：「為學日益，為道日損，損之又損，以至於無為，無為而無不為。」損卦就有「懲忿窒欲」的告誡。蠱卦中有損卦的象，說明整個結構中有些東西被病毒污染，要立即切掉，不然立刻散播傳染。癌細胞因為沒有辦法禁止它擴散，只能切除，還要用痛苦的方式化療。那就叫損。可見，蠱卦中有損卦，就有「懲忿窒欲」的象，又有「斟酌損益」的象。孔子云：「殷因於夏禮，所損益可知也。周因於殷禮，所損益可知也。其或繼周者，雖百世可知也。」孔子想得開，他認為周朝也不會千秋萬世，將來也會滅亡，會有新的朝代起來。只要掌握損益與時變化的特點，不管舊的、新的，只要能為老百姓謀福利就是好的。斟酌損益的原則就是這樣。

蠱卦的爻際關係

我們還要把蠱卦承乘應與的爻際關係搞清楚，才可以更深刻地了解爻辭的意義。

初爻和二爻是陰承陽、柔承剛，五爻和上爻也是陰承陽、柔承剛，都是正面的關係；都是下面對上面心悅誠服、信受奉行、相處和諧的象。初爻要聽二爻的，五爻要遵循上爻的大原則，而且要除掉政治黑手，以免影響改革、變成政治鬥爭，這就是「不事王侯」。「六五」是王，「六四」是侯，一個真正該推動改革的「六五」，一定要奉行上爻的大原則，所以說「志可則」。王侯因為掌權，最容易橫加干涉。但改革是要為全民服務，而不是為特定的政黨、政權服務，這就是「不事王侯」。「六五」是王，就要懂得這一點，不能在改革中動了壞心思，運用權力為自己謀利，還要辨識他所任用的「六四」是否合格？所以理論上「六五」這個改革中的君位，對上必須奉行「上九」所代表的純淨理念；「上九」爻辭就是「六五」應該恪守奉行的，這叫陰承陽、柔承剛；然後「六五」還要任用「九二」，因為「六五」跟「九二」相應與，改革的最高領導人親自主持改革，必須找一個推動改革的總執行長，而且最好從形象清新的民間菁英第二爻來挑選。因為「二多譽」，有好名聲，還有民意支持。「六五」任用「九二」，就像光緒任用康有為，康有為就是「九二」。「九二」因為是社會清流，本身沒有腐化，不像第四爻是已經敗壞的執政團體。而且「九二」有「初六」陰承陽、柔承剛的支持，有民意基礎，所以「九二」就是推動改革的總舵手。然後「六五」要敢於破格任用，避開「六四」，任命「九二」來改革。像商鞅也是「九二」。而王莽什麼都靠自己推動，就違反了蠱卦的要義。只有「六五」用相應與的「九二」才有機會；但「九二」不一定成功，極可能很快就犧牲了，但傷不到「六五」，因為「六五」不在第一線，還有別的「九二」可以補位，這就有斡旋的空間。如果「六五」親自披掛上陣，就是改革委員會的總委員長，萬一改革失敗，不就沒有退路了嗎？「九二」可以換掉，像王安石就上下兩次，「六五」不能犧牲，一犧牲就全垮了。所以「六五」要奉行承乘關係，對上不能背離上爻對改革的期許，對下要任用賢臣。「九二」跟「六五」相應與，理念上可以溝通、互補。「九二」上有老闆授權，下有民意做後盾，他才敢推動改革，向既得利益挑戰。這是蠱卦的爻際關係。當然實際操作會受到人的私情欲望所干擾，但蠱卦要有好結果，就得按照這個關係來。

還有「九三」與「六四」的關係，是陰乘陽、柔乘剛。「六四」是既得利益者，是中飽私囊的朝中大臣，改革對他不利，他怎麼會真心支持呢？他可能會利用改革以謀更大的私利。「九三」陽居陽位，是幹勁十足的拚命三郎，代表民間種種不滿的呼聲，所以他要求改革，而且很衝。「六四」跟「九三」就會站在對立面，造成利益衝突。「九三」一天到晚看「六四」不順眼，想揭發他、把他拉下來；「六四」覺得「九三」對他的生存利益有威脅，就會想方設法打壓。這樣一來，他們的關係會好嗎？當然不會，所以叫陰乘陽、柔乘剛。

蠱卦六爻詳述

初爻：後繼有成

初六。幹父之蠱，有子，考无咎。厲終吉。

〈小象〉曰：幹父之蠱，意承考也。

初爻的爻辭很長，可能是改革的第一步，千萬不能錯，所以爻辭千叮嚀、萬囑咐，想改革，先聽老前輩字字句句的叮囑；先做好心理準備，才能啟動改革的第一步。而且初爻代表全民，如果沒有全民支持，改革就會變質，所以第一爻與最後一爻的改革成功有因果關係。想要改革成功，要在第一爻的民間基層下工夫。基層民眾都有好的概念，就算成功一半了。初爻做到了，上爻就成功有望。初爻與上爻從爻辭本身看都很好，上爻不用講了，那是一個結果。初爻不是占到就保證好，還要統統按照它的說法做，才能「終吉」。上爻最後吉，改革成功，但是中間驚濤駭浪，危險動盪不安，所以叫「厲」。可是最後都能渡過，所以「終吉」。初爻的「終吉」反應在上爻。乾卦第三爻「君子終日乾乾，夕惕若，厲」，從早上幹到晚上，天天都得積極奮發，沒有只做一遍就對的，需要不斷地累積經驗，不斷地嘗試錯誤，朝有過，夕改之；夕有過，朝改之。孔子說「朝聞道，夕死可矣」，這話在後世引起很多誤解，其實「死」就是把過錯改掉了，不犯舊的過錯。人總是在經驗中成長，早上犯了錯，晚上就改過來，要從善如流。改革的方法如果不對，捅了馬蜂窩，講話不溫暖，第二天就改溫暖一點，這也是朝乾夕惕真正的意思。像乾卦第三爻爻變就是履卦，「反復道也」，哪有一次就做對的呢？錯了馬上改，在艱難的幹事過程中，才會明白如何趨吉避凶，掌握改革的訣竅，那就是「厲」。在「厲」中成長，而且一定要勇於改過，不要剛愎自用，「後甲三日」就是給你這個空間；「昨日種種，譬如昨日死」，「今日種種，譬如今日生」。這跟蠱卦一樣，過去敗壞的就不要留戀，能夠搶救的就讓它更新，絕不是說早上聽到了真理，晚上就可以死而無憾，那真是荒唐。如果中國文化就訓練這種人，中華民族早就滅亡了，因為他每天早上上道場聽經，聽完之後大徹大悟，晚上就上吊了，第二天道場少了一半人，那不是荒唐嗎？其實「死」就是永遠不再犯過。這在《大戴禮記》中講得清清楚楚。

初爻跟上爻代表第一步跟最後的結果，種什麼因，得什麼果。一起手就高，考慮周全，做好一切準備，雖歷盡千難萬難，最後還是可以成功。隨卦的初爻、上爻和蠱卦的初爻、上爻都好得很，這是隨、蠱兩卦明顯的特徵。隨卦初爻就具體而微的涵蓋了「隨」的原則性、靈活性，所以到最後會「拘係、從維」，「亨于西山」。蠱卦如果照初爻的爻辭做對了，有好的開始，上爻就有好的結果。一個卦的初爻、上爻，最完整的就是隨、蠱兩卦。一般來講，初爻不成氣候，上爻有點過火，不得善終。還有很多卦剛開始不錯，最後一塌糊塗，差之毫釐，失之千里，初爻好，走到上爻卻完蛋了。

蠱卦初爻「幹父之蠱」，這是大方向。蔣經國晚年在臺灣推動民主改革，跟蔣介石就完全不同；雖然他沒幹完就讓李登輝接著幹，但他在臺灣的民主改革史上還是有一定的地位。蔣經國主政後，他的作法蔣介石肯定不同意，可是兩個人時代不同，他如果還用老蔣那一套治理臺灣，一定治不了，必須改。就連大陸現在也不能像毛澤東時代的作法，因為時代變了。前面是隨卦，非變不可。你的權力從上一代來，可是你的作法必須跟上一代不一樣；你的生命從父母親來，可是你沒辦法照父母親的方法做事，因為時代變了。真正的孝順是表現在與時俱進的創造力，絕對不是蕭規曹隨。尤其在時代劇變的時候，真正的孝順就是彌補上一代做不到的事。因為有好子孫，人家對上一代的評價也會不一樣。文化傳統也是一樣，中國文化傳統中有很多糟粕確實是要改的。

後繼有人，有人接班，不僅可以承擔家業，還可以發揚光大，那就叫「有子」。但他的作法絕對不會和你一樣。像毛澤東是革命的一代領導人，鄧小平啟動驚天動地的改革開放，是改革的一代領導人。鄧小平跟毛澤東的關係那麼深，但他主政時，就得突破毛澤東時代的那一套。這就叫「幹父之蠱，有子」。

作為上一代，千萬不要期待小孩或接班人亦步亦趨照著你走。每個人上台都想表現自己的特色，我的權力雖然從你而來，對你確有顧忌，但希望你越來越淡化，最好天天出國旅行，好讓我肆意揮灑。所以那些做老大的，總是嫌大老礙眼，偏偏大老又活得長，這樣就很麻煩。其實真正健康的傳承，一定是批判式繼承，要繼往，更要開來，這才是「幹父之蠱，有子」。像乾隆皇帝做了三年太上皇，那三年我看嘉慶心裡難免嘀咕：「老不死的，怎麼還不走？」因為他想殺和珅也不敢殺。這就說明「有子」，要有見識、魄力。我講過「爻」跟「父」的關係，「爻」是一個接一個、一代接一代的問題。「父」代表當代的問題已經解開了，下一代的問題讓他們自己想辦法。而他解決問題的方法，絕對不會跟你一樣。

「考无咎。厲終吉。」我們講過「厲終吉」了。就算老爸不在了，可是老幹部還在，要說服、要禮遇，但不重用，要避免他們掣肘干政，所以很辛苦。父親死了就叫「考」，父親或先王過世了，後王或兒子繼承大權之後推行新政，把上一代的方法改過來了，老百姓很高興，你也不必擔心老爸的在天之靈會責怪你；因為你貫徹改革，反而讓他的歷史地位更穩固，他的在天之靈可以「无咎」。蠱卦初爻的「考」就代表「幹父」的「父」還活著。同時意味著失去影響力或者已退位。但一般講的「考」就有生死之差，因為初爻就是卦中卦大過卦的開始。

可見，一旦接大權，若想推動改革，也不能太急，還要考慮前一代的影響力，否則就是給自己製造敵人，就算不聽前一代的，也要表示重視，絕對不能急於出手，否則很難鞏固權位。要等到他們都成為「考」，沒有情面問題，你才可以放手去幹。因為人情總是如此，再豁達大度的人，也經不起旁邊人的說三道四，所以要給人家保留一點顏面，這就是「考无咎」。像乾隆做三年太上皇的時候，嘉慶想幹什麼都得忍一忍，等乾隆過世，他就迫不及待的馬上抓和珅。要是乾隆還沒變成「考」，嘉慶就敢這麼幹，嘉慶就得被拿去「烤」了。戊戌變法為什麼失敗？那些老臣都跟著慈禧太后好多年，沒有功勞也有苦勞，你要讓他們全部失業，他們就統統跑到老太后那裡哭，請老太后出山，結果光緒就被「烤」了。

〈小象傳〉說：「幹父之蠱，意承考也。」不一定要繼承前人的一舉一動，可是在心意上還是要尊重、繼承前人之志。「意」是活的，看不見的；形諸於外的才是「跡」。可見，外表的行跡不重要，重要的是內在的生命傳承。

「初六」真情實意，「意承考」，繼承先人的成就，只是作法略有不同。所以初爻爻變為大畜卦（䷙），「大畜」要求創新、發展，不像小畜卦只求生存，苟延殘喘、抱殘守缺。大畜卦云「不家食吉」，心胸要很開闊，而且要博采眾言。先「利貞」，守住優良傳統，其次就是生存發展不能拘守於「家」的範圍，然後才能「利涉大川」。蠱卦、大畜卦都是「利涉大川」，中華文化不是人類文化中的唯一，還有很多精彩的其他文化也可以兼收並蓄。大畜卦就是心胸放大，多吸收其他文化的優點，再轉化成活的智慧。像經過幾千年的消化吸收，現在佛教已成為中華文化重要的一部分，在佛教發源地印度反而衰落了。所以絕不要有門戶之見，更不能閉關鎖國、故步自封，能廣泛吸收新東西，才有開拓新局的機會。

〈繫辭傳〉對「意」字有再三的強調，〈繫辭上傳〉最後一章有「書不盡言，言不盡意。然則聖人之意，其不可見乎！」「意」好像虛無飄渺，看不見摸不著，就像禪宗講「佛祖西來意」，「意」不在於袈裟，也不在於衣缽，甚至無法言傳，無法形諸文字；意在言外，要得意忘象、得象忘言，這是活的創意。從「意」出發，先「誠意」，後面才是「正心」，「正心」後面是「修身、齊家、治國、平天下」。「意」在「心」之先。可見，「意承考」不是叛逆，而是順應時代變化。

我們從經典中吸收智慧也是如此，時代環境不一樣，能活學活用、不斷創造發明，才是真正的繼承。

以「初六」的理想狀態為基礎，就可以期待上九「不事王侯，高尚其事」。「事」是以下事上；「其」就是自己；「高尚」是把這件事看得很高尚。像那些王侯之事、政黨鬥爭、政客利益、禍國殃民的事情，都不是我想幹的，這就是「不事王侯」。簡單講，改革要真正成功，一定要落實全民改革，讓政客不敢為所欲為，絕對不要讓「蠱」的神聖改革事業變成政客的專利。所以孫中山先生講：「要做大事，不要做大官。」

上爻：跳脫政治惡鬥

上九。不事王侯，高尚其事。

〈小象〉曰：不事王侯，志可則也。

我們先講〈小象傳〉。「志可則」，我在前文提過，「則」即規律，關乎天地人鬼神。乾卦有「乾元用九，乃見天則」；同人卦有「困而反則也」；謙卦有「撝謙，不違則」。這個「則」始終透過卦爻告訴我們，《易經》的「不易」，就是「則」；只要掌握了「則」，不管世事如何紛繁變化，蠱卦再怎麼混亂，隨卦再怎麼千變萬化，只要按規律辦事，就可以化繁為簡、以簡馭繁。正如莊子所說的：「嗜欲淺者天機深。」因此，不管怎麼橫說豎說，天下的道理、大原則，「不事王侯」是第一步。「升平世」還不是「太平世」，所以要「志」在太平，徹底擺脫世襲王侯貴族的干擾，然後下面才是海闊天空的臨卦。可見，做大事比較高尚，做大官有什麼高尚的呢？從字形來看，「則」字好像怕你記不住這個原則，就用刀刻在貝殼上，像鐵的規律、天條一般，使你永誌不忘。這就是「則」。

講完了蠱卦初爻與上爻，我們且結合實例談談這兩個爻。二〇〇六年臺灣的局勢就是蠱卦初爻、上爻動，表示年頭到年尾都在「幹蠱」，因為貪腐開始露餡了，所以那一年就是「幹蠱年」。雖然最後失敗了，但後續影響持續發揮；有了二〇〇六年，才會有二〇〇八年馬英九大勝。那一年從初爻到上爻，「蠱」始「蠱」終，因為有「蠱」，就有「幹蠱」。初爻動，表示人民想要「幹父之蠱」的怒火燒起來了，然後一直燃燒到年底；希望徹底根除政客造成的貪腐之蠱，希望「高尚其事」，希望「志可則」，由「亂世」變「升平」。但根據「大衍之術」的法則，這兩個爻動是動了，六個爻分別是六、七、七、八、八、九，加起來是四十五，再以天地之數五十五相減，減數為十，落在第三爻，這兩個爻都沒點到。那一年從開始有「蠱」的徵兆，到發現越來越多的「蠱」，「幹蠱」的反彈就燃燒成熱潮，然後影響到初爻動員上街；由開始五十萬人，到後來一百萬人。很多人平常不上街的，那時都上街了。參加的人不分黨派，都是「不事王侯，高尚其事」；大家都覺得不是藍、綠的問題，而是黑、白的問題。那一年很明顯是「志可則也」；不管成功不成功，初爻和上爻從年頭到年尾都在持續進行。這兩個爻如果落實了，兩爻變是泰卦（䷊），代表這個運動希望達到國泰民安的結果，想從「亂世」直接跳到「太平世」，不但上爻變，初爻也要變。這有一定的難度，結果當然沒成。不過值得欣喜的是，這是超脫政黨藩籬，「不事王侯，高尚其事」，這是群眾運動最高的理念。

三爻：切勿感情用事

䷑

九三。幹父之蠱，小有悔，大无咎。

〈小象〉曰：幹父之蠱，終无咎也。

講完蠱卦初爻、上爻，最難的、有無限玄機的二爻和五爻放在最後講，到時才有恍然大悟的功效。我們現在先看三爻和四爻。三爻跟四爻是打對台的，四爻是貪腐的侯和高官，三爻是沒分到利益的族群，所以要「幹蠱」。如果「九三」哪天變成「六四」，說不定也變成幫兇，因為「九三」不見得經得起誘惑，所以在野的喊改革，在朝的和稀泥，這就是人位的「三多凶」、「四多懼」，完全對立，關係不可能和諧。

「九三」堅持「幹父之蠱」，氣勢洶洶，一定要改革；「小有悔，无大咎」。這個路線在蠱卦基本上可以得到民意支持，因為是主流趨勢，只是陽剛過度，會招致反彈，引起舊勢力反撲，對「九三」造成威脅、恐嚇，雖然「小有悔」，但是「无大咎」，後果不嚴重；因為有初爻、二爻的支持，還有整個大時代都在「幹蠱」的氛圍中，是時勢所趨。

「九三」這一爻大原則沒問題，但行事技巧未免生硬，太過急躁，所以「小有悔」；但方向正確，「无大咎」。可是，又何必搞到「小有悔」呢？這要損耗多少成本啊？搞不好最後還以破壞公眾秩序罪處治你。因為法律是章章條條明確可見的，政治是不明確的，兩者互相牴觸。但法是人發明的，政治人物懂得鑽法律漏洞，法律還有很多解釋的空間，所以法不是萬能的，是有所窮的；政治就有很多元素，包括人情、義理的智慧等等，所以有「官樣文章」；說了一大堆，最後什麼都不明確，這是很圓滑的手段。可見「法」「政」要分清楚，也要調和鼎鼐；搞政治不能無法無天，也不能堅持法律的明確而忽略政治的藝術。什麼都要有所「節」，恰到好處，不偏於一端，否則就會露出弱點。這就是「九三」要注意的。

〈小象傳〉說：「幹父之蠱，終无咎也。」因為大方向正確，大家都支持你，雖然有摩擦，態度過激，但這是蠱卦的勢之所趨，所以不會有大咎。但人在心生不平時容易感情用事，陷自己於不利，所以爻變為蒙卦（䷃）。這說明光是「九三」的熱情還不能幹蠱成功，蒙卦外阻內險，莽撞就吃虧，未必能突破。因為「民不與官鬥」永遠是真理，在野的即使很多，要是在朝的串在一起，就很難搞。所以「九三」一有不慎就會逾矩、越軌，免不了吃虧，但長期可能是有利的，「終无咎」。

「九三」和「上九」是相應的關係，「終無咎」也是相應於「不事王侯，高尚其事」。所以只要堅持，不管怎麼「小有悔」，只要改革的大方向不變，戰術上稍做調整，還是有可能造成「上九」的結果。

四爻：貪腐必敗

六四。裕父之蠱，往見吝。

〈小象〉曰：裕父之蠱，往未得也。

第四爻「裕父之蠱」，「裕」是富裕，跟「幹父之蠱」的改革潮流是背道而馳的。這一點我在前面講過，「六四」越來越肥。

「裕」字除了出現在蠱卦，也出現在〈繫辭傳〉「憂患九卦」之一的益卦（䷩）。〈繫辭傳〉說：「益，德之裕也。」唐朝的李德裕就是從這裡取名的。益卦資源豐厚，豐厚到超過生活所需，不管「益」是正面的，還是不當的，反正是資源多到用不完。但人生的富裕不長久，有時連錢都來不及花，就走了。所以「裕」也不一定有用。「益，長裕而不設」，「益卦」追求的永裕，是長遠的利益；「裕而不設」則是更高境界。「設」是人為設計，天天想方設法要賺錢、獲益，那就很苦；有時賺了一輩子的錢，把身體搞砸了來不及花，賠上健康和家庭，賺到全世界也沒有用。所以「裕」是短暫的。我們人生追求「益」，追求「裕」是對的，但是要追求「長裕」，而且「不設」，不必一天到晚費盡心機，這是益卦最理想的境界。還有晉卦（䷢），第一爻爻辭最後是「裕無咎」，不管你招致「晉如，摧如」般摧毀式的打擊，只要保持心的寬裕或始終有財力支撐，就可以「無咎」。

益卦和晉卦這兩個「裕」都有正面的意思，而蠱卦第四爻的「裕」絕對是負面的，是社會的寄生蟲。「裕父之蠱」是利用職權之便圖利自己，社會越苦，他越好渾水摸魚。他叫嚷著改革，卻把改革的利益中飽私囊。這就是「六四」，存在於亂世的高層，像國民黨在大陸失去江山，也是「裕」；太多黨政軍高層「裕父之蠱」，致使民生怨憤，失去民心。因為「六四」與「初六」相應，「六四」政府要對「初六」民眾負責。結果「初六」希望改革，要「幹父之蠱」，「六四」卻「裕父之蠱」，成為全民公敵。所以「六四」的作為顯然是目光淺短，故「往見吝」。「陰柔過度」叫「吝」，「陽剛過度」是「悔」。「六四」陰居陰位，就是陰柔過度。「見吝」之後慢慢捉襟見肘、原形畢露，大家都在苦幹，你卻中飽私囊，「裕」得流油；但以後的路子越走越窄，不為民意所容，不但不敢承擔，還要文過飾非。所以「九三」是先苦後甘，「六四」是先甘後苦。

〈小象傳〉說：「裕父之蠱，往未得也。」「六四」貪得無厭，就是希望「得」，可是順著蠱卦改革的趨勢往下走，他就「往未得」、「往見吝」，越來越沒有存活的空間。可見「六四」剛開始靠著權勢，資源雄厚，可以把改革壓下來，但長久是壓不住的。所以三凶、四懼的人位在蠱卦中就形成了朝野對抗；抗議的跟被抗議的，呈現出社會的兩極，這也是蠱卦必然會出現的現象。

有個占象，就是二〇〇六年紅衫軍倒扁運動滿地開花開不起來，在南部氣勢受阻，內部又有很多派系，慢慢就人氣渙散，到後來只剩下一些人在馬路上散步。當時也有學生算卦，結果就是不變的未濟卦（䷿），結論是不能成，過不去，因為權力、資源都掌握在陳水扁陣營。四爻拚命捍衛既得利益，三爻拚命要衝撞，所以三、四產生激烈對抗。其實事情剛起的時候就是火水未濟，沒得商量，一定不成；但那一次不成，不代表兩年後不成。當時紅衫軍的領軍人物是施明德，身患癌症，可謂是亡命之徒，不怕死，很適合領導「幹蠱」事業，可是他的對手陳水扁是不要臉的。不怕死的一定玩不過不要臉的。不怕死已經很可怕了，要臉就有弱點，不要臉的人真是天下無敵，臉都不要了，他都相信自己無辜，你能怎麼辦？用任何羞辱的辦法他都不在乎。臺灣也是千百年才出這樣一號人物，不容易！所以我們要永遠記得，不怕死的絕對贏不了不要臉的，這也是「天則」之意。當然《易經》不是叫你不要臉，至少告訴你在當下這一回合絕對討不到好處，因為不要臉的幾乎沒有弱點，尤其不要臉的跟權勢結合。這就是當時看到的蠱卦三爻、四爻兩股勢力，兩爻動是未濟卦，蠱中有未濟，就是社會兩股力量在角力，敗下陣的一定是「三」，因為「四」有執政資源；三爻突破不了，但也就只能壓過那一陣子，幾年後的情勢就翻轉過來了。

五爻：用賢為政

六五。幹父之蠱，用譽。

〈小象〉曰：幹父用譽，承以德也。

我們看第五爻。領導人倡導改革應該以身作則，一方面奉行上爻的「不事王侯，高尚其事」，不可讓政治操縱改革；一方面要任用「九二」推動改革。所以他的主要任務也是「幹父之蠱」，而且要堅持「幹蠱」的大原則——「用譽」。「譽」就是「二多譽」的「九二」。「六五」用「九二」就叫「用譽」。「五多功」，「六五」如果真心實意的幹，改革就可能成功。豐卦和旅卦也有「譽」的概念，可見名聲好、形象清新很重要，「初六」民意才會支持他，五爻也會選拔「九二」來做改革委員會的委員長，授權他改革。

〈小象傳〉說：「幹父用譽，承以德也。」「九二」為什麼「譽」？因為有德。為什麼「六四」沒有「譽」？因為無德。「六五」一定要搞清楚兩者的差異。商鞅是外國人，但是有魄力推動改革，秦孝公一用他，兩個巴掌一拍就響了，這才有機會成事。康有為、光緒也是一樣。如果一開始就用「不譽」，他掌握了改革大權的尚方寶劍，為私人謀權謀利，整個改革就敗壞了。「六五」爻變為巽卦，意為發號施令。巽卦也有改革的象，「隨風巽，君子以申命行事」。「六五」隱身幕後，把「九二」推到前台，再盡可能挺他，千萬不要老師親自披掛上陣，這也是改革很重要的技術。我們講過，這樣失敗還有迴旋的空間，因為無法保證順利，不能把最後一張牌打完，把自己挺到最前線，所以要「用譽」，不要親自上陣；你是無形的「巽」，在後面用法令支持，讓「九二」做擋箭牌。初爻的「意承考」和五爻的「承以德」都有繼承的意思；但一個是用「德」去承，一個是用「意」去承考。

二爻：積習難除

九二。幹母之蠱，不可貞。

〈小象〉曰：幹母之蠱，得中道也。

我們看第二爻才恍然大悟，原來第五爻才是貪污的大頭頭！第二爻得到第五爻的授權改革，結果不是「幹父之蠱」，變成了「幹母之蠱」。「母之蠱」跟「父之蠱」有什麼不同？第一從倫理親情來講，「幹母之蠱」比「幹父之蠱」難，女人就夠不可理喻的了，何況是高一輩的母親，更不可理喻了。光緒對慈禧就是「幹母之蠱」。如果是父與子的關係，男人基本上如果沒有太大問題，還是比較理性的。男人對男人，父與子，老爸這個不行了，兒子不能照做，要如何如何……。老爸一聽，雖然不爽，但一聽好像對，還有商量的餘地。也就是說，兒子可以跟老爸不一樣；可是兒子要想掙脫母親不大容易。母親一旦拿了「龍頭拐」，像《紅樓夢》的賈母、大清朝的慈禧，都是不可理喻的，像光緒敢頂撞慈禧嗎？那就叫「幹母之蠱」。你想你媽媽如果做錯事了，你去跟她講道理啊？很難！

其次，「母之蠱」本來就是比「父之蠱」難改，「六」比「九」更難處理。我們講過，陽剛的東西產生變化叫老陽「九」，出現的機率是十六分之三，那還容易；但老陰「六」陰柔的能量，比「九」至少強三倍，出現的機率是十六分之一。這就代表一種惰性、慣性，社會積習到了幾乎很難改的階段。你要投入多大的能量，才能讓陰爻變。所以要占到一個坤卦六個「六」，那是最稀罕的，是一千七百多萬分之一的機率，這就叫「幹母之蠱」。因為「九二」得受命、聽命於「六五」；「六五」就是「母之蠱」，是陰柔之君。「母之蠱」間接告訴你，真正共犯集團的老大就是她。如果沒有「六五」的支持縱容，「六四」能那樣囂張地「裕父之蠱」嗎？這就是五跟四的關係，蠱的根源就是五爻的王跟四爻的侯形成王侯共犯結構。可見，「幹母之蠱」之難，因為第一、她不可理喻；第二、積習深重；第三、就是陰爻「六五」很難改變。

什麼時候才可以解決這個問題呢？蠱卦無法可想，必須到臨卦才能解決。時過境遷，全部翻出來了，原來五爻才是真正的毒王，五跟四根本就是共犯結構。但第五爻的爻辭都沒戳破，還是希望她向善，希望她「幹父之蠱，用譽」，「承以德」。只是她完全沒做到，不但背離「上九」的改革理念，用「九二」也只是個幌子。所以歷史上很多「九二」碰到這個時候就手軟腳軟，因為你的權力是「六五」授予的。「九二」幹得興致勃勃，剛開始覺得手氣很順，這個有問題、那個有問題，最後發現這個人會有問題，是因為她後面有人更有問題；於是就循著這根線去追，越追越不得了，發現很多條線都指向「六五」。所以「九二」剛開始可能辦了很多「裕父之蠱」的「六四」，最後才發現，後面還有一個吃得更肥的「六五」。那你說怎麼辦？這就是他的苦處了。他也不能怎麼辦，因為這不是革命，他就「幹母之蠱，不可貞」，暫時放棄。因為這是「母之蠱」，不是開玩笑的，你只有放棄，不能固守改革的想法；現抓現打的原則，現階段一定行不通。

所以連《易經》都建議你，碰到「幹母之蠱」，發現「六五」是所有貪腐的頭頭，這時候你如果對付她，馬上就死於非命或喪失權力，那就永遠沒有改革的機會了。你要暫時隱忍，「不可貞」，像節卦的「苦節不可貞」一樣，不要太堅持原則，要有一點彈性。現在時機尚未成熟，但心中有數，假裝沒看見，睜一眼閉一眼，先抓幾個「六四」，跟「六五」有關的就裝糊塗，暫時冰封，等到將來再開封重啟調查。本來蠱卦是要恢復「貞」，可是碰到五爻也沒辦法。人不要自己找死，這時候必須「不可貞」，這才叫「幹母之蠱，得中道也」。剛而能柔，陽居陰位，能夠忍，叫「得中道也」，所以這個爻爻變為艮卦，遭遇重重障礙，根本就行不通；對方的力量不動如山，絕不是你背一些理論、堅持一些理念就可以撼動的，那就暫時擱置，等時機成熟再動。所以艮卦〈彖傳〉說：「時止則止，時行則行，其道光明」。你想要光明，就不能在不能動的時候亂動，那只有無謂的犧牲，該止的時候必須止。遇到「不可貞」就要知所變通、暫時放棄，不然可能前功盡棄。如果「時止則行，時行則止」，其道就不光明。所以像「貞」這麼重大的原則，有時候還要研究可不可以「貞」，「苦節」是「不可貞」的；「九二」「幹母之蠱」也不可貞，因為那不是你改得了的。保留權位，先去處理其他比較好做的事。有些人碰到「幹母之蠱」就辭職，辭職之後來了一個王八蛋繼續「幹母之蠱」，那不是更完蛋嗎？為什麼不留得有用之身，等到將來可以幹的時候再一展鴻圖呢？

《易經》在這裡是繞著彎子告訴你真相，你直接從第五爻爻辭看不出來，從第二爻才發現原來如此；再看第四爻的張牙舞爪，發現後面有人挺、有人縱容、姑息。二與四同功而異位，尤其從「幹母之蠱，不可貞」，再推出「母之蠱」就是「六五」。而「六五」的「幹父之蠱，用譽」其實是苦口婆心，希望「六五」做對事情。這是中國的避諱傳統，叫做「為尊者諱」。對古代的封建帝王，你敢罵他嗎？開玩笑！那要怎麼辦呢？只能拐彎罵他，給他保留一點顏面。你看六十四卦君位的爻辭沒有一個是直接罵他的，都講正面的話，希望他向善。像你明明看出這個爻就是大壞蛋，可還是委屈婉轉，這就是微言大義的《春秋》筆法。沒有放過，只是根據避諱的體例，自然就推得出來。誰都曉得是怎麼回事，大家心照不宣，但是就不揭開；因為揭開就會出現悲劇，像「九二」絕對不能直接幹。歷史上永遠有一些做「九二」的書呆子，他「幹母之蠱」，覺得不能辜負「六五」的託付，可是幹到最後，案子查得太過火了，查到老闆，結果他還堅持，上書建議皇帝退位，結果是什麼？可想而知。

為尊者諱：三年之喪的內涵

剛才我們講避諱，不只有替地位崇高的人避諱，也不能公然批評父母親，這叫「為親者諱」；所以即使現在，也不能直呼父母親的名字。父母親果真有錯，只能委婉相勸。孔子云：「父為子隱，子為父隱，直在其中。」鄉下人自以為正直，父親偷羊，兒子檢舉，覺得是大公無私。孔子大不以為然，說這是矯揉造作，為求名而傷了親情，絕對輪不到兒子去舉證父親。所以要期待兒女做污點證人，這基本上就錯了。還有，如果一個備受尊重的社會清流不小心犯錯了，也不能對他那麼苛刻，這叫「為賢者諱」。一個賢人過去做對了九十九件事，稍微不小心鬧了緋聞，就把他罵得不是人，這也不公平。這是中國文化很重要的避諱傳統，為尊者諱、為親者諱、為賢者諱。

蠱卦第一爻「幹父之蠱」，要你耐心等待，等上一代的影響力由「父」變「考」，你再撒開手大幹特幹。這也是事實。聰明的中國人就把這個定成社會的禮法制度，父母過世，有三年守喪期，這三年就是讓「父」成為「考」，保持三年的和平穩定期。三年不是三十六個月，而是二十五個月，跨到第三個年度就可以了，至少長達二十五個月不能直接處理政事，要委託大臣暫時看管。換句話說，這段時間就可以避開先人過世後過激的改革，從此三年之喪變成一個不著痕跡的制度，從皇帝到一般老百姓，父母去世都得守三年之喪，一直守到清朝。這種制度對於「幹父之蠱」來說是有好處的，起碼不會因為改革引起急遽的變化。像《論語》記載宰予說的：「三年之喪，期已久矣。君子三年不為禮，禮必壞；三年不為樂，樂必崩。舊穀既沒，新穀既升，鑽燧改火，期可已矣。」結果孔老夫子大怒說：「予之不仁也！子生三年，然後免於父母之懷。夫三年之喪，天下之通喪也，予也，有三年之愛於其父母乎！」這也是從人性設計考慮的，可見，三年之喪在政治改革上是很聰明的設計；在此期間不要太積極有為，要等到父母影響力淡了，「考无咎」，再出手實行新政。

總之，「隨无故」是大浪淘沙，後面是「蠱去故」。「蠱」就是「故」。經過大浪淘沙後，哪些東西還能留下來？然後「多少興亡事，先甲後甲中」，讓你串通隨、蠱二卦。李白詩云「抽刀斷水水更流」，誰能把「隨」的水流切斷呢？所以「舉杯澆愁愁更愁」，「棄我去者昨日之日不可留，亂我心者今日之日多煩憂」。《易經》就是要讓你搞通人生興亡是隨、蠱，幫助你正確應對。李白畢竟是文人，到最後仍是無解，只能消極地「人生在世不趁意，明朝散髮弄扁舟」。

改革的三個卦象：蠱、革、巽

如果對現狀不滿，想打破現狀、改革創新，《易經》有三個卦供你選擇。一個是蠱卦，是體制內的改革，通常是由君王發動變法圖強，從秦孝公、王莽到宋神宗和光緒，都是由上而下的「幹父之蠱，用譽」。

第二是由下到上的革命，那就更徹底、也更激烈，是天翻地覆的劇烈變動，將過去徹底拋棄，完全啟動新氣象。第三種就是巽卦，那是更陰柔的借殼上市，潛入既有體制之內，慢慢掌握資源、取得主導權，再推動實質的改革。

不管是政治上、經濟上還是其他方面，要改變現狀，就是這三種策略：蠱、革、巽三卦。辛亥革命、共產黨得江山、國共內戰，都屬革卦；戊戌變法屬蠱卦。正因為戊戌變法沒成功，所以接著是更劇烈的辛亥革命。這兩種方式，我們在中國近代政治史上都看到血淋淋的例子。蔣介石退居臺灣之後，又讓我們看到第三種潛移默化、改變現狀的例子。李登輝就是用巽卦的方式悄悄改變國民黨的體質；他掌握實權、成為黨主席，然後按照他心中一些不為人知的想法推出很多作法，那就叫「巽」。雖然他最後被國民黨開除黨籍，但他進入國民黨權力核心，推動臺灣政治發展新的走向，包括統獨爭議，就是用巽卦的作法，神不知鬼不覺，借殼上市，藉國民黨的資源，做自己原先不能做的事。無獨有偶，國民黨二〇〇〇年選舉失敗，民進黨上台，還是用巽的方式；陳水扁的八年也是借殼上市，悄悄推動臺灣獨立。這都是用巽卦的方法。所以這種方式最難設防，因為它既不是革命，也不是改革變法，它慢慢先進入體制，掌握權力之後，再把臉一抹，開始做他想做的事情。一切過程是合法的，你就沒辦法控制，這就是巽卦，形勢不變，殼不變，實質已經變了。

按照卦序，我們目前詳細講過的只有蠱卦，革卦和巽卦還沒有講，但是《易經》是息息相關的，所以不管在前在後，還是有必要讓大家熟悉關係密切的幾個卦，這樣才對全部《易經》有宏觀的掌握。尤其這幾年我開始嘗試全面講授進階《易經》，有時會把錯卦、綜卦、交卦、互卦、變卦一鍋炒，這樣就能把卦與卦之間錯、綜、交、互、變關係最密切的八個卦全面拿來做參證比較，這樣學習《易經》會進步很大。其實這種教學方法並非我們獨創，孔子「韋編三絕」就是這樣。因為《易經》跟一般的書不一樣，看前面的卦要聯繫到後面的卦；看後面的卦要聯繫到前面的卦，有時還要從中間的卦去找相應的聯繫。就像一本工具書，環環相扣，沒有任何一個卦、爻是獨立的，所以孔子讀牛皮繩捆起來的竹簡《易經》，一定是讀前翻後、讀後翻前，翻久了連牛皮繩都爛掉了。如果《易經》讀了前面忘了後面，讀了後面忘了前面，學習就不到位。因為卦與卦之間的關係太密切了。能夠掌握那種錯綜交互的關係，絕對可以拓深對《易經》義理內涵的認識；串起來的越多，功力越深，視野就越遼闊。一般來講，這種作法是全面分析、掌握《易經》的正確方法，如果卦與卦之間的關係搞不懂，那麼《易經》的用處就會有所局限了。

像《四庫全書》裡面有幾百種對《易經》的注解，基本上也是用這種方式；在討論卦辭、爻辭時，絕對會援用其他卦的類似修辭和解釋，然後做比較；如果不比較，易理的深度就出不來。所以《易經》短短四千多字的經文，會有這麼深刻、立體的內涵與功效，是因為它一直在做乘法，越積越多。

占卦實例1：二〇一〇年大陸經濟卦象

蠱卦的部分講完了。蠱卦的占例已經應驗在中國大陸二〇一〇年的經濟形勢，那是蠱卦動第三爻和第六爻，宜變爻位是蠱卦第六爻，正是改革成功的象，「不事王侯，高尚其事」，「志可則也」。「王侯」代表政治控制，「不事王侯」代表擺脫過時僵化的體制束縛，經濟改革更開放。

蠱卦最後一爻沒有「蠱」字，代表「幹蠱」成功，不再有蠱的現象。然後蠱卦「上九」爻變是升卦（䷭）；升有兩個意思，一是維持高成長，二是代表升階。如果進一步改革開放，因應新的世界經濟形勢，責任加重，角色扮演持重，這麼一改之後，整個往上進階、提升。按照卦序、爻序，改革到最後如果突破了，蠱卦上卦艮像山一樣重的壓力完全揭開，那就是自由開放的臨卦。所以三十多年來大陸的改革開放路徑，在幾千年前《易經》卦序自然而然的因果發展中，已經都安排好了。「蠱」之後就是「臨」，改革成功就是開放。當然改革從來不是一件簡單的事情，風險高，失敗率超高，所以還是有第三爻人位「三多凶」的象——「幹父之蠱，小有悔，无大咎」，「終无咎也」。但只要堅持改革的大方向，把前代留下來的積弊做與時俱進的調整，「无大咎」，三爻是因，六爻就是果，堅持改下去，就會有第六爻改革成功的機會。

所以「終无咎也」，上爻就是「終」，三爻是「中」，跟最後的成果顯然是有關聯的。蠱卦三與上兩爻變是師卦（䷆），「能以眾正，可以王矣」，這是動員機制的問題。打贏這場改革的戰爭，需要一流的動員機制，大陸在這方面還是比較強的，不像臺灣動員力量反而很弱。以師卦來講，大陸為了改革，動員的力量是很驚人的，所以才可能從三爻到六爻而得到成功，這就是蠱中有升、有師的象。

大陸經濟體制的改革將繼續深化，因為《易經》對大勢所趨的掌握十分精準，讓我們深具信心。當然任何一種改革開放都很難一步到位，所以需要階段性的設計，先是悄悄試點，就像搞經濟特區、試區一樣，如果效果好，就把範圍推廣到全部。

二〇一〇年中國大陸已經宣佈要進一步開放融資融券，前一年宏觀經濟的卦象是「自天佑之，吉無不利」。不僅安然渡過，而且表現非凡；所以勢必會放開手繼續改革，然後增加籌碼、增加能量，證券業更有生意可以做了。我們從蠱卦得到的判斷也是如此，確實在上半年之前就全面開放，調整經濟結構、開放證券的融資融券只是其中一個指標；還有比較重要的防通貨膨脹，人民幣升不升值，以及城鄉之間的平衡、統籌等；這也是早就在慢慢佈局、準備的，二〇一〇年的表現只是更明顯罷了。這些都在「幹蠱」的範疇內。任何結構要可大可久，一定要重視動態的平衡，不可畸形發展，這就是「幹蠱」的精義所在。

二〇一〇年大陸的經濟情勢，當年初我還有一占，為革卦初、四爻動，齊變為蹇卦。我們看革卦，其實還不只是「幹蠱」，它是嘗試在體質上做一種更劇烈、更本質性的深化改革。當然改革絕不簡單，所以動到初爻、四爻時，兩爻齊變，裡面就藏了一個蹇卦（䷦）的象；代表推動改革很困難，內外都有重重風險、阻礙。現在全世界的經濟體質還沒有恢復，那就要看《易經》在「蹇」的時候如何推動改革。革卦要革故鼎新，走出新的局面，就要嘗試走出新的路子。第四爻代表官方，初爻就是基層民眾，官方很多革的政策落實到初爻，對初爻的改善是不是有幫助？革卦第四爻是改革成功的象，第四爻如果發揮效力，單爻變就叫既濟卦（䷾）。初爻是說推動改革不能操之過急，到第四爻時機成熟，就能一舉成功。

占卦實例2：蔣經國的歷史定位

一九九七年七月上旬，我占問蔣經國的歷史定位，得出蠱卦「九三」爻動，爻變有蒙卦之象。爻辭稱：「幹父之蠱，小有悔，无大咎。」小蔣晚年推動民主改革，親民的作風與蔣介石迥異，開放黨禁、報禁及赴內地探親等政策，影響相當深遠。然而蒙卦是何意？他甚麼事沒看清楚呢？顯然是知人不明，

選了李登輝任副手，讓臺灣從此深陷統獨矛盾之中，數十年嚴重內耗，喪失了富強的寶貴時機啊！

一九九四年八月一日，我應邀赴總統府與李登輝見面，談了兩小時，兩天後即開始給他上《易經》課，之前雖然曉得是這件事，對象特殊，還是占問吉凶及應對態度。結果得出蠱卦「九二」爻動，爻變有艮卦之象。爻辭稱：「幹母之蠱，不可貞。」顯然他積習已深，業障深重，不易改變，我也不存任何其他想法，單純講經就是。

占卦實例3：婦科重病難癒

二〇一〇年初，我的學生許小姐問她摯友年運，得出蠱卦「九二」爻動，有艮卦之象。爻辭稱：「幹母之蠱，不可貞。」結果有人染患婦科重病，一年都整治不好。蠱字本意就是疾病，皿中有蟲，男歡女愛太過雜多，於女體不利。醫書上說：「三精變一毒。」「九二」爻位為膝上胯下，也正好在婦科患部。「幹母之蠱，不可貞。」更明確點出痼疾難治。《焦氏易林》中「遇蠱之艮」的斷詞為：「天之所壞，不可強支；眾口嘈嘈，雖貴必危。」非常切合此爻情境。

二〇一〇年二月初，我因患牙周病多年，長期治療後裝了暫實性假牙，往下或是植牙，或換為永久性假牙，各有利弊，舉棋不定。一時有些煩惱，竟然占問：乾脆甚麼也不做，順其自然如何？結果得出不變的蠱卦。必然敗壞長蟲，越來越糟！當下不禁莞爾，這個易占還真是實話實說，絲毫不講情面啊！

君臨天下——臨卦第十九（䷒）

臨觀之義

臨、觀兩卦的關係妙到極點，想不完、講不完，我到現在仔細揣摩這兩卦的關係，還會想到以前想不到的。我這裡大致總結一下。

臨卦是君臨天下的開放式管理，要面臨、不逃避，錯卦是遯卦，之所以會遯，因為遯卦下面的「地位」是陰爻，沒有立足之地，站不住了，所以它必須遯。可是臨卦正好相反，臨卦的「地位」是兩個陽爻，立地條件堅實，也就是說君臨天下的地位很牢靠。「臨」即管理，從「歡迎長官蒞臨指導」、「歡迎光臨」、「居高臨下」這些短句或詞語來看，就有「管理」的意思。蠱卦改革之後就是開放，臨卦就有自由開放之意。任何一個開放體制，就有臨卦的象。兩個陽爻站穩腳跟之後往外、往上、往前發展，沒有任何人擋你，因為上面四個是陰爻，怎麼擋得住兩個陽爻往上發展呢？外卦是坤卦，像母親一樣厚德載物，包容無限；對下卦、內卦兩個陽爻想要往上發展，是包容承受、提攜接引的態度，不會打壓、抗拒，所以前景無限，發展不可限量。

作為十二消息卦的臨卦，「二陽臨」是從「一陽復」（䷗）來的，只要站穩腳跟，一元復始，繼續發展，就會變成「二陽臨」；再往上發展就是三陽開泰（䷊）、四陽大壯（䷡）、五陽夬（䷪）、六陽乾（䷀），它是在陽長陰消的態勢中，海闊天空、前景無限，而且前途是開放、光明的。所以一旦改革成功、衝開蠱卦封閉的蓋子之後，就是自由開放的臨卦世界。像大陸從政府控管的計畫經濟體制，朝向由市場供需決定的市場經濟改革，個人的牟利動機加上自由的能量一旦開放出來，創意無窮，開放的社會也就形成了。市場經濟取代計畫經濟，那也是改革開放之功。臨卦有自由開放的意思，又有管理的意思，所以開放式的管理就是臨卦；因為不能只開放不管理，不然就會重蹈二〇〇八年金融風暴的惡果，幾百萬億美金的創意泡沫一朝成空。二〇〇八年九月十五日的「八月之凶」正值陰曆八月，就是自由過度，美國負責金融管理的控制失職，才會造成世界性的災難。所以開放自由也要有所節制，改革也不見得是無限美好。該改革的時候是要改革，但改革不能變成無限上綱的意識形態化、教條化，以致越改越亂；或者藉改革之名，行鬥爭之實，或者藉改革趁機牟利。開放也是，開放自由也不是無限美好，像臨卦除了「元亨利貞」之外，也有「八月之凶」。須知濫用自由、為所欲為其實不是真自由，有節制的自由才是真自由。

開放自由一定要講究創意，不受既有規範；想到前人想不到的東西，做前人沒做過的事。可是還得有節制，自由不能傷害到別人的自由，創意不得違反專業紀律。自由與紀律是並存的，沒有絕對的自由。而不受紀律規章約束的自由是非常可怕的，那就是「八月之凶」。像現在的自然災難、生態破壞、全球暖化，都因自由過度所致，是典型的「八月之凶」。雖然很多專家說現在氣候這麼糟，跟全球暖化無關，但總是讓人心驚肉跳、心生狐疑。「八月之凶」就是觀卦（䷓）。觀卦是陰曆八月，臨卦是陰曆十二月，正是一年到頭的臨界點。臨卦過完就是三陽開泰的泰卦（䷊），立春雨水的節氣。從八月到十二月差四個月，從十二月到八月差八個月，「至于八月有凶」，正是臨卦「元亨利貞」時開放過度、自由過度，逾越應有的紀律規範，因而造成天崩地裂的大災難。將臨卦整個顛覆過來，經過一百八十度的翻轉，頭變底、底變頭，就是觀卦。

臨卦是兩個陽爻在「地位」上腳踏實地管理身臨其境的一切事物，而且跟政治有關。孫中山說政治就是管理眾人之事，那就是臨卦。所以我們用「政」看臨卦，而用宗教、教化的「教」來看觀卦。由觀卦我們馬上聯想到最受中國人愛戴的觀世音菩薩，簡稱「觀音」。「觀音」是避唐朝皇帝李世民的諱，現在應該恢復叫「觀世音」。《心經》云「觀自在菩薩」，「觀自在」就是「觀世音」。人要想觀世音、想聞聲救苦之前，要先觀自在；因為自覺才能覺人，先知覺後知，先覺覺後覺。連自己是什麼都沒觀清楚，怎麼普渡眾生呢？我們學過〈繫辭傳〉就知道，整部《易經》就是從觀卦開始：「昔者包犧氏之王天下也，仰則觀象於天，俯則觀法於地，觀鳥獸之文與地之宜。近取諸身，遠取諸物，於是始作八卦，以通神明之德，以類萬物之情。」設卦觀象，就是觀。佛教講的止觀法門，「止」就是艮卦的止欲修行，「觀」就是觀卦的內觀自在。人一定要先止才能觀，心靜不下來，什麼也看不清楚。客觀、深入的觀察，觀自在、觀世音，外觀內觀，宗教意味很濃。

所以「政」、「教」和「人」、「天」之間一體兩面的密切互動關係，就是臨卦和觀卦。中國早期和西方中世紀時期，神權、教權地位崇高，像天主教教皇幾乎可以決定歐洲的王位人選。臨、觀常常合為一體，形成政教合一，但因為權力太大，也會產生很大的弊病。政治擁有世俗權力，管理眾人的生活，所以有權利、義務的關係。人生在世都要受政治管理的影響，你喜歡不喜歡是一回事，但你絕對在其中，這就叫臨。可是權利、義務得受政治力量的規範，但思想、觀念、信仰的自由，是政治力量管不到的。也就是說，我們的肉身被人管，但我們的靈魂別人管不了，那是誰管呢？可能就是屬於觀卦的教化在管，我們接受聖賢的教訓，接受菩薩的關愛，接受上帝的教義，聽我們自己良心的聲音，這是自己的選擇，這就是教。如果政教合一，不但要管我們的肉身，還要管我們的心靈，讓我們無所逃於天地之間，那就很可怕了。

從第十八卦蠱卦（䷑）的改革到第十九卦臨卦的自由開放體制，兩卦的因果關係非常重要。我們所處的這個時代，從上個世紀末到這個世紀初，都在這些卦象中，全世界共享的一把鑰匙就是改革。二〇〇八年金融風暴之後，則發現開放自由過度就有所謂的「八月之凶」，自由太過就會出現大災難，所以，這些卦到底在講什麼？值得深入了解。我們對於影響深遠的重大歷史事件才會有正確的解讀，並提出有效的預測和對策。

以下介紹幾個跟我們關係密切的占象。首先是臺灣二〇一〇年的政局是不變的師卦（䷆）。什麼意思？就是選戰從年頭打到年尾。尤其年底「五大諸侯」的五都選舉，都是為了兩年後二〇一〇年的領導人選舉佈局。

臺灣二〇一〇年政局的主調是選戰，就是國民黨和民進黨兩大陣營的對抗，主要看各自的領導人如何操盤。古代戰爭的勝負端看大將的兵法，還有國君跟大將之間的信任關係，以及「師出」是不是「有名」？「師貞，丈人吉」，理念哪一個比較「正」，「能以眾正」就「可以王矣」。《易經》很含蓄，沒講誰贏誰輸，但是得到不變的師卦之後，自然心領神會。

二〇一二預測馬英九是否連任

二〇一二年那一場決定臺灣命運的領導人選舉，以卦象來看，連任的機會不低，占象為離卦（䷝），但是要重視離卦的但書。離卦動初爻、五爻、上爻，三爻齊變為咸卦（䷞）。咸卦是「亨利貞，取女吉」，取大位是有機會的，但這個機會來自離卦那三個爻做得到不到位。離卦是連續光明，〈大象傳〉曰「明兩作」，光明兩作，要做兩次，想連任，須「大人以繼明照於四方」，這是離卦的意思。但是離卦也是光明溫暖的意思，馬英九的問題就是冷冰冰，沒同理心。離卦也是網路的象，人群網路、組織網路、人際關係、組織發展，這也是他比較弱的一項。離卦初爻代表基層民眾，舉棋不定，很難踏出第一步。爻辭「履錯然，敬之，無咎」，說明馬英九如果想連任，第一步要審慎，尤其要有關基層民生的初爻。第五爻就是領導人的位置；第六爻就是接著第五爻掌握到能確實解決問題的有利行動，第五爻要讓民眾感受到溫暖，像爻辭「出涕沱若，戚嗟若，吉」，該哭的時候要會哭，還要哭得蠻像回事。什麼時候該哭呢？例如「八八水災」。因為離卦第五爻就是針對第四爻之後的悲情表現，離卦第四爻是突然來了一場大災禍，與民眾休戚與共、一同抗災，而且要真情實意，這樣老百姓才會再選你。接著還要有實際的作法，幫民眾解決問題，就是離卦第六爻。離卦第五爻爻變是同人卦（䷌），人同此心，心同此理，就有連任的希望。

兩岸關係

兩岸關係從二〇一〇年開始進入一個新的階段，從「密雲不雨」，也就是在夾縫中求生存、以小博大的小畜卦（䷈），進入腳踏實地一步一步往前走的履卦（䷉）。走得好的話，就是履卦的下一卦泰卦（䷊），「小往大來」，是國泰民安、天下太平、長期交流的象。二〇〇九年小畜卦裡面已經有泰卦的象，然而要走到實際的泰卦，還得經過履卦六個爻的檢驗。履卦要踩老虎尾巴，最重要的是心平氣和，不能感情用事，更不能搞民粹主義，要學會和平共存。〈繫辭傳〉中，憂患九卦第一卦就是「履」。履卦要「辨上下，定民志」，兩岸定約，讓關係明朗化，民心就安定了；不像「小畜」「密雲不雨」，關係不明。但條約能不能落實，要有履行的誠意和決心，而且「履以和行」，「履和而至」，一定要在「和」的精神上「履」才能通到「泰」。其實過去五十多年兩岸之間都是密雲不雨的小畜，二〇一〇年關係明確化，這才順理成章進入履卦，但是踩老虎尾巴也不簡單。要履險如夷，就不能迴避最敏感的痛點，兩岸之間的敏感話題就是統獨。「履虎尾」而能讓老虎不回頭咬你，又要「辨上下，定民志」，又要「和行」，確實是高難度，如臨深淵，如履薄冰。從卦象上看，履卦是如履薄冰，臨卦是如臨深淵；澤上有地，從地面往下看，居高臨下，是臨深淵的象。臨卦要有戒慎恐懼之心，才不會因自由過度而造成大災難，落到「八月之凶」的下場。如履薄冰是考驗決策者的智慧，切忌當局者迷；而對於沒有身臨其境，且不直接承擔責任的小老百姓來說，是旁觀者清，那就是觀卦（䷓）。

根據占象，兩岸關係的可能結果和動態，落實在履卦第四爻、第五爻。第五爻是君位，第四爻是官位，就看四、五兩爻組成的政府怎麼克盡其職。履卦第五爻就是考驗臺灣領導人的決心，既然已經推動到一定程度，當然有很多反對意見。馬英九的處境也不好，人人嫌，「批馬」變成臺灣的全民運動，不管什麼人，好像只要批一批「馬」，身價就提升了。這樣的狀況下，就要考驗履卦第五爻是否能下定決心，按既定步驟繼續幹，叫做「夬履，貞厲」。「夬」就是做決策，剛決柔，又要顧及「履和而至」。雖然「貞厲」，但是「位正當也」，就沒有父子騎驢的兩下為難，一定要這麼做，也有權這麼做，只是履卦第五爻爻變是睽卦（䷥），窩裡反，家人反目，這是必然的。

還有第四爻，就是領導人有什麼想法要看第四爻的執行和提案，少了這個環節，一切都是空的。強有力的第四爻是推行政令的團隊，「愬愬，終吉」，四爻的執行力，跟第五爻鋼鐵一般的意志一樣重要。幹得好或不好，這裡面都有計算，兩爻動是損卦（䷨），可見有損卦的象。同樣的，對大陸來說，第五爻領導人跟第四爻高層，既要履行約定，維持兩岸和平，又要斟酌損益，計較誰損誰益。換句話說，這也高度考驗中國領導人的執政能力。

〈雜卦傳〉用「不處」兩個字來描述履卦，「處」就是停在那個地方，「不處」就得一步一步往前走，不能停。第一個不能回頭，第二個絕對不能站在原地不動，那才叫「履」。走路的時候是原地踏步還是往前走？當然是往前走，可是往前走又要踩老虎尾巴，還沒法迴避，迴避就等於沒走，這就是履卦為難之處。兩岸所有的談判想要撥雲見日，想要突破「小畜」的狀況變成「履」，肯定會越來越難，不可能不碰到老虎尾巴，所有這些談到最後都會涉及主權、統獨問題。保持現狀五十年不變，這是臺灣歷屆總統一廂情願的想法。至於歷史定位如何，那是另外一回事。馬英九現在的地位不穩，他一方面想推動，一方面又多所顧忌，尤其怕碰到敏感的政治問題。臺灣大部分人的想法是保持現狀，不統也不獨，但問題是，《易經》已經告訴你，不可能保持現狀，尤其不可能保持五十年，那完全是做夢！之所以要從「小畜」到「履」，就是要一步一步往前走，這就是考驗。人要有面對現實、面對問題的能力，那也叫「臨」。逃避就是臨卦的錯卦遯卦（䷠）。「遯」是小豬跑路，「臨」是親臨現場，面對老虎尾巴。既然不能永遠政經分離，就要勇敢面對，想一套應對辦法；能夠談，還不受傷，這才叫高手。畢竟世界在變，時勢不能等，遲早要面對，更要有處理的智慧。

履卦是不能假設老虎沒尾巴的，非踩上去不可，不能躲、不能拖，不然「泰」永遠不會來到。

臨、觀二卦的互動關係

臨卦跟觀卦是相綜一體的卦，可以互相制衡，但不可以混而為一。所以政治管理跟宗教管理要分開、要制衡；而且它們都與廣土眾民有關，關係十分密切。臨卦與觀卦，一個坤卦在上卦，一個坤卦在下卦，坤卦就是廣土眾民，所以影響力驚人。政治影響不用講，宗教也影響很多人的思想、心靈。像各大宗教在全世界都有十幾億信徒，那個力量當然很大，而且它是跨國界、跨族群的。很多國家的政權對教權十分敏感，因為太多人民信教，有強大的動員力量。我們看歷代改朝換代，就有不少是靠宗教力量顛覆政權。若按金庸《倚天屠龍記》的講法，明朝還跟明教有關呢，清朝的白蓮教也是如此。為信仰獻身的熱忱是很驚人的，有時候甚至會威脅到政權，所以宗教常受到政權的打壓或監控。政權與教權之間最好的方式就是互相制衡、互相利用；民利用官，官利用民，因為他們有共同的交集。他可能是宗教的信眾，也是國家的國民，如果互相抗爭就很可怕；若能互相合作，政治做宗教的護法，宗教不反抗政治，同樣受國法管轄，那就可以互相配合。

臺灣每到選舉時，政治人物都很重視宗教影響力，一定要去拜山，這是有一定道理的；因為臨、觀二卦根本就是一體的兩面，都會涉及到群眾動員的力量。那麼，最好的方式是讓「凱撒歸於凱撒，上帝歸於上帝」，但上帝常常利用凱撒做護法，凱撒假裝崇敬上帝，以得到民眾支持，這就是臨與觀的關係；既密切，又有一體兩面的綜卦關係。掌握政權的人也有心靈信仰，也有世界觀、人生觀；一個領袖相信什麼，他的思想觀念是什麼，就會決定他的施政方針。像伊斯蘭世界的施政跟西方基督教的施政絕不會一樣。你的「觀」會決定你的「臨」，你的想法、意識形態和信仰，都會決定你怎麼管理這個世界。

另外，嚴格講，中國歷史上沒有真正的宗教，佛教是外來的，道教跟傳統道家也不完全是一回事；民間雖然有很多宗教組織，但跟基督教或伊斯蘭教那樣形成世界性的跨國組織也不大一樣。中國不需要宗教，因為四書五經就可以超越宗教，而且可以傳之久遠，對各個宗教也有多方包容的度量，這是事實。所以西方常有因為信仰而造成互相殘殺的宗教戰爭，例如十字軍東征，就是因為觀念不同、政治形態不同而引發戰爭。所以觀卦的下一卦是噬嗑卦（䷔），就是弱肉強食的叢林法則。現在的伊拉克戰爭還在延續長達千年的「十字軍戰爭」，還沒打完，很難妥協。

那麼中國有沒有宗教戰爭呢？勉強說起來，就是近代的太平天國算是中國唯一因為「觀」而引起的戰爭。但洪秀全那幫人對基督教相信到什麼程度，也很難講，說到底還是跟政權有關。而代表傳統儒家的湘軍，曾國藩他們那些人當時也不見得只是保清，也是保教。這個衝突勉強算是宗教戰爭，但絕沒有像西方那麼徹底的。

宗教一般都涉及天道，所以觀卦的「天位」是兩個陽爻，其中心也在第五爻、第六爻；尤其是第五爻的終極關懷，探討生前死後是怎麼回事？從哪裡來，到哪裡去？這又關乎天地人鬼神。人大概不會只關心我們活著的這一段，活著這一段當然無比重要，那是身臨其境的臨卦。臨卦就比較像人生在世的生涯規劃。觀卦的重點是終極嚮往、終極關懷，這就牽涉到乾、既濟、未濟三卦，即生前死後的天地。

「臨」是人，是現世的；「觀」是天道自然，自然災害就是臨卦出問題，叫「八月有凶」。臨卦的人管理世界，若逾越了分際，觀卦的老天爺就要發表意見了。老天爺的意見就是天譴，就是「八月之凶」。「八月」就代表觀卦的自然現象。我們觀察天地種種變化，一般來講，觀卦所代表的自然現象都是正常的，寒來暑往、春夏秋冬、六七八九、「元亨利貞」。一旦不正常就叫八月之凶，這是自然現象失序；像六月下雪，臘月熱得個半死，颱風、地震、暖化、冰風暴等都是。人活在這個世界就要有所認識，不能為所欲為，尤其科技文明的力量越大，雖然給我們帶來「元亨利貞」，一旦過火就會破壞自然，傷害人與自然的互動關係，就會「至于八月有凶」。像臺灣的「九二一」地震，是陰曆八月，這是自然災害；像美國的「九一一」是人禍，那跟美國長期的中東政策有關，可說是宗教戰爭，也在陰曆八月。二〇〇八年「九一五」金融風暴正式爆發，還是陰曆八月，那是更大規模的人禍，因為臨卦的過分開放自由，缺乏專業紀律的監控而造成災害，以致影響全世界。我們在短短十幾年經歷三次大規模的「八月之凶」，天與人、人與自然的互動出問題，造成自然界的反撲。如果破壞之後很快可以恢復平衡，那就沒事，可是我們現在面臨的問題已經不能走回頭路了，像「履，不處也」，得一步一步往老虎尾巴走，那就比較可怕了。「八月之凶」變成常態。像二〇一〇年初大英帝國只剩一個禮拜的瓦斯，暖氣不夠，又欠了一屁股債，牛津、劍橋二所世界級大學得發行學校債券。可見，開放自由有其必要，但一旦過頭，就會天災人禍並至，而且失衡之後就回不去了，反常會變正常。

人在做，天在瞧，就是臨、觀二卦的關係。人要做過頭了，老天一定有天譴。中國傳統文化一直都很重視這種天人互動的關係。古代如果出現大的天災，皇帝就得齋戒沐浴，帶領臣民反躬自省，然後要調整施政方向。以現在的觀點看，好像也不是迷信。從佛教的觀點看，這麼多天災人禍，完全跟人的妄念業障有關。如果世界強國造了很多業，當然就會天災不斷。換句話說，要消弭天災還得從人心著手，從臨卦開始調整。老天有眼，明察秋毫，那是觀卦，把臨卦的一切作為都看在眼裡，也會有反應。天眼不是肉眼，我們一般人都是肉眼，佛教講得很明確，肉眼上面有天眼、法眼、慧眼，還有最高的佛眼。從眾生往羅漢、菩薩一級一級修，這也是觀卦六爻；每往上升一級，就看得更遠、更深、更真切，「欲窮千里目，更上一層樓」。觀卦就是從下卦一級一級往上，站得越高看得越遠，而且不一定是用肉眼看，要用其他的眼來看。

全臨全觀

觀不只是代表宗教，但絕對屬於終極關懷，是人生的全面觀照。所以「觀」也代表思想文化、知識分子或輿論媒體對政治權力的制衡；最重要的是，不能與政治合而為一，否則就是權力的大怪獸。臨者雖然有觀，但不能打壓文化思想；觀者就要守住客觀立場，不要捲入政治之中。像臺灣有些電視台和所謂的名嘴本應保持「觀」的立場，卻受政治意識形態的影響，成為「臨」的角色，變成某些利益集團的喉舌。說到臨、觀的平衡，臺灣幾個大的宗教團體要求信徒不要參與政治，也不讓政客到他們那裡拉票，這是正確的。

臨卦帶你身臨其境、親身參與，有可能當局者迷；觀卦是旁觀者清，所以有提醒的作用。一天到晚在臨卦裡爭逐世俗權力，有時候就需要觀卦的清淨心；反過來也是，觀卦也不能不食人間煙火，要普渡眾生，不就要親臨現場，深入五濁（即劫濁、見濁、煩惱濁、眾生濁、命濁）惡世嗎？臨與觀的關係，就是如此奧妙。我們生存在這個世界，真能做到絕對的客觀嗎？恐怕辦不到，一定會受到教育、成長背景的影響。我們很可能會從本位主義的觀點看問題，包括個人情緒、主觀成見等，都可能影響我們對人、對事的看法。所以在「觀」的過程中，要練習面面觀，多聽別人的想法，糾正我們過於偏執、過於主觀的觀點，盡可能客觀公正，才能對問題做全方位的觀照。如果站得越高，當然就看得越遠、越周全，這一點從觀字就可以看出來；像老鷹飛翔在高空中，用鷹眼俯瞰大地，所能見到的絕對比在地面上看得豐富全面；就像佛眼觀眾生就看得比較透徹。如果身臨其境、陷在地面上看問題，往往就有盲點，這就是臨、觀的區別。「觀」要求高度、廣度合一的全面透視力，可以從觀察自然現象的真諦，看透人心之機微；不僅觀外界，也觀內心。那臨呢？臨字左邊是臣，右邊是品，對於一個君臨天下、領袖群倫的人來說，他面臨不同才具、品第的「臣」，想到的就是要如何有效管理，讓他們自由發揮。

身臨其境就無法做全面客觀的觀照；完全沒有涉入其境，空有理論，缺乏實際經驗，又不免隔靴搔癢。所以臨、觀需要互補。就像我們辛辛苦苦學《易經》，那些卦辭爻辭，即使你已經爛熟於心，卻沒有一個爻曾在實際人生中遭遇過，那就不是真懂。等到哪一天你碰到跟那個爻相應的事件，那個爻肯定會讓你覺得它淋漓盡致，因為它不是理論、觀念，而是實際人生。那就叫做臨。所以按照卦序，觀卦在臨卦之後是有道理的。

有實際管理經驗的人退出工作場域後，再回過頭來看事情，他所提的觀點通常就不會落空；釋迦牟尼提出很多對人生的觀點，因為他「臨」過，他結過婚，生過小孩，他看生老病死的「觀」才能打動人心。如果小和尚出家，一輩子什麼都沒「臨」過，他的「觀」，我們會聽不懂。臨卦前面是分別代表過去、現在、未來的蠱（䷑）、隨（䷐）、豫（䷏），這些都完整經歷過，然後才有領袖群倫、君臨天下的條件；有「臨」的管理經驗，再退出來之後發表的「觀」，才夠成熟。

臨、觀二卦又是人生在世的基本處境。我們隨時隨地都在「臨」，我們一定在某種處境中，不管在任何地方，都是「臨」的狀態。在各種處境中，我看你，你看我，那就叫「觀」。所以你無所逃於臨、觀二卦的天地之中。任何處境、任何一卦、任何一爻你都在「臨」；你在那個處境中，東看看西看看，誰跟我承乘，誰跟我應與，可能產生什麼變化，那就叫「觀」。這就是所謂的全臨全觀。臨卦六個爻都有「臨」字，代表臨的方式不同；觀卦六個爻都有「觀」字，代表觀的方式不同。不管你是退休還是剛生出來，都在臨、都在觀。你在一個處境待久了，你就習慣是那個觀點；大家處境不同，觀點就不同，所以要交流，求同存異，避免啟動觀卦後面的噬嗑卦。不要認為你所有的「觀」都是真理，都可以大公無私，那不大可能，所以需要溝通交流，需要言論、思想、宗教自由。任何人對世界的觀察都可能偏頗，我們要有這種自我認識；不但人文社會的觀察如此，連科技探測也是如此。我們都知道，上個世紀物理學的重大突破就是提出「測不準理論」，再精密的儀器在探究原子等基本粒子時，會碰到一個本質性的問題，即不可能完全確定它的位置和速度，因為觀察的儀器也在「臨」的處境中。換句話說，這個不確定，就是因為觀察者也在「臨」。任何一個觀察行動都會影響被觀察的對象。蘇東坡說「不識廬山真面目，只緣身在此山中」，就因為「臨」，怎麼可能有全面的觀察呢？所以「遠看成嶺近成峰，遠近高低各不同」，大詩人無意的一首詩，卻道盡人生的基本處境。

所以，作為一個執政者，就需要旁人的提醒，設身處地體會他人的難處，就可以讓臨、觀保持平衡了。

臨卦加觀卦的數位觀象法：中孚卦

我們講過，觀卦有宗教情懷，有終極關懷；外觀宇宙萬象，內觀所有心思的根源，所以可以建立人生觀、世界觀、宇宙觀。而觀卦確實是觀音法門，從下往上修，從內往外修。觀卦君位第五爻正是觀音菩薩的象，大慈大悲、尋聲救苦，境界很高。

跟觀卦相綜一體的臨卦也是菩薩的象，也是重要的修行法門。我們講過數位觀象法，陽爻是1，陰爻是0，0加1等於1加0等於1，陽爻跟陽爻配是陽爻，兩個陽爻不能處理，要迴避。兩個陰爻在一起還是零，這個數位觀象法非常有道理，提供我們另外一種觀察卦象的角度；此外還可以把卦象任意拆解組合，不一定是兩個卦變成一個卦，也可以一個卦拆成兩個或更多個卦。

觀卦加上臨卦就變成「風澤中孚」（下圖），第六十一卦。中孚就是不管什麼時候都秉持合乎中道的信仰，是信望愛，是完美的持中之道。有了中孚卦，下面才是小過卦（䷽）的菜鳥練飛。每一個時代的眾生要發展心智、建立信仰，都得有一定的信念；那是一代傳一代，從母雞傳到小雞、母鳥傳到小鳥，不斷地孕育。中孚卦就是一個代代相傳的信念與道場。接受信仰，那是中孚卦，接下來對教義的奉行，就是小鳥孵育出來後練習飛翔的小過卦。看人家飛不吃力，自己飛的時候跌跌撞撞，老是犯錯，就是不會恰到好處，這叫小過。可是你一定要有「中孚」的信念，還要自己去摸索的「小過」，才可以進入下一卦既濟卦（䷾），般若波羅蜜，渡彼岸。

中孚卦可以拆解成臨卦加上觀卦。觀卦就是觀音菩薩所代表的觀音法門，臨卦代表哪一位菩薩？中孚卦又代表什麼？我跟各位講，要登西方極樂，要「既濟」，就得靠「中孚」加「小過」；而「中孚」又是更重要的渡河之舟。

佛教西方三聖卦象：中孚、觀（左）、臨（右）

佛教西方三聖，就是中孚、觀、臨三個卦的象。中孚卦是站在中間的阿彌陀佛，念阿彌陀佛就可以「既濟」到西方極樂世界；當然，念了之後還得「小過」，才有可能「既濟」。將中孚卦拆開，一個在左邊是觀世音菩薩的觀卦，一個在右邊是大勢至菩薩，就是臨卦。因為觀音菩薩的名頭太響亮，很多不熟悉佛教的人，連大勢至菩薩是誰都不知道，其實就是臨卦的象。臨卦的第四爻叫「至臨」，高高在上的上卦坤，就叫「地勢坤」，然後如〈序卦傳〉說的「臨者，大也」，不就是「大勢至」嗎？因為「臨」不能缺乏「觀」，有正確的觀點之後，就得行，那就是臨卦的境界。要在現實的大地上實踐出來，就得靠大勢，而且要確實做到。「至」是坤卦的本領，「至哉坤元」，再高的理念我都能落實。掌握政權、君臨天下的人，當然有大勢，非常有力量；如果他願意好好幹，就可以做到他想做的事，不論服務人民或利益眾生，都可以和坤卦的母愛一樣無微不至。所以看著是三個象，其實是一個，觀加上臨，左右兩大護法，合而為一、配合無間，就是「中孚」。做到了持中之道，就可以「既濟」。

三合一的象不是三個偶像，而是告訴我們實際要怎麼修、怎麼信、怎麼誠。亦即「諸惡莫作，眾善奉行，自淨其意，是諸佛教。」「臨」加上「觀」就可以構成一個完美的「中孚」，中孚卦就能幫助我們「既濟」，利涉大川。

〈序卦傳〉說臨、觀二卦

〈序卦傳〉云：「有事而後可大，故受之以臨。臨者，大也。物大然後可觀，故受之以觀。」每一個人的想法、作法不同，誰都不能說服對方，很可能會掀起腥風血雨的宗教戰爭或各種意識形態的鬥爭，那就是「噬嗑」。所以「觀」後面又是噬嗑卦，這到觀卦的時候再提。

「臨者，大也」，改革大業如果成功，就進入一個開放的大時代，廣闊無邊、不可限量。臨卦又是「元亨利貞」，「元」就有大的意思，當然就有視野開闊、君臨天下的味道。「臨」字在字典上查不出「大」的意思，但在《易經》卦序的原理中，它就有「大」的意思。所以它跟「大有」、「大壯」、「大過」、「大畜」幾個都是講「大」的卦；還有豐功偉業的「豐」也說「豐者，大也」。這麼多標榜「大」的卦，每一個「大」都不一樣。這就值得研究了。例如臨卦的「大」跟豐卦的「大」就不同，哪裡不同？哪裡同？如果《易經》全部學完，你就要有這種辨識能力。「物大然後可觀」，一個大人物、一個大的宗教法門、一個大時代、一個大國為什麼能發展到這麼大？就很值得我們觀摩學習了。學會之後，將來我們自己想要「大」也可以。我們看佛像、看耶穌在十字架上受難的象，「觀」之後有心得，見賢思齊，「舜何？人也；予何？人也。有為者亦若是。」「物大然後可觀，故受之以觀」，就這麼簡單。

觀卦的卦象很像一座牌坊、一個道觀。上面一個橫匾，下面兩排柱子，在它面前我們就有崇高感，往上一看，就有渺小之嘆。所以觀卦的下卦坤就是信仰的群眾，順服、仰觀上卦無形無象的巽。巽為風，君子之德風，小人之德草，風行草偃；而且巽雖看不見，卻能深入人心，有潛移默化的教化作用。

或與或求

〈雜卦傳〉說：「臨觀之義，或與或求。」這說明在人生如戲的過程裡，我們不僅是旁觀者，也是參與者。你在台上演戲，那叫臨；你在台下做觀眾，那是觀。「大老」是觀，「老大」就得臨。「大老」有時候「觀」不下去了，就會想起他以前「臨」的經驗，可能就會提出很多批評。所以人不會純粹是觀眾，也是演員；即使在台下，也在扮演某一個角色。整個生存情境就是如此。

臨卦跟觀卦有個特色，即天地人三才之位都是同性的。臨卦初爻和二爻、三爻和四爻、五爻和上爻可以把它看成一個三畫卦的震卦（☳），臨卦就像一個放大的震卦，有大震之象。這跟〈大象傳〉把上、下卦分開來看有所不同。這也是傳統易學就有的部分。換句話說，臨卦跟震卦有共通之處，震卦充滿積極的活力，「帝出乎震」，生命有主宰；「萬物出乎震」，眾生皆有主宰。從蠱卦的威權壟斷，進入臨卦的全民參政、主權在民，所以初爻、二爻是臨卦的管理核心，叫「咸臨」，全部參與管理。以此類推，觀卦六爻濃縮成三畫卦就是艮卦（☶），觀卦就有大艮之象，艮卦的止欲修行，直接就是觀卦的內涵——止觀法門。要是沒有禪定、打坐、靜思的工夫，怎麼可能冷靜觀察呢？所以「止」是「觀」的前提；艮卦的止欲修行到位，對事物的觀察能盡量避開情欲、私心、業障的干擾，才能看得清楚、看得透。所以觀卦有大艮之象，臨卦有大震之象，可以進一步幫助我們了解這兩個卦到底在講什麼；一個是震動，一個是靜止，人生的行止動靜全在其中。

臨卦要有面對事情而能積極參與、處理的能量；觀卦就要冷靜地袖手旁觀，而且要止得住，才能深入、完整地觀察。所以艮卦或觀卦代表人生修行的極致，就叫「孤峰絕頂」，在孤峰頂上看人生、看世界。震卦就是置身在紅塵浪裡。然而不論紅塵浪裡或孤峰頂上，其實是一體的兩面，上山之後還要下到人間來吃苦受挫、累積經驗，再上山閉關清修時，就有了最好的題材。人生的動靜、行止，社會的政教，宇宙的天與人，全都在其中，這就是大震、大艮之象的真義。

想要入門先得艮止，把一身業障留在門外再進去，「臨觀之義，或與或求」就是這個意思。人生無非施與受，基督教講「施比受有福」，佛教特別重視布施，法施、財施、無畏施都是布施；受就是接受。一邊是給，一邊是接受，給的一方往往也同時接受了某些東西，這一定是雙向的。其實不管是政還是教，都有施和受的雙向關係。政府要為人民服務、造福民眾，所以要推動很多政治措施；然而，政府要運作，就必須徵稅，國民有納稅的義務。宗教也是一樣，我們從宗教得到法喜的安定力量，可是三不五時得捐一點錢；它給我們法布施，我們給他們財布施，這就是施與受，一個叫「與」，一個叫「求」。臨、觀兩卦都有與、求的兩面。

所以在〈雜卦傳〉中，臨觀兩卦的卦序就是第五、第六：「乾剛坤柔。比樂師憂。臨觀之義，或與或求。」然後才是「屯見而不失其居，蒙雜而著」。

臨卦卦辭

䷒

臨。元亨利貞。至于八月有凶。

臨、觀二卦是十二消息卦，臨卦是陰曆十二月，觀卦是陰曆八月。在星座來說，臨卦是魔羯座，十二星座中魔羯座為主，君臨天下；觀卦是處女座，特色就是吹毛求疵。據說觀世音菩薩就是成道於陰曆八月，觀音誕辰是陰曆二月，剛好是觀卦的錯卦大壯卦（䷡），從大壯卦到觀卦，是從極度熱情的大壯卦，轉化為高度冷靜的觀卦，也不知道是巧合還是什麼，但很有意思。

臨卦的卦辭是「元亨利貞」，這是第五個「元亨利貞」四德俱全的卦。隨卦的「元亨利貞，无咎」是相當完美的，臨卦也很好，誰不想自由呢？但問題就出在這裡，完全不管就會導致「至于八月有凶」，所以臨卦有「元亨利貞」絕對的圓滿，又有「八月之凶」的失序、失控。所以它是有但書、有條件的「元亨利貞」。

如果碰到不變的臨卦，要怎麼辦呢？盡量享受、維護「元亨利貞」那個充滿創造的歷程，但要設法避開「八月之凶」，免得大好變大壞。再下一個「元亨利貞」的卦叫无妄卦，那就每下愈況、更不穩定了：「元亨利貞，其匪正有眚，不利有攸往。」天災人禍都可能到來。不過，如果占到一個不變的臨卦跟一個不變的无妄卦，臨卦比无妄卦還是好太多了；因為情況要惡化到某個程度才會翻轉成「八月之凶」，但无妄卦要求起心動念全無妄想，這就太難了，所以幾乎可以確定，後面會有天災人禍一起來。

臨卦〈彖傳〉

〈彖〉曰：臨。剛浸而長。說而順，剛中而應，大亨以正，天之道也。至于八月有凶，消不久也。

「剛浸而長」的「浸」字是一個值得研究的關鍵字。洗衣服若怕傷衣料，就要讓衣服在肥皂水裡浸泡一段時間，好慢慢把污漬去掉。臨卦的民主、開放自由不能驟然而行，要分階段逐漸開放，這是形勢策略。例如蠱卦高壓封閉的威權體制一旦要開放了，也不能一下子全面施行。就像大陸地區的改革開放，就先從設立沿海經濟特區開始，找試點，慢慢再逐步進行。任何改革開放要想成功，該慢的時候就不能急，需要十年磨一劍、水滴石穿的工夫，這就叫「浸」。它不是靠行政命令想開放就開放。如果像前蘇聯戈巴契夫主政時期，政治改革、經濟改革一起幹，結果整個垮了；就如休克療法，最後果然「休克」。

大陸的改革開放，經改先於政改，三十多年變成天下強國，這樣的工夫就叫「浸」。「浸」就能慢慢成長，即「浸而長」。臨卦外卦為坤，只能順勢用柔，因為涉及廣土眾民，不是一個命令就能改過來的。要是改革太過急切，就會越改越亂；要是開放太急切，就會全面失控，那就叫「八月之凶」。法國大革命時期高喊「自由、自由」，其實「多少罪惡假汝之名以行」。改革和開放都不適合無限上綱，要慢慢來，循序漸進，才能持續成長。

臨、觀二卦跟政治宗教有關，基督教有個派別叫「浸信會」就可以佐證。「浸信會」就是無法期待你立刻接受信仰，但希望你常來聽經，耳濡目染，慢慢就信了。想要信，就要「浸」。如果急切行事，可能未得其利，先受其害。

「說而順」，「說」即悅，如果開放自由，處於下卦兌的老百姓當然高興極了，什麼都可以暢快地說，言論自由、大鳴大放。臨卦的開放自由，從倫理、親情關係也看得出來。卦象正是媽媽跟小女兒的關係。上卦坤是慈愛、包容的媽媽；下卦兌是少女，當然是寵愛無限；「教思無窮，容保民無疆」，不管你怎麼鬧都可以。所以臨卦真正是言論自由、思想自由的時代，下悅而上順，內悅而外順。

「剛中而應」，「剛中」是「九二」；陽剛居於內卦中心，上面跟「六五」相應與。「九二」是自由開放的精神所在、創意所在，也是叛逆狂放、瀟灑不羈之所在。「九二」是臨卦精神的代表，臨卦的卦主就在「九二」。「九二」代表權力下放，民智全面提升，各種資源都向民間開放。第一爻還是「潛龍勿用」，第二爻就是民間意見領袖，「見龍在田」的位置，可以大展拳腳。而且「九二」不管怎麼發揮，「六五」都包容；雙方理念相通，懂得一個自由開放時代的真諦是什麼。

「大亨以正，天之道也」。「元亨利貞」當然是「天之道」，因為「元亨利貞」，是終而復始，生生不息的創造循環，充滿生命力。但是「至于八月有凶」，就嚴正提醒我們，濫用自由就有凶。

「消不久也」，注意十二消息卦的「消」，很快就來了。臨卦前面講「剛浸而長」，從「一陽復始」，發展成「二陽臨」，陽長陰消；可是從「浸而長」明明是陽在長的卦，一沒注意就翻車變成陽消的卦，而且快得不得了。「消不久也」，正是形勢逆轉的象，前一分鐘還看到在慢慢成長，一不注意就失控了，消的時間才一剎那；從大好逆轉為大壞，時間很快。我在講泰、否二卦的時候說過，人生經營需要歷經十個卦才能開「泰」，但要從「泰」到「否」只需一個卦，這就是「消不久」。人生要建設、開創事業，得費時經年、備嘗艱險，要持盈保泰卻很難。稍一不慎，「泰」就變「否」。可見，人生要成功多難，要失敗才一下子；要毀掉一個人，比造就一個人容易多了。所以人生要「匪寇婚媾」，要是敵人多了，他要毀掉你，那不是很容易嗎？「浸而長、消不久」，可謂警世名言，足以警誡世人。

臨卦〈大象傳〉

〈大象〉曰：澤上有地，臨。君子以教思无窮，容保民无疆。

「澤上有地，臨」，這是臨卦的卦象。我特別喜歡臨卦的〈大象傳〉，寫得太美、太讓人嚮往了；是母親對小女兒無窮無疆的愛心，沒給她什麼限制。可見臨卦這個開放社會，它的發展會引發很多創造的能量，三百六十行，行行出狀元；像美國社會是有很多缺點，但它和臨卦很像，「教思無窮」，啟發人民的思想，從而成就其事業。美國社會的民主自由體制，有機會讓很多人年紀輕輕就冒出頭，像比爾・蓋茨就可以自由發展成為世界首富。

一個開放社會不會限制思想自由，能容忍異端，允許不同的想法、觀念。天賦異稟的天才就不會在僵硬的體制中受到壓抑，所以諾貝爾獎截至目前為止還是美國人居多。當今中國很多體制的創建，應該多體會臨卦的精神，為更進一步的改革開放預做準備；因為軟實力也是實力，在開放自由的社會體制沃土，才能培養充滿創造性的人才。年輕人的活力和創意應該盡量自由奔放，不必教他遵守一板一眼的意識形態，他若能打破陳規，自然有所突破，創意無窮，「不可為典要，唯變所適」。一個開放社會的自由可貴就在這裡。

當然，話又說回來，「思」必須是正面的，具有推動文明的創意，絕不是一天到晚動鬼心眼，作奸犯科。「教思」是無窮的、開闊的，「容保民无疆」，絕對包容、保障不同意見的表達，這是言論自由、觀念自由，沒有疆界、沒有國際。我在坤卦說過，《易經》有六個「无疆」，如坤卦〈彖傳〉有「德合无疆，行地无疆，應地无疆」。大地之上有那麼多國界、州界、省界，其實都是人劃出來的，自然的「坤」哪有疆界？所以首先必須在思考上突破這個疆界。另外，益卦〈彖傳〉有「民說无疆、日進无疆」。「民說无疆」，是指老百姓高興得很，因為進入全球化的時代，可以跨國經營，沒有疆界限制，發展不可限量；「日進无疆」，每天都有大幅的進步，沒有任何界限。

就像下一卦觀卦，所有偉大的宗教都沒有國界限制，從印度一個小國發展出來的佛教就可以擴展至全球；從中東出來的耶穌基督也影響全世界。臨卦的「无疆」則更開放，先是「教思」，然後是「容保民无疆」。

另外，臨卦跟師卦（䷒）只差一個爻，師卦初爻變是臨卦，臨卦初爻變就是師卦，所以兩個卦的〈大象傳〉也很接近。臨卦是「容保民無疆」，師卦是「容民畜眾」。我在講蠱卦的〈大象傳〉時曾說道，社會在劇烈轉型的時候，要改革成功、落實開放政策，就必須提升民眾的素質，沒有比教育更重要的。所以蠱卦〈大象傳〉講「振民育德」，提升全民素質，才能保障全民改革的成功，不然很容易淪為政黨鬥爭的工具。臨卦的開放社會，其實充滿新的挑戰性，原先你把大門一關，只要在裡面活著就好了，還可以拉裙帶關係；現在是開放競爭的時代，不保障特權，那就更要提高教育水平，否則競爭力從哪裡來？「教思」就是要懂得動腦筋，「教思无窮」，才能「容保民无疆」。臨卦跟蠱卦〈大象傳〉都指出教育的重要，民眾素質沒有提升，任何改革開放都是空話。觀卦〈大象傳〉講「省方觀民設教」，也跟教育有關。

還有，「澤上有地」的象，剛好就是上海的象。我們講小畜卦（䷈）的時候說過，我在二〇〇一年去上海，給上海的發展算了一個十年卦，正是「密雲不雨」、以小博大的小畜卦，以上海一隅之地，博天下之財。動三爻、五爻和六爻，三爻齊變就是臨卦。代表上海這十年的發展，是從「小畜」發展到國際化、自由競爭的臨卦。小畜卦是第九卦，臨卦是第十九卦；上海可以在十年之間跨過中間那幾個卦，從小畜卦直接推進十個卦到臨卦，迎頭趕上，果然能量驚人。「十九」有陰陽合的概念，一般來說，十九歲的倍數那一年，陰曆、陽曆生日會在同一天。

自由的弊端

卡爾・巴柏（Karl R. Popper）所著的《開放社會及其敵人》，談開放社會，是世界思想史上的名著，對當今社會學、經濟學、哲學都有深刻影響。他寫這本書是在二戰前後，身受納粹及獨裁專制政權的影響，所以他把它們界定為英、美國家開放社會的自由經濟、政治的生死大敵。他的書就從西方哲學史的源頭柏拉圖談起，一直談到他那個時代。在作者心目中，民主自由的開放社會無限美好，就算有些問題也不嚴重，至少勝過獨裁社會。但他就沒想到會有金融風暴；他只看到臨卦開放社會「元亨利貞」的一面，忘了「至于八月有凶」，這跟太極圖的思維是完全違背的。

太極圖雖然分陰分陽，但陰中有陽、陽中有陰，開放社會若是白的半球，裡面必然有一個黑點；專制社會若是黑的半球，裡面也有一個白點。但是，當時納粹被指為開放社會的敵人，而今安在哉？照講，開放社會那麼美好，應該沒有敵人才對，可是這個社會卻自己崩盤了，發生「八月有凶」。所以《易經》的觀點就深透多了。最大的敵人不見得在外面，多半在裡面。再好的體制一旦失去節制，就會變成最壞的體制。透過臨卦的檢驗，就可以提醒我們不要迷信任何經濟、政治體制，更不要把它教條化。

太極圖

臨卦六爻詳述

初爻：全民參與

䷒

初九。咸臨，貞吉。

〈小象〉曰：咸臨貞吉，志行正也。

在進入六爻之前，我重述一下〈彖傳〉的「浸而長」。「浸而長」就是不急不躁、慢慢來，才能發展得很好。臨卦的錯卦是遯卦（䷠），就專講「退」，但不能一下子退，也要「小利貞，浸而長」，慢慢來。臨卦下面是兩個陽爻，前景無限，但要往上發展，也不能操之過急，是陽長陰消的卦；遯卦下面是兩個陰爻，人生要退場了，也不能一下子抽出來，要慢慢退，叫「小浸而長」。兩個陰爻就是小，是陰長陽消的卦，對發展中的兩個陰爻而言，意味著不要逼人太甚，不要急著逼退遯卦上面四個陽爻。可見，這兩個相錯的卦，進和退、面對和逃避，都有設計穩妥的步驟，才不會造成傷害，這是「浸」字的重要性。也就是說，生命的成長、事業的發展，都得重視「浸」的工夫，急不得。正如水滴石穿般，一個人在學問或專業領域浸淫甚久，工夫底子才會扎實。台上一分鐘，台下十年功，這就是「浸」的工夫。那麼，「浸」的工夫也表現在臨卦六爻的發展上，一步一步來，從初爻發展到上爻。在臨卦的大環境中，從下到上，從內到外，每個爻代表不同的「臨」、不同的態度、不同的管理和智慧，但必須都很投入，因為臨卦就是要求投入。

初爻和二爻都是「咸臨」。「咸」是下經第一卦咸卦（䷞），少男少女談戀愛，有感覺，有感應，這是人皆有之的生命經驗，就叫做「咸」。「咸」字在坤卦〈彖傳〉出現過，即「品物咸亨」。「臨」字就有「臣」跟「品」，一個君王怎麼管理眾臣，從一品官到七品官，形形色色，如何了解他們的優缺點、發揮他們的長才？又如何和衷共濟？這就是君臨天下、領袖群倫很需要的工夫。因為「品物流形」，各有各的樣。「品物」能不能「咸亨」？就看領導的藝術，必須是自由開放的創意領導，而非威權鎮壓；雖然不太管，但又不讓他們胡作非為。這就是臨卦要研究的。還有乾卦〈彖傳〉的「首出庶物，萬國咸寧」也有「咸」字。可見，「咸」很重要，人人參與，沒有例外。所以臨卦的開放自由，不管是經濟、政治等任何領域，基層的初爻和基層領導的二爻全部參與，每個人都可以投票，也可以被投票；可以表達意見、感受，而且受到尊重。臨卦下卦兌，可以為民喉舌，民眾可以自然而然的流露表達，上面不可以壓制。所以臨卦的重點就在初、二兩個「地位」的陽爻，「地位」才會穩固。初爻、二爻可以自由表達，面對他所扎根的環境，當然就有認同感、歸屬感，願意像談戀愛一樣積極參與，投入感情、融入其中。這就叫「咸臨」。

初爻、二爻都是陽爻，開放社會，民眾積極參與，然後初爻還需要二爻的領導，所以都叫「咸臨」。「貞吉」，「貞」就是初爻的但書，「貞」才能「吉」。「貞者，事之幹也」，臨卦前面的蠱卦就是為了爭一個「貞」字，所以要撥亂反正，把「貞」找回來，把亂象剷除，回復社會的正常態。正常態就應該是開放的，不是特權壟斷。就像「幹蠱」成功，「不事王侯，高尚其事」之後，徹底開放，進入臨卦初爻「咸臨，貞吉」的世界，「貞」就回來了。蠱卦就少了「貞」，結果到臨卦第一爻，就把民眾本來就應該擁有的參與權找回來了。

〈象傳〉說：「咸臨貞吉，志行正也。」「志行正」跟屯卦初爻的〈小象傳〉完全一樣：「雖磐桓，志行正也。」屯卦代表草莽初創的自然新生命，在生命一開始的時候，或者身處社會的最底層，就得「志行正」，有自己的主張和想法。光有想法也不行，還得有作法。人生根本就只有兩件事，一個是「志」，就是自己的想法；第二個就是「行」，你怎麼實踐想法？臨、觀二卦也是一樣。有了「觀」就有想法，然後就是「臨」，看你怎麼做。有了「觀世音」、「觀自在」，就得「大勢至」（大勢至菩薩），這就是「志行正也」。臨卦自由開放的環境中，要求基層民眾提升水平，這就是「正」，否則就會從基層開始亂。要是不開放還沒問題，一開放，沒有內在主張的民眾無所依歸，反而會亂了套。只有「貞」，固守正道才會「吉」；所以需要全民教育，培養正確的態度、開放的心胸。「教思无窮，容保民无疆」就非常重要了，在臨卦基層，全民都要「貞」，就是為了打基礎。換句話說，要解讀「咸臨」這個爻辭，享有開放自由的人貞不貞，將決定最後吉不吉。「貞」才能「吉」，這是但書。

所以，「志行正」就是對「初九」的要求。「初九」爻變為師卦（䷆），正面是「能以眾正，可以王矣」；反面是基層民眾倘若不夠「正」，一定會出現師卦的對抗之象，引起族群鬥爭。師卦有正面、負面的意思，就看臨卦初爻「貞」到什麼程度。師卦也是強調紀律的卦。創意跟紀律不一定起衝突，很多創意十足的人，反而最遵守專業紀律。所以在自由開放的臨卦，第一爻就要求提高素養、培養專業紀律，大家都得按照這個遊戲規則玩，才可勞師動眾、全民參與。這是臨卦初爻變為師卦的多方意義。

二爻：突破天命

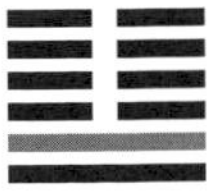

九二。咸臨，吉无不利。

〈小象〉曰：咸臨，吉无不利，未順命也。

第二爻延續「咸臨」，而且「吉无不利」。整個臨卦在實際操作層次上表現得淋漓盡致，就是第二爻。「咸臨」，樂在工作，好比和工作談戀愛，全心全意投入。「吉」，而且「无不利」，創意無限，而且績效亮眼，也沒有任何負面作用。〈小象傳〉說「未順命也」，意義則更深，讓我們想到大有卦（䷍）上爻的「自天佑之，吉无不利」。「自」與「天」都是名詞，自己修到一定程度，做人做事都成功，連老天爺都來幫忙。所謂的老天爺就是「天則」，就是自然律，就是真理。如果完全按照自然律辦事，當然就合乎天道，天道就會站在你這一邊。乾卦〈文言傳〉說：大人「先天而天弗違，後天而奉天時」。況且「自」中就有「天」，人人自身就是一個小宇宙；自強不息的奮鬥，就是天道的表現，哪裡是外在的天在保佑你？佛家云「自性生萬法」，只要是人，人人皆有佛性，人人皆有良知良能，不是某一個人的專利，也不需外求，是內在的。這就是「吉无不利」，如果第二爻做到了「咸臨」，代表你的所作所為都合乎天道，就會「自天佑之」，即使「未順命」也沒有關係。什麼叫「未順命」？二爻「剛中而應」，處下卦民間，是地方臣民，理論上應該順從君位「六五」的命令；但是「九二」身在基層、親臨其境，對民間疾苦知之甚深；當「六五」的命令違反天道法則，「九二」就不一定要順從「六五」的錯誤判斷，否則就會犧牲老百姓的利益。

什麼叫自由開放、言者無罪？第二爻長期在現場蹲點，對民間的了解比第五爻深刻，因此

「九二」必須主動提供正確資訊；如果「六五」決策失誤，可以不遵從命令，正所謂「將在外君命有所不受」。如果老闆判斷錯誤，就算不抗命，也不必完全按照錯誤的路線執行，這就叫「未順命」。而且，在理論上，臨卦君位應該有這樣的氣量，可以「容保民无疆」，包容異己，聽取不同的意見；對於下屬的「未順命」要明白他不是故意抗命、唱反調。這樣的「未順命」才能「咸臨，吉无不利」。可見，一個自由開放的國家社會，不是只有君位一個人負責管理，大家都要參與管理，各盡厥職。

臨卦既然是「元亨利貞」，就要講創意，如果一味聽從、不做判斷，怎麼會有新的創造呢？蠱卦（䷑）要改革、解放的就是霸權思想；隨卦（䷐）強調拿得起、放得下，「係小子，失丈夫」、「係丈夫，失小子」；臨卦則教我們放下包袱，打開胸襟，不能像豫卦（䷏）第三爻瞪大眼睛伺機拍馬屁，結果拍到馬腿上；也不要像蠱卦威權專斷的社會中暗箱決策，以長官的意志為意志。多元社會，有意見就應該公開表達、互相討論，也可以申訴，這才是臨卦的精神。因此，「未順命」，才能「吉无不利」，在上位的人有雅量，勇於改正；執行者有專業素養，可以獨立判斷，不一定要聽從上命。

從大角度來講，「未順命」的「命」可以說是天命，天命就是泰、否二卦講的大形勢。也就是說，臨卦可以不順天命，但結果就像第二爻的「咸臨，吉无不利」一樣，因為天命的層次比天道低。臨卦〈彖傳〉說：「大亨以正，天之道也。」「未順命」，「未順」的是天命，而「道」的層次是最高的；「命」是具體的現象流行，「道」則是無形的最高真理。乾卦〈彖傳〉說「乾道變化，各正性命」；「乾道」就是天道，是變化無窮的。「性命」即人性跟天命。既然「道」能「正命」，那麼天道這一無上真理的層次，就比天命的形象層次要高；如果已經通「天之道」了，可以「先天而天弗違」，何必還要跟隨天之命呢？可見，人的創造力在臨卦第二爻發揮到了極致，形勢比人強，它卻可以突破天命的大形勢。我們常說命不好，但有時不認命也不行，因為「命」是大環境的限制。像泰卦、否卦受到形勢限制，人必須隨環境、形勢而轉；在泰卦（䷊）、否卦（䷋）來說，那就是天命。現在臨卦已經通到了「道」的層次，就可以突破天命的限制。當然，要有這樣的修為跟創造並不容易，像革卦（䷰）是人革天命，不在三界五行中，臨卦第二爻也有這個能量。

第二爻爻變正是一元復始、萬象更新、掌握核心創造力的復卦（䷗）。臨卦二、三、四、五爻，和二、三、四、五、上爻構成的卦中卦都是復卦。「九二」正是這兩個卦中卦的初爻，就是那個核心的創造力，可見他的能量有多強！這麼大的創造力一旦發揮作用，當然可以「未順命」，得到「咸臨，吉无不利」。就像很多在思想、文明、科技、藝術領域的大師級人物，就可以突破既有規範，走出自己的路。這就是「未順命」的作用。

《維摩詰經》是過去中國知識分子很喜歡的一部佛經。「維摩詰」是一個居士，居士說法，菩薩都得來聽。菩薩要受戒，居士不用出家，像我就是居士。居士不用受佛教的三皈五戒，一樣結婚，一樣受太太、女兒的氣，一樣有很多貪嗔癡慢疑等煩惱；可是居士身並不妨礙對天道、佛理的參透，不必順命，也一樣有很大的能量。可見佛祖的心量很大，還吩咐大菩薩們都得去維摩詰的道場恭敬受教。這部以維摩詰講經為主體的佛經，啟發了很多中國傳統知識分子。文人哪裡會想出家呢？如果出家，既要談愛情、又要寫文章的基本享樂就被剝奪了，但他又嚮往佛的智慧，所以一看《維摩詰經》，每個人都以為自己是「維摩詰」，像王維就以「維摩詰」自稱。《維摩詰經》的中心思想就是復卦，也就是臨卦第二爻，「未順命」；而且「咸臨」，熱情擁抱現實世界，最後「吉无不利」。其實，儒釋道經典到最後都要你「復」，回歸本來面目。

三爻：政治小丑

六三。甘臨。无攸利。既憂之，无咎。

〈小象〉曰：甘臨，位不當也。既憂之，咎不長也。

第三爻是典型的兌卦（☱）開口處，而且濫用自由，有過多口惠實不至的現象；這也是開放自由常見的負面現象。我跟各位講過，臨卦基本上算是好的，要小心的就是「八月之凶」。占卦占到臨卦任何一個爻都不差，只是第三爻有點小毛病，輕浮、愛作秀、愛表現，其他五個爻都是正面的。這就像很多電視名嘴，口才好得很，專門取悅於人，特別是拍選民的馬屁。在威權時代可能要拍長官的馬屁，在民意時代就得逢迎選民，拍選民的馬屁。這就是臨卦第三爻的象。

「六三」不中不正，陰居陽位，就是一張嘴巴甜得很，巧言令色如「甘臨」，用「甘」的方式「臨」；講好聽的話，提出很多虛幻不實的願景，讓你聽了很舒服，但是「无攸利」，最後根本沒法落實。像候選人在選舉時，為了迎合選民，什麼話都說得出來，說什麼地方父老啊！你們這裡長久不受重視，我們一定要開拓地方建設……。等他當選，什麼都忘了，可是他的目的已經達到了。這就是第三爻的嘴臉。學到臨卦之後，對這些現象就會見怪不怪了，因為這個爻根本就誤解了開放自由的真諦，他的所有作為都是奔著權力而來；現在是老百姓掌權的時候，他就拍老百姓的馬屁。臺灣剛剛走上這條路子時，我有很多當官的學生，他們之間就流行講「官不聊生」。在立法院，當官的一點尊嚴都沒有。表面看來，這和威權時代完全相反。其實，民權時代真正的自由是你有自由，人家也有自由；官有自由，民也有自由；大家得互相尊重、包容，那才是自由的真諦。並不是說久年的媳婦熬成婆，這樣的輪迴沒完沒了。我看目前臺灣也還沒有校正過來，所以有點自知之明的人都不敢去當官，一當官就得遭受人格凌遲的侮辱。

這就是「甘臨」，會說不會做，會秀、會取媚於民粹民意，對整個社會沒有正面利益。這樣的作法既然錯了，若能「既憂之」，認真對待，調整對策，就可以「無咎」，畢竟這只是小毛病而已。「六三」爻變就是國泰民安的泰卦（䷊）。以爻來講，臨卦唯一出現負面、扭曲、誤解的現象，就是第三爻。因為第三爻陰居陽位，位不當，所以〈象傳〉說：「甘臨，位不當也；既憂之，咎不長也。」之所以出現這樣的現象，也因為蠱卦的時候壓太緊，一旦開放，就如皮球的反彈，很容易超過界線。而第三爻既是「三多凶」的人位，又是兌卦的開口，會犯這個過錯是可以理解的。

「甘」字本來是很深的境界，第六十卦節卦（䷻）的君位就叫「甘節」，一切恰到好處，這是君位第五爻的修養；可是落在並不真懂自由真諦的臨卦第三爻，只當自己有罵人的自由，卻不知道人家也有不被罵的自由。所以這個爻就談不上「甘」的境界，把「甘」用到「臨」，顯得不倫不類；一定要修到節卦第五爻才能進入「甘」的境界。另外，「甘」跟「甜」不同，甜是舌尖一點淺淺的味道，所以年輕的時候總覺得人生甜甜蜜蜜，老年才會覺得「甘」。「甘」是一種回味，苦盡才有甘來，甘中帶點兒苦味；但是臨卦第三爻的「甘」是假的，不負責任，只會出一張嘴。這種現象太多了。像景氣好的時候，很多大廠商年終辦「尾牙」時，那些大老闆為了取悅員工，要小丑一樣，扮這個、扮那個，以為這樣就是「甘臨」，把自己搞得一點威儀都沒有；「无攸利」，不像個樣子。可是臺灣這種風氣特別盛，連選舉期間候選人也忙著辦化妝舞會，這都是典型的甘臨，不曉得為什麼不老老實實從施政來贏得民心？以前我也提過，蔣介石的先天本命就是「甘臨」；所以他的上半生不太能節制欲望，這是他性格中的弱點。而他的一生，由「甘臨」到「至臨」、「知臨」、「敦臨」；後半生是否卦，叫「傾否」，說明他想反攻大陸，但始終沒有成功。所以人生還是有氣數，這麼一個不服輸的人，他的一生到底還是按著既定的劇本演出。

由此可見，「六三」只剩一張嘴，跟「九二」的關係並不協調，陰乘陽、柔乘剛，完全誤解所謂自由開放的真諦。

四爻：無微不至

六四。至臨，无咎。

〈小象〉曰：至臨无咎，位當也。

「六四」的「至臨」與「六三」的「甘臨」正好相反，「甘臨」是口惠而實不至，「至臨」就是行動力、執行力都很強。這和「六四」的位置有關，就如〈小象傳〉所說的「位當也」。「六四」是中央執政階層，對初爻代表的基層群眾當然要有無微不至的服務。「六三」位不當，「六四」則陰居陰位、服公職高位，要管理那麼多「咸臨」的群眾，責任沉重，所以要言出必行，用百分之百「至」的服務精神與執行力；如大勢至菩薩一樣，說到做到、沒有空話。這就是臨卦開放社會中專司服務群眾、服務選民的政府管理階層，與「六三」騙選票迎合群眾的作法截然不同。

「至臨」當然「无咎」。

第五爻的「知臨」和第四爻的「至臨」又是什麼關係呢？「知」不只是知識、智慧的層次，還包括了「致良知」——把生命本源的良知良能徹底開發出來，如〈繫辭上傳〉第四章講的「知周萬物而道濟天下」。所以，「知」包括知識和在世事歷練中活用知識的大智慧，也包括先天良知良能的充分開發。因此臨卦包含《大學》的格（格物）、致（致知）、誠（誠意）、正（正心）、修（修身）、齊（齊家）、治（治國）、平（平天下），一步步往上躍升的意義。「致知」就是把先天的「知」發揮到極致；有這麼好的效果，當然是知識、智慧俱全的。「格物」就能「致知」，「致知」的基礎在「格物」，儒家的內聖外王就從這裡來。〈繫辭傳〉開宗明義第一章就講「乾以《易》知」，那是知識嗎？是智慧嗎？都不是，那是更根源的「知」到「能」的境界。第五爻是領導人，他要領袖群倫，一定要具有前瞻性、包容性、企劃性的知識與智慧；可是他的理念要落實執行，就要靠第四爻的「至臨」，就像坤卦對乾卦的配合一樣。乾卦的創意、理念，不是要坤卦去執行嗎？所以第五爻是理念領導、智慧領導、創意領導；第四爻就要把第五爻的想法貫徹執行出來，而且無微不至，讓老百姓心悅誠服。

五爻：盡人之智

六五。知臨，大君之宜，吉。

〈小象〉曰：大君之宜，行中之謂也。

從「知臨」到「至臨」，就是從理念到實踐，決策拍板，任務執行，這就是理想的團隊合作，所以說「大君之宜，吉」。「大君」在師卦最後一爻出現過，「大君有命，開國承家，小人勿用」。戰勝之後的天下共主是「大君」；諸侯則是國君。以當今世界來講，美國獨大，就是「大君」，其他還有很多受制於美國的小國。要管理這麼多小國家，就要有大智慧，還要懂得合理授權；不能用乾卦「飛龍在天」威權專斷的方式，要用坤卦「黃裳，元吉」的智慧柔性領導。所以君臨天下的臨卦是「六五」而不是「九五」；「六五」只抓大綱，做最後的檢核，不會啥事都管，這樣組織的力量就可以貫徹到基層。假如老闆太能幹了，幹部就不會成長；反正我做的你都不滿意，還是都由你來做吧！這是最笨的領導。臨卦君位的領導是「大君之宜」，這樣才能生生不息。「宜」是陽根、女陰結合之象，永遠有下一代，因時因地制宜，才有好政績。

〈小象傳〉說：「大君之宜，行中之謂也。」「六五」居上卦之中，依時中之道而行，只負責最後的拍板定案，絕非事必躬親。所以對於被領導的第二爻或者負責執行政策的「六四」來講，不會有什麼壓力；五爻包容二爻的「未順命」，最後綜合各方提案，做最後的決策，這是高度智慧的領導。「行中之謂」會不會失控呢？不會，這個爻的爻變是節卦（䷻），節就是恰到好處，自由而不過；有創意、又有紀律，所以不會有「八月之凶」。倘若過分開放，就是放棄了作為一個最高決策者的責任。領導人看到執行成果不對，還是得出面督責，有「臨」有「節」，這樣才不會失控。這就是非常高的境界了。一般而言，要節制就會扼殺創意；太開放就會失去節制，兩者的完美結合就表現在第五爻的「知臨，大君之宜，吉」。臨卦要修的工夫就是這個。

法家的代表作《韓非子・八經篇》說：「力不敵眾，智不盡物。與其用一人，不如用一國，故智力敵而群物勝。揣中則私勞，不中則任過。下君盡己之能，中君盡人之力，上君盡人之智。」這裡談到最高智慧的領導人跟第五爻完全一樣，最笨的領導人是「下君」；是「盡己之能」，不放心把工作交出去，下面沒有一個人能幹，也沒有一個人敢幹，不懂得運用組織的力量，不懂得激勵訓練部屬；一根蠟燭兩頭燒，結果不但績效不好，還把自己累死。秦始皇為什麼只有十五年？就是因為他什麼事都得自己管，天天批公文到深更半夜才睡覺，他活得不長，秦朝的壽命也很短。這就是「下君盡己之能」，靠一個人的能量，即使你全身都是鐵，也打不了幾顆釘子。開放授權，運用團隊力量，讓大家參與，開動每一個人的腦筋，「教思」才會「无窮」，這才是一個有活力的組織。所以「中君」就懂得「盡人之力」，讓每個人都能出力；「上君」，就是能「盡人之智」的「大君之宜」，讓下面所有的人各盡其才，群策群力，群策群智，那個能量就不得了。一個開放社會之所以強大，在很多領域出現了不起的突破，就是因為能「盡人之智」。

上爻：仁者境界

䷒

上六。敦臨，吉，无咎。

〈小象〉曰：敦臨之吉，志在內也。

「上六」是退休大老，境界又不同了，叫「敦臨」。按照卦序，接下來很快就會到復卦了。復卦第五爻「敦復无悔」，已到爐火純青的境地。〈繫辭傳〉講「安土敦乎仁故能愛」。「敦」是溫柔敦厚，是大德敦化、仁厚長者的境界，提攜後進，不遺餘力。卸下職務之後，組織、社會還可以因為他的無私奉獻繼續發展，這就叫「敦」。

「六五」是職務上的領導人，也是智者的境界，故能「知周乎萬物而道濟天下」，具有高深的領導智慧。第五爻退休後變成第六爻，不在其位，但豐富的經驗可以提供在位者參考；而且他懂得分寸，可以充分尊重當政者，不會干政。同樣，「知臨」的在位者也懂得運用「敦臨」的經驗和智慧，充分授權給「至臨」的第四爻執行。這樣，臨卦上層組織就是一個了不起的團體了。不過，就現實而言，多數大老離「敦臨」還是有點距離，所以古今以來，上爻「大老」跟五爻「老大」之間的明爭暗鬥屢見不鮮。只有「敦臨」才能「吉」，而且「无咎」，完美退場，沒有任何後遺症，也可以得到真正的尊重。

所以〈小象傳〉說：「敦臨之吉，志在內也。」「上六」以下，從「六五」一直到「初九」都是「內」。「上六」已經有這麼豐富的人生經驗，現在不在其位，後輩有些地方工夫還不夠完美，就盡其可能提攜後進，發揮上卦坤的母愛本能。

「敦」的境界若修到艮卦（䷳），就是成佛、成聖、成賢的最高境界；亦即艮卦上爻「敦艮，吉」，登上孤峰絕頂，爻一變為謙卦（䷎），「謙亨，君子有終」，可通天地人鬼神。所以「敦臨」和「敦艮」、「敦復」都不是輕易修得到的；也就是說，在天地之心的復卦、止欲修行的艮卦、君臨天下的臨卦，「敦」都是最高境界。「小德川流，大德敦化」，最大的山、最深的海，那個含容量就叫「敦」；若沒有通過這三個卦第五爻或第六爻的砥礪淬煉，也修不到這個境界。所以臨卦上爻沒有私欲，爻變為損卦（䷨），「懲忿窒欲」、「損己利人」，在臨卦中貢獻他的智慧。《金剛經》說，菩薩應無所住而行於布施，一個不帶任何欲望、意圖，而且真正切實到位的意見，當然會受到接納與尊重。

由此可見，五爻是智者的境界，六爻是仁者的境界。《論語》云：「仁者樂山，知（智）者樂水。」水是機變靈活，山則穩重不動。「知臨」就是「知者樂水」，第五爻爻一變上卦變坎卦（☵），坎為水，像水一樣機變靈活。「敦臨」是仁者敦厚的精神，所以第六爻一變上卦變艮卦（☶），艮為山。仁者樂山，智者樂水，境界真的不一樣。仁者穩重靜定，就是「敦」的境界。五爻以下想「敦」也辦不到，不是講話尖刻，就是無端抱怨，這都是功夫修為不夠，等到功夫修為純熟，就是「敦」；「仁者靜」，就像佛一樣永遠保持內在的靜定。「六五」不管有什麼樣的執政才幹，都要懂得運用「仁」的智慧。所以由「智」再往上修才叫「仁」，「仁」的境界比「智」的境界高。

上爻這種修為，下面就接到觀卦，由「政」而「教」，有機會參與類似宗教的修行之路，所以「吉」後面有「无咎」，這是有道理的。五爻的「大君之宜」，畢竟還要求成功，以成功為指標，就一定有吉凶；但是觀卦六個爻沒有講吉凶，因為在修行的境界、思想觀念的境界都不談吉凶禍福，只談「无咎」；所以修到最高的觀卦第五爻、第六爻都叫「君子无咎」。《易經》是追求無咎的；因為吉凶是相對的、一時的，無咎才是絕對的。《易》之道就是要修無咎，不爭吉凶勝負。〈繫辭傳〉云：「懼以終始，其要无咎，此之謂《易》之道也。」觀卦已經超越現實的得失禍福，追求修道的最高境界，所以第五爻說「君子无咎」。已經是佛菩薩的境界，還爭什麼吉凶呢！臨卦修到最後就要進入觀卦的境界，抵達政、教融洽之處，從人生實務中淬取超越吉凶的人生觀，既有吉，又有无咎；有臨卦的實際政績，又有觀卦的反觀自省。所以觀卦強調「无咎」，臨卦強調「吉」。

我們發現，臨卦完全按照生命節奏發展，年輕時像少年男女一樣熱情參與，那叫「咸臨」。如果初爻就「敦臨」，少年老成，一出生就像活佛，那不大可能。人生得先熱烈地活過，熱情奔放地去談戀愛、去投入各種追求。可是這種熱情奔放可能失控變成「甘臨」，就像談戀愛剛開始是真的，後來講完就忘了，對A也講，對B、對C都講，那就叫「甘臨」，不負責任。然後再老一點、成熟一點，就懂得「至臨」，要多做事、少講話；到了第五爻發現不能只是悶頭做事，要用「知臨」的智慧領導。等到退休之後，發現要弄聰明、智慧還是有點缺德，要到「敦臨」才算圓滿境界。

隨著人生責任加重，社會歷練增加，由熱情奔放的「咸臨」到有點過火的「甘臨」和無微不至的「至臨」，觀卦的發展步驟也大約是如此。所以人生「臨」與「觀」的發展，大體而言會與自然生命的發展節奏合拍，少年老成或老頑童都是特例。

占卦實例：咸臨書院名稱的由來

二〇〇一年八月初，「臺灣周易文化研究會」核准成立，執行長徐崇智與我商量「元年」的工作大計，當下占得臨卦「九二」爻動，爻變有復卦之象。爻辭稱：「咸臨，吉无不利。」大家習易有感，都來參與發揮創意，自佑便蒙天佑。臨卦〈大象傳〉稱：「君子以教思无窮，容保民无疆。」就是這樣了！

二〇一〇年九月下旬，經過一年多的人事風波後，我決心整頓改組理監事會，理事長換人，我也重入理事會督導。布局已定，我問此後順利否？又是臨卦「九二」爻動，有復卦之象。

時隔九年三任，學會應走的路還是一樣，真是兔子繞山跑，終須歸老窩，反復其道，天行也。

二〇〇九年五月下旬，就有同門老師兄建議我們辦書院。當時我占問合宜否？得出臨卦二、三爻動，齊變有明夷卦之象。臨卦的「教思無窮」固然好，明夷卻是前景黯淡的艱困之象，什麼原因呢？「九二」爻辭：「咸臨，吉无不利。」學會有此夙志。「六三」爻辭：「甘臨，无攸利。」不少人喜空言或習氣太深，妨礙成事。辦書院云云，成就繼往開來之業，談何容易？臨卦強調自由開放，仍須節制得宜，否則日久玩生，「浸而長」成了「消不久」，不也甚為可惜？所謂「親近生狎侮」，佛言「慈悲生禍害，方便出下流。」孔子說：「群居終日，言不及義，好行小慧，難矣哉！」習道者戒之戒之。

二〇一〇年又有另一位師兄建議辦書院，而我整治已有成效，遂以「咸臨」為書院名稱，於當年十一月初掛牌行世，社訓取材於〈繫辭傳〉：「極深以研機，通志而成務。」

觀民設教——觀卦第二十（䷓）

「八月之凶」的亂象

臨卦是開放、自由的，終於擺脫蠱卦封閉的體制，但「八月之凶」的亂象卻始終揮之不去。可見自由開放並非無限美好，就如《易經》太極圖的思維一樣，萬事都有陰有陽，有利有弊，而且利中有弊、弊中有利，陰中有陽、陽中有陰，甚至陰極轉陽、陽極轉陰，利極轉弊、弊極轉利。所以《易經》永遠用這樣的觀點看每一個卦、每一個爻，不將任何一個卦、爻無限上綱，追求絕對的價值。但世人往往只看到陽的一面，忘了陰的一面，所以拚命歌頌、發揚自以為是的理念，忘了內在結構的致命弱點；就像臨卦的開放自由看著是「元亨利貞」，《易經》卻毫不含糊地告訴你，要小心「至于八月有凶」。因為在開放社會裡，足以造成毀滅性後果的敵人不在外而在內。基於此，我們必須保持全局平衡的思維，不要一廂情願，把哪一個東西看得過分崇高或不容置疑，那就陷入執著了。

開放自由不見得無限美好，就像在蠱卦要防止墮落，對於某一事物過度迷信、推崇，也會有問題。西方有一個著名的神話叫「潘朵拉的盒子」，改革開放就是揭開蠱卦的蓋子，自由的空氣一下噴薄而出，下面一定是光明無窮。可是打開潘朵拉的盒子之後，好的東西釋放出來了，壞東西或不可測的威脅也釋放出來了，所以，從改革到開放，很多人濫用自由，甚至比沒有自由的時候造成的負面效應還大。如何節制自由？我們一定要心裡有數。像二〇〇八年的金融風暴，如果不是過於自由，就不會有「八月之凶」的失控。所以，如何趨吉避凶、享受「元亨利貞」，而不發展到失控的「八月之凶」，這就是《易經》的智慧，也是人類的課題、社會的責任。

因此，看事情要看全面、看動態，不要片面、靜態地看。任何個人或組織的偏執，一旦他或他們當位、當權、當令，其偏執透過權力擴大，一樣會禍國殃民。這種事例古今中外史不絕書。可見，臨卦雖好，但要小心形勢逆轉，改革者變成被改革的貪腐集團；強調自由的換了位置就開始壓制自由；而意識形態包袱很重的人，為了推崇所謂的自由民主人權，不惜「拋頭顱、灑熱血」，這些偏激的作為很可能是社會禍源，一樣會害到千千萬萬無辜的人。

臨、觀到噬嗑的演繹

在講臨卦時，有關臨卦跟觀卦之間的關係，已經講了很多，現在我們就不再多說了。觀卦是典型的「當局者迷，旁觀者清」。我們常強調要身臨其境，身臨其境的好處就是有現場感，直接面對，不逃避，該怎麼面對就怎麼面對。這就是臨卦開放式的管理，可是這種管理也可能會有盲點，因為在局之中，看不清楚，很難反觀自省，不知道自己的路是不是走錯或者走偏。所以需要觀卦所代表的「旁觀者清」提醒，甚至在社會制度上，都要建立這樣的制衡機制。

君臨天下的「臨」主導管事，但有時有意無意，或者自知不自知都可能犯錯，因為有盲點，自己看自己看不清，就需要旁人幫忙看。也就是說「臨」需要「觀」，「觀」需要「臨」。當然，最理想的就是真正「臨」過的人，「觀」不落空；過來人經驗豐富，再來「觀」，他就知道「臨」是怎麼回事；而且在自己實際幹過的位置上看事情，可能會看出目前當局者有哪些需要提醒、甚至需要制衡的。這就是臨、觀兩卦「或與或求」之義，互相需要。

臨卦是君臨天下，管理眾人之事，屬於政治。而觀卦是清淨心的旁觀者清，屬於宗教或準宗教的終極關懷，視野開闊；並且因為自己不在「臨」的局中，沒有立場問題，所以他要對「臨」提出糾正、批判、提醒、諫言，就會比較公正。相反的，處在「臨」中的人，有自己的黨派利益，很難把自己看清楚或批判自己，所以需要像照鏡子一樣冷靜客觀、敢於諫言的諍友。

在現實中，要做到無爭不容易，在言論、思想上一天到晚跟別人、跟自然起衝突，這就違反了謙卦（䷎）「謙亨，君子有終」的要旨。謙就是不爭，而且是「裒多益寡，稱物平施」。《易經》六十四卦所標榜的就是謙卦的不爭，不爭是面對宇宙一切有形無形最好的態度。但就是有些人愛鬥、愛爭，導致整個社會不安寧，那就是觀卦的下一卦噬嗑卦（䷔）；是血雨腥風、弱肉強食的叢林社會。在噬嗑卦的世界，不管輸贏，其實都在受苦、造業，因此噬嗑卦六個爻有三個爻辭中有「滅」字。《易經》是「生生之謂易」，可是噬嗑至少有一半可能都得「滅」，那是因為「鬥爭」。而鬥爭的噬嗑卦，居然是從臨卦、觀卦而來的。臨卦是掌權管理，觀念不同，「臨」的方式就不一樣。不同的政治體制、不同的黨派立場，尤其在自由開放的社會，各有各的觀點，猶如百花齊放，各自的觀點會影響施政，又會決定我們如何面對這個世界。倘若雙方執著自己的觀點，無法容忍別人的觀點，為了掌握主導權，就會產生黨派鬥爭、宗教戰爭。這時「觀」就會爆發噬嗑式的殘酷鬥爭，古往今來的很多爭鬥都是如此。

從觀卦到噬嗑卦的發展，正是臨卦「八月有凶」提出的睿智遠見。這是《易經》卦序自然而然的發展，前後串起來，天衣無縫。如果把它搞通了，當代和歷史上的事件就會清清楚楚，對於過去、現在、未來不同的處境，怎麼趨吉避凶，完全是胸有成竹、瞭若指掌。

欲窮千里目，更上一層樓

人要做到像謙卦那種與世無爭的處世態度，真的很難。如果能做到無爭，在中國儒道系統中，你的修為境界已經相當不錯了；按佛教的修持，起碼也到了羅漢境界。小乘佛教的羅漢像觀卦一樣，修行的位階是一階一階往上提升的。像《金剛經》就說，修到阿羅漢時，與人沒有紛爭，不起衝突，貫徹謙卦無爭的精神，是「人中最為第一」或「第一離欲阿羅漢」；離開欲望的糾纏，是表現最優秀、最雍容大度的。修到這個境界，離菩薩仍有距離，但至少已經做到「無爭」了。那麼我們看政壇、商場的這些人，離「無爭」的阿羅漢又不知道差到哪裡去，所以很多的痛苦、業障也伴隨而來。

觀卦是宗教性、準宗教情懷最濃厚的一個卦。什麼是「觀世音」？什麼是「大勢至」？什麼是合起掌來「阿彌陀佛」的終極解脫之道？我們講過，從數位觀象法看，「臨」加「觀」就是中孚卦，中孚才有機會渡彼岸、得到終極解脫。「觀」字如高空中翱翔的鳥，這種鳥飛得高，看得遠，視野遼闊、鉅細靡遺。在佛教中，觀不只用肉眼，還要用心眼；不只看外面，也要檢視自己的惡念、善念。做這種冷靜的深透觀察，才會真正看到事情的真相。肉眼看到的只是虛妄的表象，若執著為真，就會刻意爭奪；要是把它看透了，自然覺得沒什麼好爭的。這就是觀的價值。

有高度、廣度、深度，觀卦六爻就如「欲窮千里目」，必須「更上一層樓」。每上一層樓就到一個位階，看到的事物就不一樣。用佛教的觀點來看，當你是眾生的時候，趴在地上，天天忙於生活，天天都是憂悲煩惱，所觀的就很有限了；可能也根本看不到事情的真相，就為那些虛妄的假象煩得不得了。要是有機緣，修到了羅漢果，脫離了眾生的執著，你看的跟眾生看的就完全不一樣。從眾生到羅漢，因為觀的結果不一樣，眾生的痛苦，在羅漢可能就覺得可悲、可憫，但羅漢之上還有菩薩，菩薩之上還有佛。也就是說，羅漢往上看，就無法理解菩薩的看法、想法、作法；而菩薩也很難想像佛的境界。換句話說，自以為是的羅漢境界跟愚癡的眾生境界，很難達到菩薩或佛的高度。而菩薩的觀，和佛的終極圓滿境界又是天差地遠。這也就是觀卦絕對不能脫離臨卦的道理，身臨其境，自然就有對境的「觀」。所以臨、觀永遠是一體的兩面，沒有臨，就沒有觀。《易經》之所以有這麼高明的「觀」，因為它不是一個人作的，不是一個人的「臨」，是很多人把親身經歷過的「臨」，最後組織化，利用《易經》的卦爻結構，用文字表達出來。其實，一個人的經驗哪有這麼多？誰能經歷四千零九十六種變化？只有集結不同時代的眾人智慧，才可能產生這麼高遠、深徹、廣大的見識。

就像我平時講學，有些《易經》的卦例，很多不是我自己經歷的，有一大堆是學生經歷的；結合自己或旁觀別人，才可能每個卦、每個爻幾乎都碰過。而動態的六十四乘六十四的四千零九十六種變化統統經歷過，那是一個人一輩子也絕對辦不到的，因為有機率的問題。像占卦，六個「六」的坤卦全變成乾卦，機率是最低的，差不多是一千七八百萬分之一，要碰到真的很難。如果一個人在他一輩子之中，《易經》四千零九十六種變化都親身經歷過，那麼當然有不同凡響的「觀」。

《易經》從觀開始

觀卦在《易經》中有極為重要的作用，尤其是六爻，可以逐次提升觀點、擴大視野，使你看得更真、更深、更廣、更大，對宇宙人生的了解有更圓融的觀點。就像佛教說的，一般凡夫俗子用肉眼看東西，能看到的很有限；天眼可以看到很多肉眼看不到的東西。其實天眼並不是什麼太高的境界，不值得刻意追求或修煉，否則可能走火入魔。再往上的是「慧眼」，即智慧的眼，若天眼沒有智慧，只會賣弄神通、妖言惑眾。不過，慧眼上面還有「法眼」，這可能是菩薩的境界了。法眼上面就是「佛眼」，那就是什麼都能看到，過去、現在、未來，三千大千世界，對他來講沒有任何時空上的障礙，悉知悉見。在我們的設想中，佛眼的境界就有一點像觀卦的「九五」，什麼都看到了，沒有任何障礙，看得很準確，而且心如止水。肉眼、天眼、慧眼、法眼、佛眼就像觀卦的「初六」、「六二」、「六三」、「六四」、「九五」，逐次提升。

佛是悉知悉見，我們講難逃法眼，無量眾生起一個念頭，他都能感知。所以有信仰的人就不敢亂做壞事，舉頭三尺有神明，好像有人盯著你。古話說「天道酬勤」，因為老天都在看，如果你真心認真、勤勉做事，一定會給你酬報，不會讓你做白工。我們不到這個境界，會覺得不可思議，如果用《易經》的原理去推，也不見得沒有。倘若你沒到那個境界，沒有「臨」，就沒有那個「觀」。就像我們的上一代，他們經歷過戰爭、逃難，他們對戰爭的「觀」就跟我們不大一樣。從修行果位來講也是一樣，你沒到那個境界，就會認為別人講的有問題。

《易經》是先有觀卦，才有觀世音菩薩的證道。〈繫辭傳〉就說過，整部《易經》是從觀卦開始的。有了自然觀察、人文觀察，才有《易經》的智慧；伏羲畫卦就是從「觀」而來的。〈繫辭下傳〉第二章講《易經》的緣起：「古者包犧氏之王天下也，仰則觀象於天。」「仰觀天象」就是《易經》智慧的起源，所有的學問都從「觀」來。然後還要印證：「仰則觀象於天，俯則觀法於地」，「觀鳥獸之文，與地之宜，近取諸身，遠取諸物，於是始作八卦，以通神明之德，以類萬物之情」，這都是「觀」。此外，〈繫辭上傳〉第十二章最後一段也提到：「聖人有以見天下之賾，而擬諸其形容，象其物宜，是故謂之象。聖人有以見天下之動，而觀其會通，以行其典禮，繫辭焉以斷其吉凶，是故謂之爻。」這一段講的就是設卦觀象，提醒我們靠「觀」來理解《易經》的卦爻結構，因為它是用各種眼、各種思維觀察，把它做系統化的整理；然後「君子居則觀其象而玩其辭，動則觀其變而玩其占」，就有最好的福報，可以「自天佑之，吉无不利」。

「觀」與「見」的差異分析

在中國古字典中，「觀」與「見」的解釋各有差異。「見」就是凡夫俗子的肉眼所見，那是比較平常的狀態。非常之「見」就是「觀」，例如有些人的看法特別高明，觀察人心比較深透，那就不是泛泛的「見」，而是「觀」。所以說，萬物靜觀皆自得。

我們觀察某些事物也是有層次的，就像卦中卦一樣，有宏觀的、微觀的，還有各個不同角度、不同層次的全方位觀照，所以觀卦中還有觀卦，像二、三、四、五、上這五個爻構成的就是觀卦，這叫觀中有觀。當今社會也很注重宏觀與微觀的差異，像宏觀經濟的形勢，以及微觀產業的發展，都可以提供不同視角的「觀」。正因為《易經》建立在務實嚴謹的「觀」上，所以它提供我們觀察社會現象的信息非常精微。好好了解「觀」是怎麼回事，肯定會減少對自己、對周邊、對大環境的誤判。

另外值得一提的是，臨卦在初爻、二爻明明是積極入世的務實行動，可是如果局限於務實的、現世的活動，你的思維也有可能無法從日常事務超脫出來，所以臨卦〈大象傳〉就教我們要「教思无窮，容保民无疆」。人有時候在實務上很能幹，但養成慣性之後，思維就停在那個層面，不能超越出來、與時俱進。其實臨卦的務實，除了做事之外，還教我們要提升，像〈繫辭傳〉描述咸卦（䷞）第四爻所說的：「精義入神，以致用也；利用安身，以崇德也。」再高的思維、思想，也要落實在實學致用的層次，然後是「利用安身」。臨卦既然已經把安身的事業處理得井井有條，接下來就要開始修德，往崇高的方向走。觀卦〈大象傳〉也在告誡我們要「省方觀民設教」。也就是說，再高妙的觀念都得蹲下來跟社會人群接觸、利益眾生。臨卦則是在地面上活得很愉快，但要提高思維、鍛鍊理論能力。這樣，人生就不會偏向任何一邊，理論與實際才能打成一片。

觀，諦視也

《說文解字》曰：「觀，諦視也。」我們常常講要探討宇宙人生的真諦，客觀真相是什麼？我們平常所煩惱的到底是煩惱還是虛妄？如果是虛妄，所有的苦惱和執著不就太不值得了嗎？那麼能不能穿透這些虛妄的假象，看到客觀真實的宇宙人生真諦？「諦」就是「諦視」，它不是一般的見，而是深入的觀，而且要穿透外表堅固的假象，看到核心真相。

「視」、「觀」、「察」，在《論語》中的分類是一步一步深入的。「視」就是一般的看，「觀」就是敏銳、仔細的看，表裡精粗統統看得清清楚楚；如果要再深入、鉅細靡遺，那就要「察」。我們常講，對事物要深入觀察，看人也是一樣，觀人、觀心、觀象、觀勢都用得上。你的心越靜，就看得越全面、越透徹；你的心越是被欲望糾纏，充滿浮躁和衝突，你看到的事物有可能就是扭曲的。像蒙卦（䷃）被情欲蒙蔽理智，如同戴著眼罩，怎麼能看得清呢？所以一定要「啟蒙」，不受外界假象的干擾。《論語》中孔子云：「視其所以，觀其所由，察其所安；人焉廋哉？人焉廋哉？」意思是說：「看明白他正在做的事，看清楚他過去的所作所為，看仔細他的心安於什麼情況，這個人還能如何隱藏呢？」我們看任何東西也要如此，要推進、推進再深入，尤其知人知面不知心，世界上有很多假象，懂得「觀」的工夫，才能看到真相。

關於「諦視」之「諦」，有真諦就有俗諦，所以不光是「諦」要用到「視」，還要用到「聽」。莊子講人能聽到的有天籟、地籟、人籟；境界高的才能聽到一般人所聽不到的宇宙的聲音、真理的聲音，所以人要用自己的六根和安靜的心去觀、去聽，這是觀卦的基本修為，如此才能慢慢進入觀的世界。從觀卦卦象看，上艮下坤，艮為止，是「止觀」，說明心要很沉靜，如果心不能靜如止水，不可能看到事物的真相。

《大學》說：「知止而後有定。」那些有禪定工夫的，真的可以看到我們看不到的東西。「定而後能靜，靜而後能安，安而後能慮」，才能慮事周詳，「慮而後能得」。一個環節扣緊一個環節，所以觀卦有大艮（☶）之象，是止觀法門。這些觀念都已融入中國文化，經過上千年的融合，有很多甚至已經進入日常語彙中。像《古文觀止》這本書，意思就取「觀止」，先止然後能觀，經過止的沉靜修為，才能真正進行觀的動作；然後還要觀到登峰造極。這種境界我們很難做到，雖不能至，心嚮往之，這也是往上尋求超越、超脫執著的基本動力。這種追尋真理的熱情，如《禮記》所講的「絜靜精微，《易》教也」、「《易》之失、賊」、「絜靜精微而不賊，則深於《易》者也」。也就是說，學《易經》就是要練習「絜靜精微」，因為都跟「觀」有關。心裡不乾淨，怎麼看得清楚呢？欲望蒙蔽理智，越看越離譜，所以首先就要「絜」，要洗掉心上的灰塵，「致虛極、守靜篤」才能觀，看宇宙生生不息的真相。絜靜才能精微，觀的結果就比較精確、深刻。可是有些人修《易》之教，也會走火入魔，以致賣弄神通、招搖撞騙，那就是「賊」，反而傷害了《易經》的本意，同時傷害了自己和別人。像漢朝術數易大師京房，我們背六十四卦都得背他的八宮卦序，但後來他卻不得善終，幫別人卜算都沒問題，就沒辦法幫自己算；因為當局者迷，無法超脫名聞利養的蒙蔽，他的心就沒法「絜靜精微」，無法跳脫執著，所以最後死得很慘。這就是一種傷害易道的「賊」。其實整部《易經》的教化就是要求心理絕對的冷靜、清淨、客觀，平衡而不失控，不被欲望習氣所污染。「絜靜精微能不賊，溫柔敦厚能不愚」，《易經》教你做個溫柔敦厚的好人，但要厚道而不笨；有人是濫好人，濫好人反而最沒有用。

卜筮也是一種觀

卜筮就是一種觀，要觀你所「臨」的是什麼處境？或者你想觀察的對象在一個什麼狀況之中？甚至要觀察你內心的念頭。以我過去的經驗來說，個人的小事、軍國大事，該想的、該問的都問完了，也可以問卜筮是迷信嗎？不是。因為人難免主觀，大家都認為對的，可能是共同利益所向，所以不客觀，這也是民主制度的弱點。九成民意支持就代表這個決策是合理的嗎？不一定。說不定這個決策只是滿足了這一圈投票人的利益，卻傷害到自然環境和其他人的利益。像美國發動海灣戰爭，如果讓那些金融大肥貓投票表決，很可能會全數通過；布希攻打伊拉克，得到那麼高的民意支持，經過幾年的檢驗下來，才發現是一個很糟糕的、很造孽的決策。「天何言哉？四時行焉，百物生焉」，天不講話，但它的能量和影響力不可忽視。當人逾越了天意所能容忍的界線，就得接受「八月之凶」，因為你當時沒有徵詢它的意見。卜筮就是古人徵詢天意的介面，看有沒有超脫利益、個人感情、私欲包袱或集團欲望的客觀看法，好「觀」得更清楚。

如此說來，卜筮如同一個小型的祭祀，你也不知道跟誰對話，是鬼神、是天地？還是你自己的內心？都不一定。卜筮若是一種「觀」，「觀」的結果就能幫助我們決定怎麼「臨」；若「觀」的時候能把人以外、利益圈子之外的自然天地鬼神統統考慮進去，就能幫助我們「咸臨、至臨」。

〈繫辭上傳〉第十章云：「《易》有聖人之道四焉：以言者尚其辭，以動者尚其變，以制器者尚其象，以卜筮者尚其占。是以君子將有為也，將有行也，問焉而以言，其受命也如嚮。無有遠近幽深，遂知來物。非天下之至精，其孰能與於此？」這些話都不是空講的。然後還有：「《易》無思也，無為也，寂然不動，感而遂通天下之故。非天下之至神，其孰能與於此？」整個《易》的功能就是「無思也」，「無為也」，「寂然不動」，「絜靜精微」。初發心沒有私欲，「感而遂通天下之故」，這就是「觀」。藉由《易經》特有的卜筮法門進行「觀」，然後做判斷，「設卦觀象繫辭焉」，就可以定其吉凶，然後影響到「臨」。

觀中有二剝

現在來看看觀卦的卦中卦。觀中有觀，還有觀卦二、三、四、五爻和初、二、三、四、五爻構成的都是剝卦（䷖）。這就是觀中有二剝的象。意思是說，要觀得清楚，就要扒兩層皮，把外面那些虛妄的、會影響你誤判誤讀的象統統剝除。這也是剝極而復的意思。剝的時候很痛苦，看著明明是真，但它是假的。只有把這些障礙統統排除、統統扒掉，我們才可以看到核心的真相。不剝怎麼復呢？尤其宇宙人生的真相，常被許多美麗的假象掩蓋，所以要剝之又剝，才能「復見天地之心」，這是「觀」所不能避免的。

有時我們對一種看法有點疑惑，覺得格格不入，想要一探究竟，這就是「剝」的過程，也是一種觀察的方法。佛教《心經》第一個字就是「觀」，「觀自在菩薩，行深般若波羅蜜多時」，用最深的妙智慧，「照見五蘊皆空」。「五蘊皆空」就是「剝」，「色受想行識」都是層層包裹，一定要先把五蘊空掉、剝除掉，才能看到核心的真相，掌握到「復」的核心動力、生命力，「度一切苦厄」。沒有剝光之前，被欲望蒙蔽，苦厄就纏著你；要擺脫它，就得靠「剝」的修為，當然很辛苦。可是這樣做是值得的，把它扒光、褪盡，不受外面的東西影響，就能夠「照見五蘊皆空，度一切苦厄」。這也是觀中有兩個剝的過程，去除執著障礙，把干擾真實認知的東西統統剝光。

一件事物的保護層、假象、障礙，往往不止一層，只有剝之又剝、觀之又觀，才能見其真相。人生很多事情也是要剝之又剝，觀中絕對要有剝的訓練，才會慢慢領悟「真諦」。佛教講「諦」，不止講真諦；「真諦」是對上智者講的。通常對一般人是循循善誘的「俗諦」，要盡量通俗，把俗的層次慢慢帶上來。要是一開始就講真諦，一般人完全無法理解，根本就不可能入門。所以要遷就隨俗，也要講一點天堂地獄、獎善懲惡、威逼利誘，目的是引導他上進。那當然需要一段時間，所以道理不能講得太高深、太究竟，只有深入淺出地講，那就叫俗諦。俗諦並不完全等於真理，但它是觀的過程中常常要用的方法，不然就不能通俗易懂，講了也是白講。

觀卦中有坤、漸之象

其次，觀卦中有坤卦的象，初、二、三、四爻構成的是坤卦。坤卦就說明要有循循善誘、厚德載物那種包容一切的愛心，不然怎麼面對愚夫愚婦，讓他們解脫痛苦，把他們的智慧往上提升呢？坤卦面對廣土眾民，要有順勢用柔、厚德載物的菩薩心，要慈悲、智慧，不是那種沒有耐心的剛硬作法。就連觀卦的本卦，上卦是風，「君子之德風」，有教化之意；下卦是坤，讓千千萬萬的信眾潛移默化，引導他們進入真理之門，都是這個象。觀卦卦中卦有坤卦的象，可知一定要用坤卦溫和、柔軟、包容的心去觀，浮躁絕對不行。

還有觀卦的最後一個卦中卦，就是三、四、五、上爻構成的漸卦（䷴）。從凡夫到羅漢，再一級一級到菩薩、到佛，是循序漸進的過程，不可能一下子成就。雖然我們還沒學到漸卦，但大家應該知道，它是一個雁行團隊、是一個共修團體。這種共修的好處就是可以切磋琢磨，可以「朋友講習」、互相參證。獨修不如共修，一個人修，那要多大的堅持啊！一群人修，還能互相監督、見賢思齊，見不賢內自省。在這樣的氣場下，自己不上進都不行。而且「觀中有漸」也說明絕不是一天就能成的，一定要有耐心。為什麼我們的觀點以前比較幼稚、比較褊狹，後來會慢慢地心量放寬，觀察比較深入？這也是循序漸進造成的，這個過程可能十年、二十年，甚至是一生的工夫。這就是漸悟漸修，工夫要下得久、下得深，還要互相提攜，有一個紀律森然的團隊，做事井井有條。這也是觀的重要條件。

觀卦卦辭

䷓

觀。盥而不薦，有孚顒若。

觀卦卦辭有八個字，每一個字的分量都很重，意義也很深刻。「盥而不薦，有孚顒若。」大頭叫「顒」，像佛像、神像，一看就有一種崇高的感覺，需要抬起頭來仰觀。我們平常仰觀天象，一看宇宙如此崇高神聖，就覺得我們實在是太卑微了，自然生起想去探討研究的崇敬心。我們平常看到那些偉人的像，除了瞻仰之外，內心往往會覺得人家為什麼那麼偉大？不自覺地就想見賢思齊，這種感覺就是「顒」，是偉大莊嚴的形象。

「若」是語尾副詞，「顒若」，代表很了不起，以致人們會想一探究竟。因為觀需要深入，上卦巽既有深入的象，也有低頭膜拜的象。在「顒若」這種偉大的形象面前必須低調、謙卑，才能深入觀察。

「有孚」，「孚」是信望愛，這一點大家都知道。我們想要利涉大川、渡彼岸，「觀」就會讓我們產生信望愛的感覺；覺得天跟人、自然跟社會之間是有聯繫的。「有孚顒若」，就是說我們面對一個比我們高、比我們超脫、有智慧的偉大形象，就會產生敬仰的感覺。「有孚」的對象是「顒若」，是偉大的、超凡入聖的。佛像、神像，甚至祖先牌位，都有「顒若」的感覺。「顒」字現在很少見，在古代也不常用，這種生僻的字被清朝皇帝拿來為子孫命名。像清代嘉慶皇帝就是「顒」字輩，其取義除了以生僻避諱之外，也不離其偉大形象之本意。《人物志》講一個人有威儀，行走坐臥都很莊嚴，那就叫「顒」。所以「顒」就會讓別人覺得可以觀、可以參拜。

「有孚顒若」就是觀禮的儀式。或在寺廟、教堂之中，或在某一種莊重的典禮儀式，我們是觀眾，看人家怎麼進行神聖的儀式。「盥而不薦」，所有的宗教或準宗教儀式都需要虔誠肅穆。典禮一開始先得「盥」，洗手、洗臉或洗身體，有時還要齋戒沐浴。最講究的可能是伊斯蘭的清真寺。在伊斯蘭教徒聚居的市區內，一天會響起五、六次鐘聲。雖說不可能一天洗五、六次澡，但是進去禮拜至少要有清淨的身體，「盥」是第一關，是門檻；唯有清淨身才能帶動清淨心，不可以帶著一身髒兮兮和一身的煩惱業障去見神見佛。像中國古代帝王每逢重大祭祀，通常都得沐浴三天，不可有男女之事，甚至要吃素。這就是「盥」的動作。一個充滿象徵性的動作，身子洗乾淨了，才能想辦法把心安定下來。

「薦」就是進行祭拜儀式。「薦」字我們在豫卦學過，下對上、人對天叫「薦」。豫卦〈大象傳〉云：「先王以作樂崇德，殷薦之上帝，以配祖考。」祭拜不能空著手，需要奉獻牛、羊、豬三牲，把最虔誠的心意薦之於天，希望祂能垂聽、照顧我們。

「薦」是很實際的動作，不能徒有虔誠的心意，卻沒有任何供品，佛前總要一炷香，有東西表達心意。但是「盥而不薦」說明「薦」——供品並不重要，那是拍馬屁，封住神的嘴，希望上天言好事。這樣的「薦」不就落入俗套了嗎？在「觀」的行為中，重點是虔誠的心意，所以觀卦重視「盥」，不重視「薦」，當然也不是一定不要「薦」。譬如布施，佛教的布施有財施，這是實物；講經叫法施。法施的價值遠遠大於財施。就像梁武帝大興土木、廣建廟宇，達摩卻對梁武帝說他沒有功德，道理就在此。

觀卦就先告訴你，要進入觀卦的世界，世俗的名利計算都不重要，重點是清淨心直通上帝的「盥」。因此，在觀卦中要掌握「盥而不薦」，才能「有孚顒若」。

清淨心勝過「元亨利貞」

正常的祭祀儀式，剛開始第一個動作一定是「盥」，然後大家才能進入大殿，由主持祭祀的人帶領道場大眾上香祭拜，這是「薦」。先「盥」而後「薦」，但是「盥」是最重要的，那就是「初筮告」。「薦」可能還是必要的俗套，才能使一個儀式完整，可是人的清淨心往往無法持續到那個時候，所以氣氛就比較差，天人之間的感應就弱了。因此觀卦強調「盥而不薦」，整個觀卦氣氛質量最好的時候是「盥」的階段。剛開始大家一進入大殿，確實能保持莊嚴肅穆，可是時間一久，心思就不是「盥」的狀態，而是「薦」的心態，或者想睡覺，或者打妄想。「初筮告」的心思很單純，「再三瀆」就心煩意亂了。所以，如果真能通達於天地神明，最好的時候就在「盥」的階段，因為人的初發心是清淨的。

到了「薦」的上供階段，心思不那麼清淨，就連占卦都不準了。所以「盥」的清淨心最重要，「薦」則不是那麼重要。這個區別要搞清楚，然後才能「有孚顒若」。我們不難發現，觀卦卦辭短短八個字，「元亨利貞」一個字都沒有，在這麼莊嚴神聖的卦裡面，這不是很值得探索嗎？因為「元亨利貞」四德俱全的卦都是高檔次的卦，蒙卦是「亨利貞」沒有「元」，所以要想辦法啟蒙、復「元」，才有機會接觸到乾卦所代表的「元亨利貞」那個終而復始的真理。此外，大有卦是「元亨」、大壯卦是「利貞」，都只有兩個字；震卦只有「亨」，距離最純淨的自然真理「元亨利貞」越來越遠。然而觀卦「元亨利貞」一個都沒有，缺德到這個地步，那麼要藉著「觀」了解天則、接觸天道，然後修到「元亨利貞」，簡直絕望嘛！是不是這樣呢？當然不是。因為觀卦擁有沒有分別的「清淨心」，連「元亨利貞」都不用，「元亨利貞」反而成了障礙。就像止欲修行的艮卦也不執著於「元亨利貞」、不執著吉凶悔吝與得失，只強調「无咎」，整個歸零放空，不染一絲一塵，那是修行非常重要的東西。觀卦是「盥而不薦，有孚顒若」，也不用「元亨利貞」。井卦（䷯）也沒有「元亨利貞」，井卦是人生遇困之後開發自性，即六祖惠能講的「自性生萬法」。井卦卦辭很長，教你怎麼透過開發生命潛在的東西，紓解眼前的困局。一旦開發出取之不盡、用之不竭的潛能，就會像井水一樣源源不絕，然後進入革卦的「元亨利貞」四德俱全。

可見，「元亨利貞」一個都沒有的卦，因為不執著於「元亨利貞」，反而可以清淨修行。像觀、井、艮三卦，一個都不沾，安靜、乾淨到極點。這就是「盥而不薦，有孚顒若」造成的清淨心。某種程度上，崇高感、神聖感也是因清淨心而生。像前幾年我去埃及看金字塔，我就想當時埃及人造出這樣的東西，代表他希望「盥而不薦，有孚顒若」。幾千年後我們看到這些鬼斧神工的建築，也是歎為觀止，在視覺上造成很大的衝擊。但是還沒回到臺灣，我又悟了，覺得它還是沒有中國的和尚偉大，像六祖惠能不必蓋那麼高的廟，自己本身就不朽，比木乃伊強多了。木乃伊完全是用科學的方法，把肝、肺、心都掏出來，一點神聖感都沒有，這就是對肉身的執著，何必呢？然後還要搞那麼大一個金字塔，蓋那麼高的廟，這些都是執著。而惠能就不同了，他怕一般人想不通，就跟我們開一個小玩笑，死後一千三百多年，他的肉身依舊栩栩如生。以後所有希望金身不壞的離他的圓融境界都差得很遠，他根本就不需要蓋大廟來保存肉身，他自己就是廟，只要他的肉身在，什麼廟都得圍著他蓋起來，善男信女都慕名而來，然後大家就會對著他起「觀」：他怎麼可以做到死後金身不壞呢？像我們這樣，就算是信佛了，死後千萬不要燒，一燒就原形畢露，啥也沒有。很多大和尚為什麼只敢土葬，不敢面對真理，就是因為自己怎麼修的自己知道。真金不怕火煉，惠能死後就坐在那裡，不必大興土木。但是面對六祖惠能金身，我們凡夫俗子卻差得很遠，記得我的一個學生曾去廣東韶關南華寺拜見六祖真身。她問南華寺住持，既然國家這麼重視南華寺，是不是有撥款？住持回答說不需要撥款，想捐錢的人多得是。她當時就看到一個土財主抱著一堆人民幣在六祖真身面前說：「看好，這是我捐的，千萬不要看錯，一定要給我福報。」這個「薦」的人，境界跟六祖差太遠了！

觀卦〈彖傳〉

〈彖〉曰：大觀在上，順而巽，中正以觀天下。觀，盥而不薦，有孚顒若，下觀而化也。觀天之神道，而四時不忒。聖人以神道設教，而天下服矣。

我們接著看〈彖傳〉：「大觀在上，順而巽，中正以觀天下。」我們常講「蔚為大觀」，《紅樓夢》裡的大園子就叫大觀園，讓你看不盡，讓你觀、想，讓你思維、體驗的東西太豐富了。「大觀在上」是指上卦巽，巽為風，居於高處、展現在外。風行草偃，下卦坤的芸芸眾生、廣土眾民就要「順而巽」。

像孟子檢討他之前的幾個大聖人，「伯夷叔齊，聖之清者」，「伊尹，聖之任者」。是說伊尹有當下承擔的本領，不管時代好壞都要出來；伯夷叔齊不願同流合污，儉德避難，各有各的風範、特色。而柳下惠跟什麼人都能和合，和其光，同其塵，是「聖之和者」；然後就是孟子最敬仰的「聖之時者」孔老夫子。前三者都是「一定」要怎麼樣，伯夷叔齊是環境不好一定不出來，伊尹是不論環境如何一定要出來，柳下惠則不管什麼人一定都能打成一片。孔老夫子則是無可無不可，因時因地制宜，所以是「聖之時者」。這些人各有風範，像「聞伯夷之風者，頑夫廉，懦夫有立志」，此所謂聞風興起，讓大家的「觀」見賢思齊，變成時代風潮，風行於大地之上，這就是「大觀在上」。

從爻來講，「大觀」專指「九五」、「上九」那兩個爻，甚至狹義來講還專指觀卦法相莊嚴、圓融的「九五」君位。而觀卦的重點就是上面兩個陽爻的「觀生」；臨卦的重點就是下面的初爻跟二爻兩個「咸臨」，都是有真才實學、有真實內涵的。不過臨卦的重心是在「九二」，不是「初九」；觀卦的主爻是在「九五」，不在「上九」。觀卦是「大觀在上」，臨卦是「民臨在下」。臨卦可看成「潛龍勿用」與「見龍在田」之間的觀點。潛龍、見龍都得「咸臨」。而君臨天下，說穿了應該是全民參與的「民臨在下」。觀卦要處理「飛龍」跟「亢龍」的問題。用乾卦來看，因為「飛龍」跟「亢龍」的觀點歧異，是主流觀點與非主流觀點的競爭。兩個「觀」都很高，是五爻跟上爻，但一個高得恰到好處，是飛龍在天，是大道；另一個是高過了頭，高處不勝寒，走極端。「亢龍有悔」的觀點雖然也有一定的內涵，畢竟是他積了一輩子的苦修所得，但他畢竟走了極端，只有少數人願意這麼幹，他也不能脅迫或要求大家都跟隨他。所以他就不像「九五」那麼可親。

「順而巽」，下卦是坤，我們是仰觀菩薩、佛、聖賢的芸芸眾生，是在大地上的廣土眾民，也是信受奉行的信眾。服從、仰慕聖賢風範而效法學習，這就叫「順」。坤卦是順勢用柔，「而巽」，「而」是能；上卦是「巽」，就有膜拜、低調、謙卑的意思。只有放低身段，去除傲慢，不自以為是，才能深入體悟核心的真理。

「中正以觀天下」，這講得更明確了。「中正」就專指「九五」，絕不是指「六二」。因為前面是「大觀在上」，沒說「在下」，雖然「六二」、「九五」都中正，但真正值得我們觀摩學習的是觀卦的「九五」君位。〈彖傳〉點出卦的結構跟卦中最主要的爻。「中正以觀天下」，是指「九五」居高臨下、俯觀天下，所以能高瞻遠矚。

然後是解釋卦辭。「觀，盥而不薦，有孚顒若，下觀而化也。」就這麼簡單，把卦辭重複一遍，「下」就是指下卦坤；「而」即「能」，廣土眾民觀風向、風尚、風範，起了歡喜心，就受到感化、教化。這就是「盥而不薦，有孚顒若」造成「下觀而化」，普渡眾生，引領眾生進入觀的法門。

觀天之神道，而四時不忒

「觀天之神道，而四時不忒」，歷代很多解釋把「神道」當成一個名詞，與天道、地道、人道並列，其實不是。把「神道」當成名詞是愚弄民眾，這也是古代統治者的愚民政策，為了避免老百姓開智慧，威脅到統治權，所以一定要利用迷信來控制宗教。「神道設教」就成了方便統治的法門，是讓天下民眾順從的統治工具。

其實「神」是動詞，跟迷信一點關係都沒有。在〈繫辭傳〉中，「神」有很多用法，可以當名詞、形容詞、動詞。如「陰陽不測之謂神」，是名詞，意為最高的境界。「神明其德」、「神而化之」是動詞；「觀天之神道」也是動詞。「神道」就是要神天道，把天道表現得淋漓盡致，將它伸張、開發出來，彰顯到極高明的境界。從字形來看，「神」字右邊是「申」，「田」往下扎根、往上生長，最後開花結果，彰顯出來，表露無遺，就叫「申」。什麼東西得到「申」了？「示」嘛，一張三腳供桌上面擺一塊肉。換句話說，神是隱而不顯的狀態，通過我們虔誠的祭拜，希望祂們能啟示我們，然後我們把三腳供桌一擺，上面擺一塊肉，神就降臨了，於是祂就告訴我們很多道理，解不開的迷惑也得以解開。正如〈繫辭傳〉所說的：「顯道神德行，是故可與酬酢，可與佑神矣。」

子曰：『知變化之道者，其知神之所為乎。』」「德」是受詞，「神」是動詞，這不是迷信。「觀天之神道」，我們觀察天，那是自然界的天，日月星辰、星際雲河、自然現象都是天。但是「大哉乾元，萬物資始乃統天」，「乾元」是看不到的，但卻是創造一切有形的天最深刻、最深奧的來源。我們看到天這麼有秩序，就要想到這後面一定有創造的本體乾元。有形的日月星辰是「天」，「道」就是乾元。「道」比「天」大，「道」看不見，「天」看得見。所以「人法地、地法天、天法道、道法自然」。我們可以從看得見的「天」，推知絕對有一個看不見的「道」是一切的源始。這就是看得見的天跟看不見的道之間的關係。

　所以，「觀天之神道」，天體自然的現象，就是在「神」那個「道」。我們看到了天，就推測後面一定有「道」，我們對「道」的真理就產生信仰，因為天無時無刻都在呈現、彰顯、表現「道」的德行，把看不見的「道」表現得非常豐富。《易經》的創造也是伏羲仰觀天象，發現有這個「道」，於是他就畫卦，用人的創造來彰顯宇宙人生的真理——天之神道。

　「天之神道」表現在「四時不忒」；「忒」是誤差。「不忒」就是零誤差。春夏秋冬、元亨利貞、六七八九、寒來暑往是「天之神道」的顯現，永遠不失誤。為什麼我們要法道、學真理？因為人有欲望、習氣，所以會有誤差；天道不會有誤差。像豫卦〈彖傳〉說的「天地以順動」，按照自然律轉動，「日月不過而四時不忒」；然後聖人就得法天，「以順動」，「刑罰輕而民服」。豫、觀二卦是六十四卦中唯二的卦，在〈彖傳〉強調要百分之百精確可靠。自然現象是可以預測的，因為自然現象表現在春夏秋冬季節轉換的規律。天可以「不忒」，人要「不忒」就很難，觀察事情、預測事情就常常會出錯。所以聖人教人要效法自然。

聖人以神道設教，而天下服矣

聖人是「以神道設教，而天下服矣」。聖人不拿神道迷信教化人，一般愚夫愚婦可能會上當受騙，但有智慧的人會看穿你操縱、利用迷信愚民，不是「聖人以」。「以」就是為了要「神」這個「道」，所以才「設教」。所有的宗教都是人為了「神」這個「道」而設置的。因為「天」把「道」彰顯得非常好，人類也可以藉著設一個教來「神」這個「道」，藉著教義說明宇宙人生的真理。人實踐、表現這個道，表現得非常完美，幾乎跟道合而為一，那就是人能弘道；那麼，你設的教就可以打動人心，「而天下服矣」。這樣看來，「神」是動詞，意思是，天藉由「四時不忒」來彰顯「道」的精神。

聖人是上帝的僕人，他所設的「教」是為了弘揚真理，結果「天下服」。天下是世界性的，沒有疆界。要讓天下服談何容易！這說明他把道表現得太好了。「設」就表示是人設計的。換句話說，創教的人能用教義說明整個宇宙人生，我們都願意接受、相信；正如「勞謙君子，萬民服也」，「神道設教而天下服」，效果非常宏大。

還有豫卦。豫、觀兩卦的關係很值得思考，除了「不忒」、「殷薦之上帝」跟「盥而不薦，有孚顒若」，處處都可以拿來對照。豫卦是熱情參與，所以「殷薦」，殷勤鄭重，盛大熱情；可是觀卦是超級冷靜，「盥而不薦」。豫卦充分肯定「殷薦」，觀卦卻說「盥而不薦」；「薦」不重要，實在沒有時，只要意思意思就好了，重點在「盥」，在心不在物，在精神不在物質形式，禮輕仁義重。觀卦是「天下服」，豫卦是「刑罰清而民服」，不必用刑罰威逼，人民自然順服。可見，這些卦一定有動人的力量。

觀卦〈彖傳〉最重要的是「神」的用法，神字不僅在〈繫辭傳〉多次出現，在〈說卦傳〉也講：「神也者，妙萬物而為言者也。」這是中國人的「神」觀，沒有一點迷信。「妙」是動詞，我們常講「妙不可言」，雖然不可說，但就是妙。「妙萬物」就是讓萬物都顯得奧妙、很有特色。「而為言」，「言」就是表現出來，有一些「妙」是不可言說的，但能用種種方式顯現出來，像自然的奧妙、生命的奧妙、人性人情的奧妙，無定在、無所不在，那就叫「神」。很多人觀天象、觀自然、觀察人與動植物而覺得無比奧妙，相信後面一定有值得追求的道；因為自然界井然有序、無奇不有，不可能沒有上帝。所以，一個悟道的人很可能只要觀察到一個小小的金魚缸就發現上帝的存在，因為金魚缸也可以顯出小宇宙、大宇宙的奧妙。

萬物靜觀皆自得，很多禪宗祖師大德只看到風吹草動就悟道了，因為細心體察感受，就可發現「一花一世界，一葉一如來」。在《易經》來說，就是「一卦一乾坤，一爻一世界」，具體而微、一應俱足。這就是「妙萬物而為言」。中國的「神」觀不講「造物」，而講「妙物」，就是因為我們自己也是一個宇宙。小宇宙到大宇宙都有無窮的奧妙，其間還有共通性，一個卦可以象徵無窮大的奧妙，也可以象徵無窮小的奧妙。我們的每一個念頭都會形成一個卦爻結構，妙不可言，這就叫「神」。所以「神」是無所不在的，不是光靠一個高高在上的造物主創造這些東西。

觀卦〈大象傳〉

〈大象〉曰：風行地上，觀。先王以省方觀民設教。

「風行地上，觀」，這是觀卦的象，上巽下坤，風地觀。「先王以省方觀民設教」，「省方」是反省、反觀自己，做最深刻的省察檢討，檢討自己的起心動念、一言一行。「方」是「地方」。一方水土一方人，觀卦上卦巽為風，下卦坤為土，就是風土人情。所以要行萬里路，到處考察、觀光、學習。光一個國家或地區就有很多不一樣的民情、風俗，像日本的關東、關西就不一樣。尤其在古代交通不便的時候，一個地方有一個地方的民俗；作為領導人就應該「省方」，到處跑跑看看，而且不能光看不想，要眼到、手到、心到、足到。領導者所有的決策都不可閉門造車，在辦公室想出來的決策，不了解地方輿情、民情，不知道民困、民疾，光看各縣呈上來的報表，倘若下面的人報喜不報憂，那就得不到真實的情況。

領導人要到現場深入觀察，中央長官、大員，要常到地方上視察，最好在那裡住訪一段時間，那就叫「省方」。只有和老百姓生活在一起，親臨實地考察民生狀況，才會身臨其境、感同身受，了解最真實的情況。像風一樣穿行於地上，掌握四方民情輿論，決策才不會落空。可見，「省方」的目的就是深入地方，修正、檢討、反省施政、教化的方式，讓決策落實於民間。再怎麼高不可及的風也一定要吹到地上才可落實，像基督教的天國還是得建立在大地之上，否則天上的天國，跟我們關係不大；佛教的極樂世界就是娑婆世界，心淨則國土淨。小畜卦風行天上，密雲不雨，雨下不來，講了半天都沒看到結果，那就是口惠而實不至，理想落空。觀卦是風行於地上，政策、教化要能確實利益眾生、深入人心，就一定要先了解、觀察民生。

「觀民」，觀的對象是民，不到民間，怎麼能觀民？「省方」是為了「觀民」，「觀民」是為了「設教」。既「省」又「觀」，要反省內觀、深入思維、全面觀察；親臨第一線，掌握第一手資料。像孔老夫子周遊列國也是「省方」，各個地方都看透了，再回去修訂「六經」。「觀民設教」也是一樣。接觸各種不同的風土民情，才可因時因地制宜。所以說讀萬卷書，還要行萬里路，這時你讀的萬卷書才有落實的可能。

像從前周朝就有采風官，《詩經》三百篇記載不同的國風，采風官專門聽取民情、收集民歌。那時的中國人雖然不多，但光是黃河流域就有好幾個不同的國家，每個地方的風土民情各有不同，表現出來的民歌也各不相同。《詩經》有十五國風，因為民俗不同，各地方的生活習慣、情操禮儀也不盡相同。所以《詩經》每一篇篇幅雖短，內容卻很豐富。這也說明一定要通達了解各地民風，才好制訂因地制宜的管理方法。

觀民設教與因材施教

「觀民」是指「九五」這一觀卦君位得一天到晚跟民眾接觸，故君王必須微服出巡，才能得到確切的情報。如果長官到地方考察，預先通報，就很難看到真相。像二月河寫康熙、乾隆的歷史小說，帝王想了解地方實情、官員治績，也得去「省方」；可是如果皇帝要來視察了，你還沒到太原，山西巡撫就在城外鋪起紅地毯，文武百官都擺在那裡候駕，每個地方都打掃得乾乾淨淨，髒東西都藏起來了，皇帝當然就被蒙蔽了。所以皇帝得微服出巡，帶幾個保鏢，去民間看看、跟父老談談，才能剝除假象，接觸真相。像現在的突擊檢查，讓人措手不及，多少也能看到部分真相。

「省方、觀民、設教」，六個字說明觀卦雖有那麼高的觀點，也必須落實到民間，和百姓打成一片。尤其宗教一定要風行於地上，不然沒辦法扎根。除了講真諦，還要講俗諦，要雅俗共賞、深入淺出。再偉大、再奧妙精深的觀念，也要清楚表達才能讓天下服。所以要重視表達方式，要考慮你的對象是精英分子還是老百姓？「觀民」然後決定該怎麼「設教」。孔子就說過：「辭達而已矣。」最高的菩薩法門就是深入淺出，這樣的語言才能循循善誘，使受眾漸漸提升。否則就是高處不勝寒的陽春白雪，不能像下里巴人傳播廣遠。

深入淺出絕不容易，能深入不能淺出，是專業領域的行話，別人不懂你講什麼，發揮的效果當然有限。最糟糕的就是淺入深出，沒有內涵，表達工夫差，完全浪費大家時間。當然，如果不想這麼辛苦，淺入淺出就算了，但淺入淺出對推動文明的「觀」沒有任何幫助。只有深入觀察，才能找到「省方」之法。對症下藥、因材施教，才能用平易、生動、活潑的語言，把最高深的道理講出來。

另外，關於「方」的說法也很多，除了「省方」之外，在既濟（䷾）、未濟（䷿）兩卦就有「鬼方」的概念，就是指魔鬼、地獄那一方。既濟、未濟是「般若波羅蜜」，要涉大川、渡彼岸，當然會接觸到魔鬼。「高宗伐鬼方」，「震用伐鬼方」，「鬼方」象徵人心、社會的黑暗勢力。「省方」也包括「鬼方」，像地藏王菩薩，地獄不空，誓不成佛，地獄是一定要去的，不然怎麼渡地獄眾生？要降魔，就一定要了解魔。魔在鬼方、在地獄，所以我不入地獄，誰入地獄去降魔？

初爻：小人之道

䷓

初六。童觀，小人无咎，君子吝。

〈小象〉曰：初六童觀，小人道也。

先看觀卦「初六」：「童觀，小人无咎，君子吝。」「童觀」是觀之初，在我們幼年、童蒙之時，用不成熟、比較粗淺無知的觀點看世界，就是「童觀」。另外，再怎麼精奧高深的道理，也是從比較幼稚、低階的觀點入門，再慢慢發展成熟，所以基層數量最多的眾生，都還是天真的童觀。這個爻也不能輕視。

接下來就有區分了：「小人无咎，君子吝。」《易經》的爻辭男女有別、吉凶迥異，諸如「婦人吉，夫子凶」、「君子得輿，小人剝廬」，常要看對象決定是吉是凶。在這裡，若是小人，「童觀」就「无咎」；若是君子，「童觀」就「吝」。然而，君子小人也未必全是以道德為區分，因為小人是指一般常民，尤其在古代社會，文盲多得不得了，這些人光是生活就夠忙了，哪還能要求他做什麼精深的思考？所以小人的觀點、思維自然沒法提升。這就說明不要強求，不必打破他們平靜、自然的底層生活。「小人无咎」，既是一般常民，他「童觀」是很自然的，他也安於「童觀」；看不懂政治、經濟，也不讀經典，完全按他實際的生活經驗看事情，也不影響他作為一個善良百姓，那你何必去干擾他呢？若是有志上進的君子，想更進一步了解宇宙人生，也想利益眾生，「童觀」就不行了，他得接受啟蒙，提升他的觀點。如果君子也停留在「童觀」，一輩子不長進，結果就是「吝」；路子越走越窄，格局越來越小。因為君子將來要管理群眾，要負比較大的社會責任，觀點幼稚，怎麼能辨好管理群眾的事情呢？

可見，「小人」可以「无咎」，因為他是被統治的安善良民；可是想要為更多人服務的君子，想要提升自己，就一定要深造，不然思路越來越狹隘，難免犯錯、耽誤別人，所以「君子吝」。沒有精深的觀點，對這個世界的眾生相沒有真切的了解，如何能管理群眾呢？就像蒙卦第四爻那麼高的官位，卻「困蒙吝」，簡直就是誤國誤民。所以〈小象傳〉特別強調：「初六童觀，小人道也。」這是小人道，不是君子之道。

二爻：一孔之見

六二。闚觀，利女貞。

〈小象〉曰：闚觀女貞，亦可醜也。

我們看「六二」。「六二」中正，乍看之下爻的條件很不錯，潛力無窮，跟它相應與的「九五」也是中正。「九五」是觀卦主爻，是大觀在上、最值得學習觀摩的對象，所以「六二」有絕佳的機會受到「九五」的感化提攜。可是我們一看「六二」的爻辭卻不是這樣。它講：「闚觀，利女貞」，沒有講「利男貞」。亦即女人這樣可以，大丈夫這樣就不行。「利女貞」，利於女人固守，「貞者，事之幹也」，堅持、甚至一輩子始終如一，都用「闚觀」的方式觀天下。所以這一爻是男女有別的。

什麼叫「闚」？闚就是隔著門縫偷看。門縫那麼狹窄，透過門縫看門外的世界，看到的當然是局部、狹隘的一面，猶如瞎子摸象、坐井觀天，看不到全面的真實。觀點受限，立場難免也受限。古代婦女不能拋頭露面，尤其像「六二」這種大家閨秀更不能隨便出門，不像現代婦女可以出外歷練，還可以超過男人，競爭力越來越強，什麼事都能做。古代婦女一般大門不出、二門不邁，生活經歷有限，不但不能「省方」、行萬里路，更沒有機會「觀民設教」，自然見解狹隘。但她跟小孩子又不一樣。小孩子「童觀」是剛涉世、程度淺；「闚觀」是成年婦女，只能趁家裡來客，從門縫裡偷窺客人的行止儀容，揣度外在世界的信息，這是很片面、很狹隘的。所以「童觀」是比較低階的觀點，「闚觀」則是比較片面的觀點。古代婦女受限於生活經驗而觀點狹隘，這是可以容許的，所以「利女貞」。

〈小象傳〉說：「闚觀女貞，亦可醜也。」偷偷摸摸隔著門縫往外看，滿足她的好奇心，這就是她的世界觀了。「亦可醜也」，說的是在女權不張的情況下，她能這樣以一管之見看世界，雖然信息不完整，甚至容易感情用事，但這種觀點還是可以接受的。「醜」字在觀卦第二爻第一次出現。「亦可醜也」多少有點鄙夷的意思，但「醜」字也有「類」的意思，男人是一類，女人是一類，陰陽合也為類。在古代社會，女性能這樣就算不錯了，你能怪她嗎？所以，「醜」字就有包容的慈悲心，告訴你婦人之見雖是「闚觀」，但「亦可醜也」，智者千慮，必有一失，一個老太婆講的話有時也有可觀之處，畢竟那也是芸芸眾生中一種「觀」的類型。我們注意看，初爻、二爻的〈小象傳〉都沒有責怪這些婦孺之見的意思（「孺」就是小孩，「婦」就是女貞）。可別小看基層的「初六」和「六二」，他們雖然是陰爻，觀點幼稚、狹隘，卻占人口比例二分之一以上。未來的主人翁和女人掌管半邊天，能得罪他們嗎？所以先別急著批判，設身處地，想想為什麼他們會有這種觀點？先了解、包容，然後才能用同理心互動。

我們平常說的「通俗」，就在這裡表現出來。像臺灣有名的慈航法師要對不識字的鄉下老太婆講佛經，他能藐視「闚觀」、「童觀」嗎？不能！他反而要透過他們的眼睛看世界，然後用他們能夠了解的話接引他們向上提升。所以「通俗」絕不等於「媚俗」，「媚俗」是你遷就他，然後被他拖下去。很多藝人上台作秀，走的就是「媚俗」路線，就如臨卦的「甘臨」一樣。「通俗」是跟「俗」要「通」，目的是濟渡眾生，把他拉上去，而不是我被他拖下水。像佛在《金剛經》裡說「我皆令入無餘涅槃而滅度之」，就包括對「童觀、闚觀」的感應，這樣才能「省方觀民設教」，與眾生溝通。很多人搞錯了，想「通俗」既然那麼重要，那就耍寶、作怪，其實走的是「甘臨」的路子。

如果「初六」跟「六二」能夠逐漸通達，從無知變得有智慧，兩爻變就是可以利涉大川的中孚卦（䷼）。可見宗教一定要通達到基層群眾，那是廣大信眾的來源，絕不能捨棄。兒童加上女人就是大多數了，怎麼可以放棄、蔑視呢？所以佛教講「勿輕未悟」，修到再高的佛菩薩也絕對不能輕慢初學者，「焉知來者之不如今」？

我們都知道，佛教的基本認定是有輪迴的，修行的目的就是要超脫六道輪迴。有些人這輩子雖然無知無識，但未必沒有進步的機會。如果放棄他們，不承認「小人道」是「亦可醜也」，那就錯了。按照佛教觀點，這些人很可能早種善根，不是這輩子才學的，他們可能已經在無量諸佛那裡種下了善根，只是沒修全，這輩子來重修。所以不僅要對他們宣講佛法，還要講得更精彩生動，好觸發他的靈根，讓他立地成佛。在儒、道兩家的講法也是一樣，孔子說：「後生可畏，焉知來者之不如今也？」就像觀卦「六二」本質是中正的，就因為她表現出「闚觀」的觀點，就把擁有潛在優質的她放棄了，這不就違背觀卦「觀民設教」的初衷嗎？

我也給學生講佛經，但其實講得頗為辛苦，因為我並不完全相信輪迴。可是輪迴是佛教的基本認定，講佛經而不講輪迴，還講什麼佛經是不是？但我還是不相信。嚴格講，輪迴理論有很多流弊，很多人這輩子就推卸責任，不修今生修來生，下一輩子再來，那麼這輩子做壞事的都有藉口了。其實如果把人生道理真搞通了，可以不需要宗教，有沒有輪迴，完全不影響我們這輩子怎麼活。曾經有個女生對我說：老師，你相不相信你是再來人？所謂「再來人」就一定有輪迴才會再來，若真是那樣，那就有點像天羅地網，人被綁得死死的，桎梏在身，動輒得咎。這就是輪迴的流弊面。像海地大地震死傷十萬、二十萬人，佛教要怎麼解釋這個現象？這些人都是有前世共業嗎？那對死者也太不尊重了吧？話又說回來，我們不反對做佛，但做佛之前得先做人。很多人卻不這樣想，這就違背佛的原意了。

再看「六二」爻變是渙卦（䷺），渙是渙散，因為隔著門縫偷看，心裡緊張，看不到焦點和真相。那麼「六二」觀的對象是什麼呢？正是「九五」，是枱面上的領導人物、公眾人物或者法相莊嚴的成功人士。「六二」觀「九五」，完全被「九五」顯現的象所吸引，可是他距離「九五」很遠，不像「六四」跟「九五」很近，可做近身的深入觀察，所以「六二」看到的並不是「九五」的全貌。就像現在很多影視紅星的「粉絲」，看到自己的偶像明星就欣喜大叫，其實他們只看到片面的舞台印象，並不是偶像的真實面目，這就是典型的「闚觀」。「六二」常抓住一個觀點固執不放，往往偏離了真相卻不自知。如果占卦占到「六二」動，爻變就是風水渙，由觀卦變成渙卦，表示你看到的事物是渙散的、不清楚的。第二，如果問身體疾病而占到這個爻，絕對沒好事，而且是婦科疾病。渙卦有「王假有廟」的象，也有離魂之象，遊魂為變，就算你集中全力對抗病魔，身體也將渙散成為遊魂。什麼時候渙呢？觀卦是陰曆八月，時間都告訴你了。所以用在身體上，「六二」絕不是好的爻。可見，局部的見解太危險了！人是有很多面向的，這一面是天使，那一面可能是魔鬼；這一面是英俊小生，那一面說不定是痲子。這就是「闚觀」的毛病，常令人悔不當初。「六二」看「九五」，不管是哪行哪業的「九五」，他看著總覺得完美，等到深入接觸之後發現不是偶像，而是天天要嘔吐的「嘔像」，那就糟糕了！孔老夫子感慨說：「唯女子與小人難養也，近之則不遜，遠之則怨。」大概也是因為「闚觀」的原因，所以距離感很難掌握吧。

三爻：突破瓶頸

六三。觀我生，進退。

〈小象〉曰：觀我生進退，未失道也。

「六三」是「觀我生」，第五爻也是「觀我生」，但「六三」是觀小我，「九五」是觀大我。就像蒙卦的「童蒙求我」，求的是大我，是自性的覺醒。人都是小我跟大我、小宇宙跟大宇宙的組合體。人生下來從牙牙學語開始，就把自己作為一個研究的對象，這就叫「觀我生」。把自己的生命當作觀察、學習的對象，深入觀察其中的意義，諸如成敗得失、禍福吉凶、出處進退等。此時因為「觀」的工夫還不夠，道行不夠堅定，所以「六三」的「觀我生」，就面臨「進退」的檢驗。要進，就得更上一層樓，進入上卦的觀；如果缺乏向上的契機，就有可能退化成「闚觀、童觀」。也就是說，進退未定，可進可退。所以「六三」正處在從內卦到外卦、下卦到上卦的瓶頸。人都是從「觀我生」走過來的，「觀我生」的結果就決定你最後的修為。用心、認真觀，你可能向上提升；馬馬虎虎，天天抱怨、煩惱，可能就會沉淪下去。

「觀我生，進退」是芸芸眾生都要面臨的修行瓶頸，說明人生的「觀」並不容易；越到高處越不容易，要有因緣，還要有資質，可能還要好幾世的善根。所以〈小象傳〉還是很包容，它說：「觀我生進退，未失道也。」「未失道」即沒有偏離道，人都是透過進進退退的學習，最後脫穎而出。當然也有很多人沉淪了，一輩子上不去。可是追尋真理的人，都是從「觀我生」開始的，觀察自己的生命變化，在憂悲煩惱中追尋真理的光亮。其中一定有瓶頸，不見得每天都是進步的，也可能一輩子都上不去，但只要「未失道」，大方向沒錯，就不會有大問題。由此看來，觀卦〈小象傳〉從初爻到三爻依次是「小人道也」、「亦可醜也」、「未失道也」；並沒有說這個不行、那個太差，都很溫存、很包容。尤其修到第五爻觀大我之生，佛菩薩現身說法，隨時可以化成兒童身、女人身，而且還表演得非常像，可以跟「闚觀、童觀」打成一片。所以第五爻的「觀」不是把前面的「觀」都拋掉、切斷，而是包容下面所有的「觀」。它的「大我」可以隨時化身為無數的「小我」，用通俗法渡眾，對「童觀」、「闚觀」和「觀小我之生」的人充滿悲憫心，設身處地了解眾生的想法，再設教解決眾生的問題。所以在佛教中，眾生無法了解羅漢，羅漢無法了解菩薩，菩薩無法了解佛，佛卻可以了解一切眾生。

「六三」爻變是漸卦（䷴）。觀卦三、四、五、上爻構成的卦中卦也是漸卦。漸卦是循序漸進、團隊修行。「六三」成為漸卦初爻，已經脫離、擺脫了「童觀」跟「闚觀」的觀點，進入「觀我生」的大門；再往上修，一定是循序漸進，而且最好是共修。修得好，就有機會往前進，修得不好就有可能退轉。

「六三」這個瓶頸給我們很大的啟示，不光是修行，人世間很多專業訓練都有瓶頸，像我在大學時代常爬山，行前集訓是每天晚上到台大運動場跑一萬米，跑得氣喘吁吁還要唱山歌。剛開始大家都覺得很不錯，但感覺體力好起來之後，大概一兩個星期就出現瓶頸了，每個人跑起來都是一副累得要死的樣子。現在看來其實很正常，那就是學習的瓶頸，就看你能不能突破？如果半途而廢，那就很可惜了；要是熬過那個階段，後面就會突飛猛進，整個學習曲線就拉上去了。這就是「觀我生，進退」。是進是退，就看各種因緣，看你是否堅持不懈、終日乾乾。因為這是正常現象，「未失道也」，大家都會遇到這個階段，突破就好了。

四爻：周遊列國

六四。觀國之光，利用賓于王。

〈小象〉曰：觀國之光，尚賓也。

第三爻的「觀小我之生」進入第五爻的「觀大我之生」，中間必經的階段就是通過「六四」的歷練。這是上卦巽從「觀小我」的三爻進化到「觀大我」的五爻的關鍵位置。第四爻的歷練就是到處跑，「觀國之光，利用賓于王」，開拓視野、增長見識。

「觀小我之生」視野局限在一個人或身邊少數人，看到的事物雖然有一定的代表性，但規模太小、見識太淺，沒有世界觀；一旦進入上卦、外卦，視野大開，可以「觀國之光」。一個稱之為光明之國的國家，可以是政治之國或文化之國，也可以是佛法之國或上帝之國。「六四」陰承陽、柔承剛，有機會在「九五」身邊深入觀摩學習。「九五」就是「國之光」，就是整個「觀」的專注點。「六四」處在這麼好的一個位置，可以接觸到第一手資料，不像「六二」是「闚觀」，只是據守在一個小地方，遙遙地看著「九五」；如同現在的網路函授，學的就可能很片面。「六四」隨著上卦「九五」的風，不但可以全面觀察他的傳道授業，連生活都是「觀」的對象。

「利用賓于王」，即利用「觀國之光」；做「九五」的客人，見其「宗廟之美，百官之富」，並得到智慧的啟發。「六四」就像留學生一樣，到國外去「觀國之光」。玄奘不辭勞苦去印度就是如此。那時唐朝政府還不准擅自西出，玄奘為了接觸佛學原典，只好偷渡出境，成為中國歷史上最艱苦卓絕的留學生，而且是有大成就的。學成歸國後，受到唐太宗的隆重歡迎，並且迎為國師。玄奘去印度是為了得到第一手的佛學典籍，就像「六四」要跟著「九五」轉，佛在哪裡，他就在哪裡，不辭勞苦，深入佛教聖地學習，這就是「觀國之光」。學成之後，「利用賓于王」，因為缺乏實務經驗，最好住下來做客人，把學到的理論知識跟生活實踐打成一片，知行合一，觀察「省方」的不同。畢竟留學國和祖國的風土民情不同，同樣需要「觀民設教」，所以要跟著「九五」再歷練幾年，「利用賓于王」，然後才可以把學到的東西落實，歸國後才能為祖國服務。正如〈小象傳〉所說的「尚賓也」，能把學到的東西發揚光大，也會受到地主國的尊重。玄奘就是很好的例子，他學成之後，受到印度佛界人士的崇敬。初唐四傑之一的駱賓王，名字就是從這個爻來的，意思就是要「賓于王」。

另外，「六四」這個爻也指出了人的心量要大，不要抱著狹隘的鎖國、本土觀念。祖國再好、本土情懷再深，這個世界畢竟還有很多值得觀摩學習的地方。學習他國的長處，並不是要出賣國家。當然，利用「觀國之光」的學習經驗，還要「賓于王」，徹底學透、學通了再回來。同樣的，我們也要歡迎外國人來向我們學習；「尚賓也」，對他客客氣氣、彬彬有禮。要「同人于野」，不要「同人于宗」，賓主關係處理得非常融洽。

秦朝統一六國之前，秦王嬴政因呂不韋事發，便下逐客令，驅逐六國門客，當時李斯也在秦國，他向秦王呈上《諫逐客書》，說明秦國之所以強大，都是善用外來人才；秦國宰相大都出於六國，都是一等一的高手，像商鞅是衛國人、李斯是趙國人。他在文中說：「是以泰山不讓土壤，故能成其大；河海不擇細流，故能就其深；王者不卻眾庶，故能明其德……夫物不產於秦，可寶者多；士不產於秦，而願忠者眾。今逐客以資敵國，損民以益仇，內自虛而外樹怨於諸侯，求國無危，不可得也。」意思就是說，善用外來人才，才顯得君王的氣魄，不管人才是哪裡的，只要能為我所用，不為敵人所用，競爭力才會強。否則就像「六四」爻一變為否卦（䷋），外來人才遭到排擠，此處不留爺，自有留爺處，賓主氣氛不和諧，「否之匪人，不利君子貞」，大家都儉德避難去了，最後是誰的損失呢？

有了周遊列國的歷練，學習眾家之長，「六四」這個客卿就可以好好幫「九五」做事，「利用賓于王」。

五爻：眾生皆我

九五。觀我生，君子无咎。

〈小象〉曰：觀我生，觀民也。

「觀我生」的「我」是大我，就如同「童蒙求我」一樣，求的是「大我」，不是「小我」。《金剛經》有「破四相」的說法，首先就是「破我相」，這也是「大我」。「觀我生」的意義太深了，絕對不是這個爻、這個位置的肉身小我，而是觀一切眾生，所以〈小象傳〉說「觀民也」。各地方、各階層的人民百姓、一切眾生，都是「觀」的對象。就如同「天視自我民視，天聽自我民聽」。不管政治、宗教等各種領袖群倫的人物，到這個境界的「我」，都是是觀一切眾生。這一切眾生也不一定是同一時代的，過去、現在、未來，甚至佛家所謂的累世累劫都包括在內。

「觀我生，君子无咎」，沒有講吉凶，可見觀卦五爻的修為境界已經超越吉凶，最後追求的還是心平氣和的「无咎」。

上爻：執迷狂熱

上九。觀其生，君子无咎。

〈小象〉曰：觀其生，志未平也。

上爻叫「觀其生」，和五爻一樣，結果也是「君子无咎」。「其」是自己的意思。不過「上九」有點走極端了，境界雖然不錯，但如果要把自以為是、孤芳自賞的觀念推行到全世界，要求眾生都得跟隨，而且還跟「九五」計較誰的追隨者比較多，那就難免偏頗了。

「九五」的「觀我生」境界開闊；「上九」的「觀其生」，又鑽到牛角尖了。智慧、成就雖然很高，但不見得人人都能接受。從思想境界來講，「上九」的追求可謂是無怨無悔，所以也是「君子無咎」，這個成就我們要尊重，但他並不是心平氣和的。所以〈小象傳〉說：「觀其生，志未平也。」「觀」到最後物極必反，如同執迷狂熱的宗教狂，很可能就會啟動下面的噬嗑卦（䷔）。它跟誰「噬嗑」？跟「九五」。因為「九五」比較適合大家走的路子，「上九」一看大家都崇拜「九五」，他就「志未平」，這就很要命了。人生修到上爻確實不容易，但起心動念擺不平，還有貪嗔癡慢疑的執著，下面就會啟動噬嗑卦的鬥爭。

換句話說，「九五」絕對是「志平」，心平氣和；「上九」就是心態不平衡，「志未平」。修到這麼高，卻沒有修到究竟。人爭一口氣，佛爭一炷香。「上九」跟「九五」這兩個佛，就因為「上九」不服「九五」，一念「志未平」，就啟動「噬嗑」的殺機，好可怕。佛會一念成魔，就因為嗔心放不下。「上九」不正是「亢龍有悔」的位置嗎？爻一變就是比卦（䷇），是不是要跟「九五」較量呢？反倒是「九五」根本就沒有爭較的心，他「觀民」都來不及呢。

在政治領域也是一樣，「九五」是在位的老大，「上九」是已經去職的大老，結果「志未平」，老覺得自己不比「九五」差，怎麼莫名其妙就被取代了！這下心著了魔。爻辭雖然說「君子無咎」，肯定他的成就，但畢竟過氣了，俱往矣，如果不能無爭，上爻的「觀」跟五爻的「觀」就得鬥爭，下面的噬嗑卦正是這麼來的。所以人修到最後，發現「志未平」，就不是好的指標。怎麼就擺不平這個東西呢？如果還爭，下面肯定就一塌糊塗。

占卦實例1：「大衍之術」電腦化等

第一個占例是觀卦上卦四、五、上三爻全變，下卦二爻變，四爻齊變，變成解卦（䷧），第四爻是宜變之爻。四爻齊變，說明觀察得到正確的解釋，得其正解。這是什麼問題呢？就是關於一個學生把「大衍之術」寫成電腦程式，然後占問這個方法好不好？占出來的卦象很客觀，第四爻是「利用賓于王」，公正客觀；四個爻的爻變是解卦，透過觀察的方法，得出來的結果能夠得其正解，後來這個程式的測試結果大致都是不錯的。

另外一個占例是觀卦的初爻、上爻動，從初六的「童觀，小人无咎」，到上爻「觀其生，君子无咎」。觀卦初爻到五爻或上爻，都是從「小人无咎」進步到「君子无咎」，一步步提升。初爻是「君子吝」，「小人无咎」。觀卦初爻當然比較幼稚，上爻就容易犯「志未平」的偏執，兩爻動變成屯卦（䷂），回復到小幼苗的狀態。這是問做過八年宜蘭縣長的游錫堃資質才具如何？《易經》不會講好聽的，評語就是觀卦的「童觀」跟「志未平」。如此，想要居高位而有好表現，當然不容易。

再有一個占例是觀卦三爻、五爻動，齊變有艮卦（䷳）的象。三爻和五爻同功而異位，由「觀小我之生」，由內而外提升到「觀大我之生」，兩爻都動，由內而外，由下而上，就有艮卦的象；說明有阻礙，要突破這個阻礙，就要「時止則止，時行則行，其道光明」。這是關於巫和懋教授去北京大學發展的象。後來的發展確實不錯，這一點是大家有目共睹的。

占卦實例2：往後一千年中華文化的發展

二〇一一年元月下旬，北京天安門廣場側樹立了孔老夫子的青銅雕像，其含義耐人尋味。不管人世政治變幻的紛紛擾擾，這位儒學大宗師的地位似乎無可動搖。「五四」時代喊出「打倒孔家店」的喧囂口號，「文革」時的嚴峻批孔，而今峰迴路轉，又快成了「打掃孔家殿」了！遍布世界的孔子學院，作為中國影響力的象徵，應該還只是個起步。我占問往後一千年中華文化發展的前景，得出觀卦「九五」爻動，有剝卦之象。「九五」爻辭稱：「觀我生，君子无咎。」〈彖傳〉讚譽：「大觀在上：中正以觀天下：聖人以神道設教而天下服矣！」〈大象傳〉稱：「風行地上，先王以省方觀民設教。」中華文化雖然歷經劫難，剝極不斷來復，在人類文明的歷史長流中，永遠居至高無上的地位，影響深廣無極。

占卦實例3：卦氣圖可信否

二〇一一年五月上旬，我問《易》中卦氣圖可信否？得出觀卦「九五」爻動，有剝卦之象。爻辭稱：「觀我生，君子无咎。」〈大象傳〉稱：「風行地上，先王以省方觀民設教。」〈彖傳〉又稱：「觀天之神道，而四時不忒，聖人以神道設教而天下服矣！」字字句句，扣準了一年中時氣的循環往復，而當時製作卦氣圖的聖人，觀察天象的精準到位，真令人佩服。觀卦當陰曆八月，剝卦為陰曆九月，「遇觀之剝」，本卦、之卦又恰好為消息卦，更具說明效果。

占卦實例4：《易經》本身究竟否

二〇〇九年十月上旬，我針對一些大宗教教旨是否究竟，作易占探測，最後問《易經》本身究竟否？得出觀卦五、上爻動，齊變有坤卦之象，「九五」值宜變為剝卦。觀卦君位「大觀在上，中正以觀天下：觀天之神道而四時不忒，聖人以神道設教而天下服矣！」爻辭稱：「觀我生，君子无咎。」剝極而復，掃除表面的迷霧假象，直探真理的核心。除「九五」外，也包容「上九」「觀其生」的見解，並行不悖，萬物並育而不相害。

割喉競爭——噬嗑卦第二十一（䷔）

觀卦中的「大我」與「小我」

在進入噬嗑、賁（䷕）兩卦之前，觀卦還有些需要補充的，包括占象。觀卦因為涉及宗教的終極關懷和人生觀照的問題，還有很多值得再講一講。首先就是君位的「觀我生，君子无咎」。三與五同功而異位，觀卦「六三」跟「九五」都是「觀我生」，這個「我」就有本質的差別。三爻在下卦、內卦，「我」是偏於小我，因為人勢必要從自我觀照開始反芻自己的生命經驗，但這個檔次還不夠，必須到第五爻登峰造極的君位時，把這個「我」提升為「大我」，才有更開闊的眼界。所以從三爻到五爻，是從「觀小我」提升到「觀大我」，視野大不同，爻辭體證的境界也不同。「觀小我」的時候進退未定，退則回到「童觀、闚觀」的婦孺之見；若能進到第五爻，則是「君子无咎」。《繫辭傳》說「《易》之道」就是「懼以終始，其要无咎」。《易經》的終極目的就是追求「无咎」。觀卦第五爻大道之行，第六爻曲高和寡，都是「君子无咎」。三爻跟五爻的差別就在這裡。所以，第五爻可說是觀音法相，「觀」的法門修到了最高境界。

觀卦上爻太過頭了，物極必反，所以「志未平」；自己的心念都擺不平，陷入自我執迷或宗教狂熱，甚至要求其他人配合。「九五」心量大，根本不在這方面計較；可是「上九」看大家都拜「九五」，不拜他，佛爭一爐香嘛！尤其他嗔念未消，要跟「九五」比苗頭，比誰的「觀」比較偉大，可以風行天下，所以「上九」爻一變就是互相較量的比卦。世間很多紛爭就是這麼來的；因為想法、觀念、教義的不同而起紛爭，甚至血流成河，釀成宗教戰爭。觀卦的一念不平，往往導致噬嗑卦慘烈的人間鬥爭。

歷史上最大規模的宗教戰爭，莫過於十字軍東征，直到現在，基督教世界跟伊斯蘭教世界的戰爭仍未歇止，美國和伊拉克之間的緊張關係就是。臺灣社會這二十年來也受到「統」觀與「獨」觀的政治鬥爭撕裂，雙方搞得你死我活，勢不兩立。

《高島易斷》

日本明治維新時期有一本書叫《高島易斷》。這本書是日本以占卜參政的易學奇人高島吞象的畢生巨著，百餘年來以英、漢等多種文字流傳世界，是一本專寫斷占的書。因為他易占神準，包括甲午海戰及跟清朝、俄國、美國等國的軍國大事，還有日本商界的一些事情，他都斷得奇準。他把六十四卦三百八十四爻從頭到尾做了大致說明，然後哪個卦哪個爻適用於諸如感情、疾病、升遷、事業等種種變數；幾乎每個卦、每個爻都有實例，像工具書一樣方便查考，所以這本書當時在日本是很有名的。

斷占很難，高島基本上斷得還不錯，但他有個嚴重的弱點，就是他的寫法只有一爻變，沒有多爻變的例子。多爻變就是有四千零九十六種情況。我一再強調，人一輩子、連別人的經驗在內，也無法都經歷過四千零九十六種情境，有三分之二就不錯了。所以，用易占處理人世間的變化，怎麼可能都是不變的卦或只動一個爻呢？他當時到底是用哪一個方法占卦？這就很成問題了。如果是用「大衍之術」，動兩爻以上的比比皆是，意義就豐富多了，斷占也難多了。高島則只有一爻變，根本不符合實際狀況，真實人生哪有這麼安靜的？

噬嗑、賁二卦的互動關係

噬嗑卦、賁卦這兩個卦很豐富，也很實用。前面學過的卦中，同人、大有二卦在實際人生中較少碰到，因為它只是個理想而已。師、比二卦和噬嗑、賁二卦則無時無刻不在實際生活中發生，諸如職場、商場和政界的鬥爭。噬嗑卦如叢林法則，是血淋淋的霸權與吞併，適者生存；但另一面的賁卦，有文飾包裝的意思，是冠冕堂皇的官樣文章，專講好聽的話。要了解賁卦，「官樣文章」四個字是很精確的，它可能實質上是在進行噬嗑，在人吃人的世界裡大吃小、強凌弱，可是外面看到的卻是賁卦的假象；明明是赤裸裸的權力鬥爭，外表卻用美麗的謊言將它美化、合理化。像師卦、比卦有時分明是侵略戰爭，卻講成是為了促進「大東亞共榮圈」而發動聖戰；把骨子裡的「噬嗑」用賁卦的文飾包裝加以美化。

賁「字」下面是「貝」，代表錢；上面就是花卉的「卉」，花團錦簇，代表花言巧語。所以賁卦是很漂亮的卦，不僅財帛動人心，還把漂亮的花擺在最顯眼的地方；有美麗的表象，但金玉其外、敗絮其中，裡面是醜陋的「噬嗑」鬥爭。這就有點軟硬兼施的意思了。「賁」是軟工夫，先軟化你的抵抗意志；「噬嗑」則是生吞活剝。「噬嗑」二字一看也知道，張口大咬，就像叢林猛獸捕殺小動物。從養生學的角度，「噬嗑」就是不懂得細嚼慢嚥，於養生不利；叢林猛獸捕殺到小動物就要趕快吃掉，不然就會被旁邊的搶走，所以消化不良。這些都是必須知道的自然現象。尤其經過前面觀卦的訓練，對噬嗑卦的自然法則更應有深入的理解。

「噬」是張口大咬，「嗑」就是咬合、吞併；說難聽點，就是「吃人不吐骨頭」。因為想掩飾犯罪證據，一口咬下去，馬上合起來吞進去，徹底消滅對方。這是咬牙切齒、面目猙獰的樣子，完全是獸性的表現。如果光是「噬」而「嗑」不起來，還留一半在外面，嘴巴上還帶著血跡，那就不徹底了。很多鬥爭一口咬下之後，一定要能合得攏，整個吞掉；如果只吃一半，沒辦法消化，卡在那裡就很難過了。商場併購、國際間的弱肉強食都是「噬嗑」；將對方整個吞下去後，變成自己的一部分。如果吃也吃不下、吐也吐不出來，那就苦了。所以「噬」一定要保證「嗑」，才能真正達到目的。這就要先知彼知己，不能張口就咬，萬一肉很硬，嗑了牙或吃不掉怎麼辦？鹿死誰手還不知道呢！萬一咬錯了對象，惹到強敵，不是給自己找麻煩嗎？到時不但搞得灰頭土臉，甚至被對方「嗑」了。所以任何鬥爭不是勢均力敵，就要懸殊大到保證可以把對方吃掉。不然像蛇吞象就很危險，你是小的，還要去咬大的，不是給自己找麻煩嗎？把人家吃下去，變成我的一部分，那才叫「嗑」。「噬」字的另一邊就是卜筮的「筮」，所以在張口大咬之前，最好先占一卦掂量掂量對手的強弱，不能亂咬。蒙卦找老師，要「初筮告」；比卦交朋友，要「原筮，元永貞」。這兩卦就強調，要選擇良師益友這人生最重要的關係，都要用占卦來決定；那麼現代社會的政治、經濟鬥爭，更是無硝煙的生死相爭，那就更要問一問對手的實力了。否則，主觀認為可以吞得下來，結果反而被吞，那不是大大失算了嗎？

噬嗑卦、賁卦的宇宙自然現象

對初學者來講，噬嗑卦和賁卦其實是比較難懂的卦，因為都是三陰三陽的卦，陰陽之間實力相當。六十四卦中有十組卦是三比三的卦，之前學過的泰卦、否卦、隨卦、蠱卦都是。三陰三陽的卦因為關係複雜、變數很多，卦的結構很值得玩味、分析。泰（䷊）、否（䷋）二卦的陰陽是完全分開的，三個陽在一起，三個陰在一起，雖然它們是在泰極否來的大環境中進行天地、剛柔、乾坤、父母之間的大規模互動，但陰、陽不相雜。除此之外其餘九組三陰三陽的卦，全是陰中有陽、陽中有陰。這種陰陽互動、裡應外合的情形就更複雜了。這些特殊的結構可以鉅細靡遺地顯現宇宙、自然、人世間很多複雜的情狀，很值得推敲研究。

火雷噬嗑和山火賁是一體的兩面，這種現象到處可見，除了政治鬥爭、自然叢林，甚至整個宇宙都是如此。「噬嗑」是殘酷殺戮、一爭勝負的象；只講輸贏，不一定有真理，信奉「成者為王、敗者為寇」的教條。像叢林中的兔子碰到老虎，就得天天面臨「噬嗑」的恐懼；還有很多有毒的菌類和花草，甚至有些食人花、食人草，外表是鮮豔的賁卦，不明內情的人一不小心就被「噬嗑」了。此外，宇宙星雲中也有噬嗑、賁的一體兩面。不要以為燦爛的星空好漂亮，星雲也會吞噬星雲，大的星系也會吞噬小的星系。

熟悉這兩個卦之後，看到任何「賁」的豔麗外表時，就得特別小心，別讓它的另外一面——兇殘的「噬嗑」把你整個吞了。要知道色相的誘惑如刮骨鋼刀，一旦被「賁」的色相所惑，就得面對殺機重重的「噬嗑」。

噬嗑卦的結構

噬嗑卦（䷔）的象其實很簡單，我們可以把它看成是一個頤卦（䷚），只是中間多了一個第四爻的陽爻而已。頤卦就是一張大嘴，頤卦第四爻的位置如果卡了一根東西，就是「噬嗑」。頤卦是動物吃東西的象，因為肚子餓，中間四個陰爻都是空的，代表空腹，所以它就要「求口實」。頤卦的象惟妙惟肖，中間四爻就像牙齒，咀嚼的時候上顎不動、下顎動，所以下卦「震」，上卦「艮」，上止下動，是典型的咀嚼的象。頤卦有養生的意思，也象徵生態圈；養生就要維持營養均衡，生態圈就要保持相生相剋的動態平衡。所以不論是政治生態、商場生態、官場生態、金融生態、國際政治生態、叢林生態，都有像食物鏈一樣環環相扣的密切關係，一定要保持平衡，否則就會釀成災難。二十一世紀比二十世紀要面對更嚴峻的自然生態破壞，最明顯的就是北極冰融，以及隨之而來的氣候惡化危機；但人類社會爭權奪利的鬥爭卻方興未艾，俄國、英國、美國的北極爭霸戰已經是戰鼓隆隆。以前冰天雪地交通不便，冰層底下豐富的資源開發不易；現在冰融了，交通無礙，「噬嗑」的狼子野心馬上被挑起來。生態破壞的嚴重惡兆已經是一個「噬嗑」，沒想到卻又啟動另一個「噬嗑」的資源爭奪。這就是現代世界的麻煩。就算沒有發動戰爭，光是北極開發就會對地球生態造成可怕的掠奪與殘害。這些都是觸目可及的「噬嗑」，值得我們用《易經》的思維深入分析。

一張血盆大口，滿口獠牙這麼咬下去，那就是「頤」，要吃飽、滿足口腹之欲。但「噬嗑」遇到麻煩了，第四爻卡了一根魚刺在喉嚨。頤卦中間本來是虛的，很暢通，沒有問題；可是噬嗑卦在關鍵的第四爻出現極強的障礙，如鯁在喉。就像我們想做一些事情，有人故意搗蛋、抗爭，如眼中釘、肉中刺，為了要除掉障礙，就會啟動劇烈的鬥爭。兩派之間的殘酷爭鬥，就是噬嗑卦的象。如果你牙齒夠硬，把它咬斷，甚至靠你的胃把它消化了，那你就贏了；如果它比你還硬，你的牙齒可能會崩掉，你就被它滅了。這就是「噬嗑」的後果。

我們說「噬嗑」是軟硬兼施的鬥爭；其實，說成是「割喉競爭」恐怕更為貼切。所謂的叢林法則，就是勝負、輸贏的後果截然不同；因此明知不好，為了求勝利、求生存，就一定要夠狠才行。就像臺灣二〇〇四年的選舉，陳水扁為了爭取競選連任，他的競選軍師邱義仁就赤裸裸地講出「割喉競爭」這樣的話來，絲毫不掩飾。那不就是「噬嗑」的象嗎？是怎麼割喉的呢？等到進入噬嗑卦的爻辭就會徹底明白了。用比較通俗的例子來說，「噬嗑」就好比錢跟權，一手拿刀，一手拿鈔票，能收買的就收買，不能收買的就剷除，這就是割喉割到斷，見血封喉。我以前在職場做總經理的時候，有一年算公司的氣運，結果是完全不變的噬嗑卦，那一年就是鬥爭年，你喜不喜歡鬥是一回事，人家找你鬥你怎麼辦？所以我們多多少少還是要學一點鬥爭的智慧。人不犯我，我不犯人；人若犯我，我必犯人。人在這個世界上的生存之道，你至少要看得懂，不然怎麼死的都不知道。

佛皮魔骨

噬嗑卦的假象就是賁卦，怎麼看得出來？其實，就連觀卦的修行裡面也有很多是假象。從噬嗑卦和賁卦來看，你外面看到的可能是「賁」的法相莊嚴，骨子裡卻是魔，是「噬嗑」。這就是典型的佛皮魔骨。這在佛教所謂的末法時期尤其多。《楞嚴經》就記載有五十種魔相，你要是不研究透徹，那不是隨時都會著魔嗎？《西遊記》裡面很多妖魔鬼怪，像白骨精、蜘蛛精，外面都很漂亮，裡面卻是要吃唐僧肉的。成語口蜜腹劍、笑裡藏刀，也是噬嗑、賁卦的象。所以人生要審慎，在「匪寇婚媾」的時候，還要懂得什麼叫「噬嗑」，還有它跟賁卦的假面關係。當鬥爭不可免時，至少要「防人之心不可無，害人之心不可有」；因為很多人外表看起來挺像樣，有頭有臉，上得了枱面，但裡面往往是貪嗔癡俱全的「噬嗑」。

成人世界之所以不可愛，就是大家多少都戴著假面具。古人說「逢人只說三分話，未可全拋一片心」，這就告訴世人要自我防衛，那就不像小孩子的世界了；是由「屯」入「蒙」，最後發展到第二十一卦噬嗑卦和二十二卦賁卦，人人都戴著假面具。面對形形色色的假面具，其中有沒有真正的情誼、是不是具體可信，就需要花費心思研究了。就像我在講師卦的時候說，師卦絕對看不到「孚」字，在生存鬥爭的師卦，兵不厭詐最重要，不可能講誠信；跟敵人講誠信，就是對自己殘忍。到了比卦，第一爻就要恢復「孚」字——「有孚盈缶」。師卦之前的需卦、訟卦都有「孚」字，一旦「孚」不管用，進入師卦，就要講究欺敵、詭詐之術。所以師卦裡面沒有「孚」字，噬嗑卦和賁卦也找不到「孚」字。

有時候人在社會上，尤其在重要的位置上，真得多準備幾張臉，見人說人話，見鬼說鬼話；見到佛就像菩薩，見到魔鬼就擺出更凶惡的臉。像清末的曾國藩，他算是讀書人裡面軍國大事搞得頗為成功的一位。一般讀書人都沒膽，但曾國藩卻能從一無所有到最後的功成名就。曾國藩的「挺經」就是「噬嗑」；兩虎相爭，勇者為勝，誰有最強的毅力挺到最後，就可以贏得勝利；要是意志不夠堅強，在「噬嗑」的重重殺機中軟弱、放棄，很可能就被消滅了。

其實，也不能只有堅強的鬥志這一面，還要有賁卦的化妝術；跟形形色色的人接觸，得有好幾張臉。這有點像蒙卦的「包蒙」和「擊蒙」。「包蒙」如菩薩低眉、慈眉善目，一轉臉變「擊蒙」，就是怒目金剛。所以看面相很難，畫虎畫皮難畫骨，但中國很早就有發展成熟的相術，因為相隨心轉，心要是壞了，面相多多少少會顯現出來。像現在流傳很廣的《冰鑑》，是中國相面術很實用的一本書。透過面相術，就能把對方掌握個七、八分；再加上人生閱歷夠豐富、心思夠清淨，就可以從面相洞察人心。如果心思不清淨，就是有再好的相面術也容易被誤導。據說《冰鑑》一書跟曾國藩有關，其實並不是他寫的，只是多多少少跟他的日記、文章有關，而且他在用人方面得益於相人，尤其亂世用才，容不得長期考察，從面相識人就很重要了。《冰鑑》談得很細，雖然不是那麼容易掌握，但有些觀人的法則還是很值得借鑑。

頤卦、噬嗑卦、賁卦的生態世界

噬嗑卦、賁卦和頤卦的生態有密不可分的關係，噬嗑卦第四爻的那根魚刺，這個鬥爭高手爻一變就是頤卦，表示這是一個鬥爭的生態；而且不止一個生態，結構複雜得很。像噬嗑卦初、二、三、四爻構成的卦中卦也是頤卦。可見充滿鬥爭的噬嗑卦跟頤卦有密切相關，只是噬嗑卦中間有障礙，可謂是生態中的生態，鬥爭中又有大鬥爭、中鬥爭、小鬥爭。另外，賁卦之中也有頤卦，只不過是卡在第三爻。「三多凶，四多懼」，所以在噬嗑卦、賁卦的世界中，都指向多凶、多懼的人位第三爻、第四爻，提醒你人生處在這樣的生態中該怎麼定位、怎麼應付周遭的狀況。

賁卦就像個舞台，生旦淨末丑，每個角色都有。賁卦也和噬嗑卦一樣，三、四、五、上爻構成的卦中卦也是頤卦，也有生態中的生態，重點在第三爻，而且屬於高層的上流社會，頤中之頤，大家假來假去，很重視外表的好看。

很多人會以為賁卦盡是文過飾非，一定是很糟糕的卦，其實未必。任何一個卦都有光明面和黑暗面。賁卦往好的一面發展就是人文化成，尤其賁卦〈彖傳〉就為賁卦翻案，人文化成有什麼好處呢？就是面對「噬嗑」，必須要以文化教養，化解人本身作為動物的殺戮劣根性；化解獸性、建立人性。也就是說，「噬嗑」的狀態刺激人痛定思痛，所以要用文化的力量和教養的手段進行有效的抑制，這就是賁卦的正面作用。其實，噬嗑卦也有正面的作用，這一點稍後再講。所以對任何一個卦都不要有成見，有時強調正面，有時強調負面，要從全方位的角度考量一個卦。

賁卦有文飾包裝的意思，又有人文化成的建設；既有負面的裡外不一，也有美麗的外在形式。是不是文質彬彬，或是文勝於質、質勝於文？所以不可輕視賁卦對商場的作用。商場要重視企劃行銷，行銷就要包裝，完全不包裝的東西恐怕很難賣得出去。西方的選舉也重視包裝，甚至還有專門負責包裝的團隊。但若只有包裝，沒有實質的產品內容，可能也很難銷售，所以外在形式跟內在本質的比例均衡就很重要。另外，若對美學有興趣，賁卦也值得研究。賁卦就是《易經》裡面的美學思想，因為它重視裡外的配合，不是徒有空洞的外表，這裡就有三陰三陽均衡互動的問題。這也是《易經》研究比較遺憾之處，《易經》中的美學思想非常豐富，但海峽兩岸的學者對於賁卦所蘊含的美學思想至今尚未深刻挖掘。

從卦序上講，因為臨（䷒）、觀（䷓）的角度不同，啟動「噬嗑」的鬥爭與殺戮，然後又經過賁卦的粉飾，下一卦就是剝卦（䷖）。剝卦是指瀕臨毀滅。如果一個社會、一個生態一天到晚鬥、殺、拐、騙，講得十分動人，骨子裡卻爛透了，這個社會一定會走向剝；因為資源都被掏空了，肯定會走向毀滅。在漫長的地球發展史中，一定發生過很多次生物大滅絕。剝卦是下卦坤、上卦艮，地上沒有生命跡象，一切都停止了，岌岌可危。剝的原因就是噬嗑和賁。過去二十年，臺灣的政治鬥爭就常出現噬嗑卦、賁卦跟剝卦的象；天天內鬥、內耗，讓社會資源消耗殆盡。

〈序卦傳〉、〈雜卦傳〉看噬嗑、賁二卦

〈序卦傳〉說：「可觀而後有所合，故受之以噬嗑。嗑者，合也。物不可以苟合而已，故受之以賁。賁者，飾也。致飾然後亨，則盡矣，故受之以剝。」〈序卦傳〉永遠是言不盡意，我們還是從卦本身去理解它。「可觀而後有所合，故受之以噬嗑。」人家對你垂涎三尺，因為你擁有可觀的資源；要奪取這些資源，再二合一、消化變成我的，就出現「噬嗑」的象，所以「嗑者，合也」。「噬嗑」的「嗑」就是「合」，你的變成我的。「物不可以苟合」，「苟合」很難聽，所以要包

裝、要粉飾掩蓋，「故受之以賁」；「吃相」不那麼難看，人家就不會提防你。「賁者，飾也」，文飾、包裝，「致飾然後亨，則盡矣。」包裝是必要的，如果不重視包裝，女人的化妝業就不能生存了。但是淡妝很美，濃抹就太過了，「致飾」就是過度包裝。包裝可以創造亨通，但如果盡做表面文章，「文勝於質」，沒有實質的分量，即使亨通，也很有限，總有一天會用完，「故受之以剝」。這就是最簡單的卦序關係。

再看〈雜卦傳〉：「噬嗑，食也。賁，无色也。」〈雜卦傳〉的境界高，既指出現象，更指出對策和終極境界，這兩個卦又涉及食與色的問題。「飲食男女，人之大欲存焉」，這是自然的生理需求。我們在講需卦的時候就講過飲食宴樂，需卦表面講飲食，同時也指男女生而有之的基本需求如何滿足、如何平衡。噬嗑卦跟賁卦就專談食色的問題。噬嗑卦當然是食，而且偏吃肉不吃素；為了生存競爭，不惜殘酷殺生。賁卦當然是「色」，它本身就是五顏六色的色相，亦即佛家「五蘊」——「色受想行識」的「色」。這個色相不一定講男女，包括一切色相，只要是誘人的名、利、權、位都是。值得深思的是，〈雜卦傳〉為什麼要講「無色」呢？賁是色，但是人不能只看到它的色，不然就會沉溺其中。所以人要有本事在面對「色」的時候有參透色相的本質，不受引誘而致沉淪。能做到這一點，「色」就彷彿不存在，這就是「无色」。正如佛教《心經》講的「色即是空，空即是色」，色、空不二。賁卦對色相有全面的探討，講到具體的卦爻時我們再詳細闡述。

噬嗑卦的正面作用

「噬嗑」的人間鬥爭，有時候也是一種交易行為，好像做買賣一樣。商場如戰場，很多詐騙、作假的手法，所以要有公平交易委員會，用法規來規範交易行為。當今世界，權與錢的交易更加猖狂，不單是噬嗑卦的行為，甚至有賁卦在裡頭。有權的人想藉權牟利；有錢人想保護身家財產，就要跟權掛鉤，於是官商勾結。我在講蠱卦的時候就提過這個問題。尤其是高層的權錢交易，自古有之。歷代明君永遠要防範權錢用各種形式結合成共犯結構，所以要用很多法律規範。噬嗑卦其實有一個相當正面的行為，就是用立法權杜絕這些禍害。

〈繫辭傳〉關於噬嗑卦有這麼一段話：「日中為市，致天下之民，聚天下之貨，交易而退，各得其所，蓋取諸噬嗑。」「日中為市」是指噬嗑卦上卦是中午的太陽（離），下卦震是「萬物出乎震」，指芸芸眾生。「致天下之民，聚天下之貨」，從噬嗑的卦象即可得知，自古就有商業行為，貨幣發明之後就更興盛了。而現代國際商貿行為，在古人看來根本就是匪夷所思。「交易而退，各得其所」說的是互通有無的交易行為。在沒有貨幣之前是以物易物，拿自己有的去交換沒有的，市場的概念於焉形成。為了杜絕市場上的欺騙行為，所以要在中午的大太陽下交易。現在不是早市就是黃昏市場或超市，為什麼以前要「日中為市」呢？因為在中午的太陽底下不能作弊，像日中一樣光明，天日可鑑。這樣的市場也要立法管理，約束無法無天的鬥爭與掠奪行為，保證交易公平，才能招致天下各處的人在此聚貨交易，讓大家各得其所，「蓋取諸噬嗑」。所以噬嗑卦有立法的含義。

大概因為噬嗑太可怕，所以孔老夫子聖人胸懷，在〈繫辭傳〉中就把噬嗑的因果分析給我們聽：「小人不恥不仁，不畏不義，不見利不勸，不威不懲。小懲而大誡，此小人之福也。《易》曰：『屨校滅趾，無咎。』此之謂也。」「善不積不足以成名，惡不積不足以滅身。小人以小善為無益而弗為也，以小惡為無傷而弗去也，故惡積而不可掩，罪大而不可解。《易》曰：『何校滅耳，凶。』」噬嗑卦從初爻開始鬥，如果鬥性堅強，不能及時醒悟，鬥到最後就是噬嗑卦上爻的業障已滿，沒得救了。所以在初爻剛開始鬥的時候，若懂得煞車，知道鬥爭不是好路子，或者剛犯錯時施予懲罰，就有希望糾正過來。倘若放任、姑息，開始犯輕罪，後來就可能犯重罪；開始偷一點小東西，後來就可能殺人。孔子在〈繫辭傳〉中把這兩個爻擺在一起，和「履霜堅冰至」的意思是一樣的；初爻履霜不在意，積小惡為大惡，就會導致上爻的毀滅。

噬嗑卦卦辭

噬嗑。亨，利用獄。

接下來就是噬嗑卦的卦辭了。卦辭簡潔明確：「亨，利用獄。」從鬥爭的角度來講，把對方吃下來，即使中間卡了根東西，把它咬斷、消化，整個食道暢通了，生存發展就沒問題。也就是說，若將噬嗑卦「九四」這個從中作梗的人或競爭對抗的敵方剷除，你就吃飽、亨通了，所以爻一變就是頤卦。障礙疏通就代表贏了鬥爭，這就是「亨」。

立法鋤奸，也有一樣的效果。定罪、判刑，給予應有的懲治，讓原來窒礙不通的社會恢復亨通。但這畢竟是用劇烈的手段達成目的。所以「噬嗑」為了「亨」，打通一條活路，就得「利用獄」，使出嚴酷的手段。換句話說，這時候不能手軟，也不能心軟，非用嚴刑峻法不可。這就是噬嗑卦卦辭的基本意思。

噬嗑卦〈彖傳〉

〈彖〉曰：頤中有物，曰噬嗑，噬嗑而亨。剛柔分，動而明，雷電合而章。柔得中而上行，雖不當位，利用獄也。

「頤中有物」這一點我在上文講過，頤卦中間有東西卡著，使得通道受阻。「有物」就是指「九四」那一爻；「曰噬嗑」就鄭重其事告訴我們，一旦卦的結構是這個現象，有東西卡在那裡形成威脅，這就是一種噬嗑的情境，必須嚴正處置。「噬嗑而亨」，「而」是「能夠」。必須用剛烈的手段——如法律，達到「亨」的目的。一個社會不管是國內法或國際法，要用到這種手段的時候都是具有強制性的。可是為了維持社會安寧，就要用這種剛強的手法，「噬嗑」才能亨通。下面就是分析噬嗑卦的結構，這個分析看似簡單，但過去很多註解幾乎都錯了。「剛柔分，動而明，雷電合而章」，先分後合，這一點沒有疑問，要注意的是，合了之後還要能「章」——有章法結構，也有「明」的意思。如「含章可貞，以時發也」，這是坤卦第三爻的〈小象傳〉。「含章」是很含蓄的，不到發的時候就收斂起來，時候到了再發。所以坤卦第三爻的忍耐工夫很重要，爻變為謙卦

（䷔），最後「有終」，有好的結果；因為該忍的時候忍，該含蓄的時候含蓄，最後才能「章」。「噬嗑」是靠著非常嚴峻的法律手段或鬥爭手段，雷電交加，最後合了才「章」，恢復光明。

如果噬嗑卦跟法有關，那麼所有的法都得講究「章」。一部法令的頒布往往是由許多章節組成，第幾章第幾條第幾節；同時，為了彰顯正義，就要有明確的規定，所以法一定要明，不能含混朦朧。這都跟「章」有關。「雷電合」，一旦有人違法，就用最嚴厲的手段對付他；這麼一合，就像「噬嗑」張開大嘴、剷除敗類，讓社會秩序回歸正常，社會正義得以彰顯，而且完全按章行事。為什麼叫雷電呢？因為噬嗑卦的卦象是「火雷」，上卦離為火，下卦震為雷，在噬嗑卦的情境下，講火的意義就不如把它講成電，打雷與閃電往往相伴而生。雷電交加就很有威勢，這種大自然的威力，如同人間法律的嚴格性。對人的約束，就是「雷電合而章」，在嚴刑峻法面前，王子犯法，與庶民同罪。

「動而明」，一出手就造成明的結果，像法律手段、鬥爭手段，沒有把握時別出手，一出手就要造成明的結果。從卦象來看，下卦是震，是採取行動的；上卦是離，是光明。內動而外明，下動而上明，所以要看得準。鬥爭也是，千萬別咬錯，出手一錯就會遭到反噬；一定要做到狠、準、穩。還有，法律要給人判罪，就要罪證確鑿。可見，「動而明」強調的是「先下手為強」，是先動而後明。如果贏了，你找什麼理由都可以；「後下手遭殃」，如果想明瞭之後再動，結果對方先出手把你吃掉了。說到底，就是掌握先機，先動而後明，打了再說。這確實是人間鬥爭的實象。

「剛柔分」，指三陰三陽是分開的。注意「分」字，我在講同人、大有二卦時就引用過〈禮運大同篇〉的「男有分，女有歸」，指男人是一半，女人是另外那一半；然後二合一，才能變成一個完整的圓。春分、秋分就是剛好一半，所以「分」是陰陽各半。三陰三陽的噬嗑卦，剛柔勢均力敵，所以要小心剛柔之間的複雜關係。具體進入爻的世界，就得清楚分明，誰是朋友，誰是敵人，千萬不要誤判；有時朋友之中有臥底的敵人，有時敵人中說不定還有朋友，一定要分辨清楚。也就是說，要明辨敵我，誰剛誰柔，誰強誰弱；剛柔之間的配置、承乘應與的關係是什麼？在剛柔各半的總量管制之外還要細分，要有定性、定量、知彼知己。假定法律要判人罪，也要勿枉勿縱，「明鏡高懸」的上卦離，就如太陽高掛，不論下卦震採取什麼行動，都不會影響到太陽的光明。

另外，先分而後合，什麼時候才能合？就是可以收網了。收網前要撒網、佈網，到處搜證，最後發現可以收網了，就叫「合」。合之後就是「章」。所以人生很多行動都要先分後合，不能亂來。像屯卦的組織，「君子以經綸」，先分工再合作；公司要先分部門，然後還要串起來合作。先有分析的能力，然後再下綜合判斷。

「柔得中而上行，雖不當位，利用獄也。」〈彖傳〉接下來的部分就是很多註解出錯的地方。若未能深入了解卦爻，往往就會以為這一段好像在解釋「亨」和「利用獄」；而「獄」的嚴格手段可以成立，是因為卦的結構，於是「柔得中而上行，雖不當位」是「利用獄」的主體。在這樣的認知下，「柔得中而上行」，自然是指「六五」。它是噬嗑卦的君位，它得中，居上卦離的光明中心；「而上行」，往上爬到最高的位置，主持整個噬嗑卦。這一點講起來倒是對的。但後面的「雖不當位」，一般的解釋就說「六五」陰居陽位，是不當位，於是「六五」就「利用獄」。換句話說，整個噬嗑卦主導獄政、出手整治解決問題的就是君位的「六五」。這樣講就不對了。其實，不當位的爻不是「六五」，「柔得中而上行」講「六五」看起來沒有錯，但還有一個很重要的第四爻，才是典型的「不當位」。「九四」陽居陰位，整個卦本來好好的，就因為它卡在那裡，變成害群之馬，阻礙整個組織發展。「噬嗑」就是因為「九四」的不當位，讓整個局面都不暢通，導致消化不良。這樣一來，噬嗑卦的重點就是「六五」君位跟「九四」大臣之位。所以「柔得中而上行，雖不當位」是講「九四」，不是講「六五」。

對於當位、不當位的觀念，要有通盤的研究。一般來講，陽居陰位、陰居陽位叫不當位；可是當位還有狹義、廣義之分。嚴格來講，君位沒有什麼當位、不當位的，「九五」當位；「六五」其實也算當位，因為君位是有特權的，不管是「九五」還是「六五」，力量都很可觀。就像陳水扁，你說他是「六五」，說他不稱職、不當位，在他當權期間，你想要把他拉下台都很難。所以五爻必然當位，沒有不當位的問題。可見，「雖不當位」是講「九四」，不是講「六五」；這樣才能了解噬嗑卦的結構之妙，整個戲台就是「六五」跟「九四」一搭一唱的演出。表面看來「六五」跟「九四」之間有矛盾，是陰乘陽、柔乘剛，但他們是共犯結構，是權錢交易的核心，更是啟動整個噬嗑的罪魁禍首。任何一個藉著殺戮、掠奪而謀取利益的噬嗑卦，分到最多的絕不是小嘍囉，而是「六五」跟「九四」這些執政高層。所以噬嗑卦「六五」、「九四」兩爻齊變是益卦（䷩），是不是獲益最多？政治強權也是如此。當初陳水扁跟邱義仁聯手進行割喉競爭，才能獲取龐大的政治利益。「九四」負責執行，擺出一幅兇神惡煞的樣子；「六五」在幕後背書，這就是典型的共犯結構。

〈彖傳〉真是目光如電，直接指出噬嗑卦的結構要點。一個「六五」、一個「九四」這些，形成共犯結構、利益共同體。像在冷戰時期，美國跟前蘇聯兩大陣營並沒有打起來，可是有很多局部衝突還是發生了。美國的打手是誰？有時候是以色列，中東戰爭就是如此。真正衝出去幹架的是

「九四」，可是後面都有老闆「六五」撐腰。因為他們有共同的利益關係，如果打贏、鬥贏了，這個「噬嗑」二人組，就是最佳獲益者。

從立法、執法或宣揚正義的觀點來看，「六五」跟「九四」也必須分工。在民主國家，總統不可以干預立法、司法權，第五爻一定要在後頭，第四爻才是立法、執法機關。像美國總統可以提名大法官，但不可以干涉大法官。所以真正執行的角色是「九四」，不是「六五」。國家元首如果掌握立法權，可以「利用獄」，那還得了？別人都不要活了！掌握最高權力的人若可以立法，所有的法都扳不倒他，那不就形成特權了嗎？所以政法不分，後果就會很嚴重。公權力一定要能互相制衡，不管分三權、五權，都要有所規範，不能亂來。像鼎卦（䷱）的公權力就需要三隻腳，若只有一隻腳，非垮不可。這個思維並非近代西方才有，中國古代早就有了，只是沒有充分實踐。

噬嗑卦〈大象傳〉

〈大象〉曰：雷電，噬嗑。先王以明罰敕法。

我們看噬嗑卦的〈大象傳〉：「雷電，噬嗑。先王以明罰敕法。」敕令的「敕」，法制的「法」，果然把「法」提出來了。在自然界，噬嗑卦就是叢林法則；在人間，就具體落實在法律、法規上。「法」要明令公告，不容任何人侵犯、違背。上卦離是講究法律的法治社會，也是文明社會的指標；下卦震就要百姓通通依此行動。正是頒布法令讓大家奉行的象。我們上面說真正享有立法權的不是第五爻，而是第四爻，雖然第四爻不當位，不是真正掌權的最高領導人，但是他「利用獄」，由他來立法，法政分開，才合乎法治社會的精神；不然就是最高領袖獨裁專斷的「人治」社會。

噬嗑卦所強調的法治精神，在自由開放的社會是比較容易出現的。臨卦從蠱卦封閉、專斷、威權的體制中解放出來，然後慢慢衍生自由、民本的概念，並出現形形色色的觀點。這樣一來，強調法治的噬嗑卦，會在卦序中接著改革開放、言論自由的臨、觀二卦後出現，就顯得很自然了。開放自由的社會，勢必要用「噬嗑」的法制來要求、約束由臨到觀的自由尺度，這就得立法。若有違法情事，就要接受懲罰。這就是「明罰敕法」的象，很明確是要約束過度的鬥爭。很多政治鬥爭都把法律當成政爭的工具，像臺灣每逢選舉訴訟官司特別多，選舉完了就沒下文。大家在選舉中利用法律擾亂、甚至剷除強勢的競爭對手。這就說明法律如果不堅持司法獨立或立法尊嚴，就有可能淪為政治鬥爭的工具。所以噬嗑卦〈大象傳〉就明確告訴我們立法權的重要性，「明罰敕法」，要用法的公正嚴明約束鬥爭行為。

還有，林林總總的商業交易市場、金融市場、股票市場，都一定要有法的約束，不然就會一塌糊塗。只要跟權或錢有關，都容易滋生是非，產生欺詐不平。能保障大眾權益的就是法。越是凶險的地方，像噬嗑卦這種殘酷鬥爭的環境，越需要法來主持公道。所以「明罰敕法」不是道德勸說，而是要讓人知道不可以犯法，犯法之後絕不輕饒。

值得注意的是，〈大象傳〉講「先王」，跟前面的觀卦、豫卦、比卦一樣都是最高檔次的，所以立法權至高無上。比卦是「先王以建萬國親諸侯」；豫卦是「先王以作樂崇德，殷薦之上帝，以配祖考」；觀卦是「先王以省方觀民設教」。換句話說，比卦、豫卦、觀卦、噬嗑卦都不是一般君子的層次，而是「先王」的層次。「先王」是〈大象傳〉的最高檔次，不是人人可為、人人都有立法權。在代代相傳的古代政治，先王是創業立統的人物；「先王」立法，後人因為他的法嚴密周延，「後王」就繼承這個法，繼續依法執行。

「噬嗑」是立法權的象徵

這裡用的「敕」字，跟蠱卦的「蠱則飭也」的「飭」是不同的。蠱卦的「飭」是因為貪腐敗壞，所以要整飭綱紀。這兩個字都有嚴峻的意味。近幾個世紀以來，西方國家漸漸發展一個概念，認為公權力必須要分權，絕對不能統於一尊，否則就變成無可規範的獨裁。這個重要的概念於是發展出三權分立的理論。法國思想家孟德斯鳩寫了一部研究法的重要經典——《法意》，專門探討立法的用意及希望達成什麼樣的效果。《法意》就明確提出行政、立法、司法三權鼎立、互相制衡。現在絕大多數自由民主國家的行政權就是元首制或內閣制，另外兩個就是立法權和司法權。立法權是為了制衡行政權，避免它權力太過龐大，以致胡作非為，這就是中央民意機關。司法權是立法之後的執行機關，一旦有誰觸犯法律，或者法律有爭議，甲乙兩造就要打官司。各級法院的審判權，就是司法權的核心。司法權同樣也不能受到行政權的干預，要尊重司法獨立。這樣才能保障三權互相監督制衡。不過，儘管行政權、司法權、立法權三權分立，但立法權還是高出半籌，這在孟德斯鳩的《法意》中就提到了。原因很簡單，行政權是依法行政，司法權是依法審判，它們所依的「法」就是立法權立出來的法。不管是要立新法，還是要修舊法，大家都得照著做；行政不能違法，司法審判也不能違法，所以立法權當然重要。它負責建立遊戲規則，大家照規則玩。這種三權分立的概念，在幾千年前的《易經》中就已經提出來了，至少有四個卦的〈大象傳〉就是專門處理

《易經》的法律思想，以及法、政之間的關係。像賁卦的官樣文章、粉飾太平，這是行政權的特色。噬嗑卦則是立法權，這兩個卦相綜一體，是一體的兩面，像鳥之雙翼、車之兩輪，互相制衡，缺一不可。噬嗑卦是「明罰敕法」，賁卦是「明庶政，無敢折獄」。「折獄」就是司法審判，行政權絕對不能干預司法審判。可見三權分立的思想在中國萌芽得很早，不一定要等到法國人的學說提出來。

既然行政權不能干涉司法審判，立法權也不可以隨便指揮行政權。而賁卦〈大象傳〉講「君子以」，噬嗑卦〈大象傳〉講「先王以」，「先王」是不是比「君子」更高一籌？所以立法權特別重要。那麼司法權呢？噬嗑卦上、下卦對調的交卦是豐卦（䷶）。豐卦〈大象傳〉講得很清楚——「折獄致刑」，審判之後依法量刑，所以司法權就在豐卦。

假定我們以噬嗑卦為中心，它是立法權的象徵，相綜的賁卦是行政權，噬嗑卦跟豐卦的關係即立法、司法的上下相交換關係。所以三權之間的關係，在《易經》是環繞著訂定遊戲規則的噬嗑卦，而以相交、相綜的關係呈現的。還有一個和賁卦上下相交的卦是旅卦（䷷），旅卦〈大象傳〉說：「君子以明慎用刑而不留獄。」還是在談這個問題。因為不能三缺一，行政、立法的互動可能是相綜的關係，立法跟司法的互動是相交的關係。賁卦〈大象傳〉又明確告訴你，行政首長可以任命司法首長，但行政權絕對不能干涉司法權。

文明社會的表徵——權力的分合制衡

分別位居於噬嗑上卦和賁卦下卦的「離」代表人類文明；豐卦、旅卦中也有離卦，可見這是文明社會的表徵；權力的分合、制衡關係是否合理，是文明和野蠻的區別。旅卦〈大象傳〉處理的就是行政權與司法權之間的關係。賁卦〈大象傳〉講行政權不可以干涉司法審判，但旅卦〈大象傳〉就明確告訴你，行政權除了必須尊重司法獨立，它們在資源上還有互相需要的部分。也就是說，行政權跟司法權必須充分配合，各級審判都需要行政權的人力資源支持。審判終結，罪犯要送到監獄，各級監獄仍由行政部門主管，而非司法部門，所以還是行政權的範圍。旅卦這種嚴密的思想，完全合乎現代國家比較公平的操作模式。可見，兩千多年前的〈易傳〉已經透過噬嗑卦、賁卦、豐旅、旅卦這四個相交相綜的卦，把現代國家的權力制衡完整地說出來了。

中國政法思想的萌芽，其實遠遠早於此，〈大象傳〉只是經驗的總集。例如《尚書》就有篇章明指司法權不應受行政權干擾。根據《尚書》的記載，當時掌握最高行政權力的文王、武王和周公就明確垂訓後人，就算你是帝王，你可以任命執掌國家法律的官員，但你絕對不能干涉他的權力，不然流弊不可勝言。中國在三千年前就成立了這樣的思想，但中國歷史的實際發展卻非如此，歷代帝王幾乎都是按照獨裁的欲望去做。所以經是經、史是史，要落實在人間社會，仍須一代接一代永不懈怠的努力。

蠱、噬嗑、鼎三卦的密切關係

蠱卦、噬嗑卦、鼎卦這三個卦的關係十分密切，深入研究，有助於我們對政治、官場權錢交易的來龍去脈瞭若指掌、洞若觀火。我們講過，蠱卦（䷑）的禍亂根源是君位領導人，不是第四爻；

第四爻是看得見的貪腐，第五爻則是貪腐的幕後黑手。所以當蠱卦說「幹母之蠱，不可貞」的時候，改革就推不動，或懲治腐敗的案子沒法繼續辦；而且，不是案子辦不下去，是辦不上去，碰到不能碰的，最後只能打蒼蠅，放掉老虎。

經過蠱卦的改革之後，進入自由開放的臨卦、觀卦，隨後的噬嗑卦則是為了防止自由開放的流弊，而有嚴密的法規設計，以免權力欲望無限膨脹、為所欲為，傷害社會公益，所以有「明罰敕法」的思維。

鼎卦（䷱）是政權的象徵，公權力就是「鼎」，而且革故鼎新，它是通過革命手段得來的。鼎的原意是烹肉的鍋子，所烹的肉就代表執政資源。這說明權力的本質就是資源分配，大家坐地分肉吃。一個人一旦贏得中央執政權，就可以決定文武百官的人選。假如一個權賣一百萬，那就變成了「蠱」，肉中長蟲，臭了、壞了。「宰相」的原意就是把肉分得很均勻；分配不均，就出現噬嗑卦的象，大家搶肉吃。《左傳》中曹劌論戰時說：「肉食者鄙，未足與謀。」意思是說，當國家發生危難，不要去找那些吃肉的大官，因為他們天天吃肉吃得頭都昏了，沒辦法跟他們從長計議。

噬嗑卦就是搶肉吃，搶什麼肉？搶鼎卦的肉。一旦搶過了頭，搞得有些肉腐敗變臭了，那就是蠱卦的貪腐現象。這三個卦，尤其是君、相高層，既可能是鼎卦的主政高層，影響政績、決定國家命運；也可能是噬嗑卦搶肉、分肉的大贏家「六五」跟「九四」；如果把局面搞得更邪氣，那就變成蠱卦的「六五」跟「六四」，一個是「裕父之蠱」，一個是「幹父之蠱」。完全看懂這個共犯結構的關係之後，才會恍然大悟，原來這兩爻都在講什麼！我曾講過，任何一個卦涉及第五爻君位的最高領導位置時，都有避諱，表面不一定看得出來。避諱是封建時代的傳統，尤其在古代，誰敢指著最上面的人罵？但《易經》還是要罵，只是拐個彎，間接的罵，這就叫「春秋筆法」。以前是不得已，現在自由了，這種避諱就是「為尊者諱」，只是我們要看出它的真正意思。像蠱卦第五爻，表面上是希望他貫徹改革，可是從其他幾個爻就可以識破真相，例如他對第四爻的放縱，第二爻要「幹母之蠱」卻改革不動，因為「幹母之蠱」的對象正是「六五」。鼎卦「六五」、噬嗑「六五」都是，表面看不出來，實質上卻是病灶所在。而最主要的原因，就是有肉大家都要搶。

既然講到鼎卦、噬嗑卦、蠱卦三個卦的關係，順便提一下中國式的管理。現代的企業管理大多採用西方管理學，最近也有人試圖從東方思想中尋找企業管理的思想，於是就有所謂「中國式管理」之稱。我們曾經針對「中國式管理」運用在企業、政治的特質進行占問，結果是鼎卦變噬嗑卦。西方企業管理是損卦（䷨）初爻、二爻動，裡面有山地剝（䷖）的象。亦即西式管理的計算精密，講究損益平衡，先損後益，精打細算；弱點是不講人情，只重視股東權益，如果經營績效不佳，你就是ＣＥＯ，董事會隨時可以要你走路；裁員是家常便飯，完全沒有人情包袱。員工在這樣的模式下是受剝削、沒有保障的。中國式管理就是鼎卦（䷱），下卦三個爻全變，變成火雷噬嗑（䷔），鼎中有噬嗑的象。換句話說，這裡面就涉及權錢交易的商場政治學，就算不是官商勾結，至少不能得罪官場，甚至在商場管理中也要重視調和鼎鼐的政治藝術。

初爻：喪失行動自由

䷔

初九。屨校滅趾，无咎。

〈小象〉曰：屨校滅趾，不行也。

在進入噬嗑卦六個爻之前，首先要把它分成兩組。孔子在〈繫辭傳〉曾對噬嗑卦初爻、上爻的因果關係做了重點分析，我們且先把這兩個陽爻作為一組簡單講清楚，然後再講中間四個爻。「噬嗑」既然是吃敵人的肉、喝敵人的血，那麼是誰在吃肉啊？中間四個爻都在吃肉，初爻、上爻沒有肉吃，是被吃，他們都是帶刑具的罪犯；因為在鬥爭中落敗，成為階下囚。在殘酷的「噬嗑」情境中，贏的人有肉吃，輸的人就被打入大牢；當選就做官，落選就被關；成者為王，敗者為寇。成王敗寇就是「噬嗑」世界的真理，為了不能輸，所以要不擇手段。可見在噬嗑卦是輸不起的，輸贏之間的待遇有如天淵之別。

「初六」、「上九」都是罪犯的象，但「初六」是輕罪，「上九」是重罪，不但沒有吃到肉，還被人家吃掉了。初爻「屨校滅趾」，上爻「何校滅耳」。「何」仍然是「負荷」的意思，人之所可曰「何」，你能承擔多少、負多大責任是有定量的。如果不自量力，挑太大的擔子、負荷過重，別人就不免懷疑你能否撐得起來。「校」就是校正行為的刑具，手鐐腳銬加之於身，因為你的行為需要校正，讓你不得自由。以前這些刑具是木頭做的，現在用不銹鋼，甚至是電子枷鎖。只有罪犯才會戴上「校」——枷鎖。蒙卦中的刑具叫「桎梏」。刑具跟立法有關，犯法就要服刑。在噬嗑卦中服刑的是初爻和上爻，而且被「滅」了，這一「滅」，原有的資源就被中間四個爻分而食之。中間四個爻就像動物界的獵食動物，一個個張牙舞爪、惡狠狠地吃肉。這個勝利集團就是一個共犯結構，只是四爻、五爻吃得最多，二爻、三爻吃得較少。

鬥勝了得戰利品，鬥敗了的就被判罪，上爻、初爻和中間吃肉的四個爻形成明顯兩個極端。第五爻吃乾肉，第四爻吃乾胏，第三爻吃臘肉，第二爻還吃蹄膀，大家都有肉吃。為了有肉吃，他們就聯手迫害初爻和上爻。誰叫上下兩個陽爻鬥敗了，沒把梗在中間的「九四」咬斷，反而蹦了牙、落敗了，落敗就得坐牢被人吃。在這種鬥爭中，嚴格講是沒有真理的，贏才是真理，贏了才可以找藉口把輸家打成罪犯。這是以勝敗論王寇、一翻兩瞪眼的殘酷世界。這一點跟我們剛開始觀察噬嗑卦的象好像有一點出入，它本來應該是上下兩陽爻這兩顆大鋼牙，對中間「九四」那根魚刺進行咬斷的動作。從這個角度講，不管是鬥爭還是立法，「明罰敕法」或者「利用獄」，整個卦象是「頤中有物」，似乎「上九」跟「初九」才是執法者，「九四」帶動中間那些嘍囉，應該是罪犯。可是成敗決定結局。上下兩個陽爻沒幹掉中間四個爻，反而被它們幹掉了。官兵變強盜，強盜變王侯，這就是噬嗑卦讓我們看到的，卦的觀點跟實際操作的爻的觀點不同之處。

這也告訴我們，噬嗑卦中沒有真理，沒有說誰一定是正義的一方，只有輸贏。那麼我們要如何面對「噬嗑」，如何區分誰是官兵、誰是強盜呢？像美國打伊拉克，誰是官兵、誰是強盜？每個人都說自己是官兵，人家是強盜。其實，在「噬嗑」的時候，最後的判準只看到底誰贏了！所以噬嗑卦完全沒有象徵「信望愛」的「孚」，而且也跟師卦一樣兵不厭詐，非常冷血、殘酷。我們作為第三者，面對別人「噬嗑」的時候，看別人互相撕咬、互相謾罵、詆毀，我們要怎麼辦呢？爭鬥的雙方都認為是正義的一方，但是在客觀的第三者看來，那根本就是狗咬狗、一嘴毛，哪一個都不對。所以我們一定要從這裡面跳脫出來，才可以超越鬥爭的世界，不至於陷在「成者為王、敗者為賊」的輪迴中。

回到初爻的爻辭：「屨校滅趾，无咎。」初爻是「噬嗑」剛開始，因為初爻年輕，技術還不夠，所以很快就被鬥敗了。如果是犯法，初爻就是輕犯、初犯，執法者也會定比較輕的罪，給你一個警告。這就是「屨校滅趾」，結果是「无咎」。「滅趾」就是讓你的腳趾頭失去行動能力，限制行動自由。腳趾頭代表立足之地，按照卦序，這是第一次出現腳趾頭的意象，後面的卦還會不斷出現。五個腳趾頭決定我們能不能站得穩，練功的人就知道，五個腳趾頭抓在地上，湧泉還要空出來，這樣才能立。五個腳趾俱全，代表我們在社會上才能立足穩固，在專業領域站得住腳。所以腳趾頭的功能就是止足。「趾」是足之所止，立定了就不動如山；如果「滅趾」，失去了腳趾頭的功能，那就站不住腳了。初爻被判罪關進大牢，帶上刑具，喪失行動自由，社會地位、立足之地都被剝奪。噬嗑卦下卦是震，震為足，足的最下面就是腳趾頭，這個象就是這麼來的。

「屨校」，「屨」本來跟鞋子有關，但這裡當動詞用，就是犯人帶上沉重的腳鐐；腳鐐取代了鞋子，讓他無法自由行動。「屨」在這裡其實是赤腳，腳上帶著刑具，好像穿上鞋子，腳趾頭站立的功能都沒有了，這就叫「滅趾」。「滅」字講得很誇張，好像把腳趾頭割掉了一樣，其實沒有那麼嚴重，這是講喪失腳趾頭的功能，有腳趾頭等於沒腳趾頭。還有就是因為你犯罪了，多了一個不良記錄，在各行各業就很難立足。這就是「屨校滅趾」，給犯了輕罪的人略施薄懲，結果是「无咎」，說明只是輕罪、初犯，不像上爻那麼嚴重。

〈小象傳〉說：「屨校滅趾，不行也。」戴上腳鐐，當然就不能行動了。這也說明你為什麼會被限制行動自由，因為你違反法律，你的作法是行不通的，「不行也」。還有一個傳統的說法是從視線的角度來看的。罪犯腳上帶著好大一塊木枷，自己往下看，只看到沉重的「校」——腳鐐，看不見自己的腳趾頭，等於被「滅」了。不管怎麼講，「滅」都是很糟糕的結果，終究是落敗的一方，淪為階下囚。

孔子在〈繫辭傳〉把初爻當作關鍵問題處理，因為人性是很容易犯錯的，天天想整人，整人者，人恒整之；鬥人者，人恒鬥之。所以孔子說：「小人不恥不仁，不畏不義，不見利不勸，不威不懲。小懲而大誡，此小人之福也。《易》曰：『屨校滅趾，无咎。』此之謂也。」就像小人會做很多「不恥不仁、不畏不義」的事，而且完全不會引以為恥，也不會害怕，所以才需要法律的制裁。因為道德勸說對「初九」這個小人是沒有用的，他「不見利不勸」，只在乎利益的誘引，不然就要用嚴厲的法律制裁去管理他、約束他。所以社會不能只靠道德來維持，還得靠法律；法律其實就是社會規範的最低防線，守法並不代表有道德。如果沒有法律這道防線，完全靠道德維繫，則是緣木求魚，期望太高。因為有很多人是「不恥不仁，不畏不義，不見利不勸，不威不懲」，只能用威嚇的方式懲誡、警告，讓他「屨校滅趾」。這對他也許是好的，他可能改過向善，再也不敢了，不然他就可能走到「何校滅耳」的地步，再也回不了頭。「此小人之福也」，如果「初九」改過遷善，爻一變就是晉卦（䷢），前途一片光明。

上爻：業障深重

上九。何校滅耳，凶。

〈小象〉曰：何校滅耳，聰不明也。

上爻就很嚴重了：「何校滅耳，凶。」「何」即負荷，「校」即枷鎖，背著沉重的枷鎖。關於「滅耳」，也不要誤會一定是指把耳朵割掉，那是嚴重的肉刑。為什麼不是呢？我們平常看影視劇描寫古代用囚車押送重犯，除了手銬、腳鐐之外，脖子上還帶著木枷。囚車也好、木枷也好，大概都跟耳朵齊平，只露一個頭在外面，所以就看不到耳朵了。雖然有耳朵，卻喪失了耳朵靈敏的聽覺功能，這就是「何校滅耳」，結果當然是凶。「初九」輕罪不思悔改，就會變成「上九」的重罪。在鬥爭的世界中，「初九」失敗，受到懲誡，還有機會及時調整；如果鬥性不改，搞到最後身敗名裂，那就徹底完蛋了，因為業障深重，佛也救不了你。

所以〈小象傳〉說：「何校滅耳，聰不明也。」「聰不明也」，悔之晚矣。一輩子搞鬥爭的人，到最後什麼都沒爭到，心裡也不得安寧，結果當然很慘。本來耳聰目明，但因為在「噬嗑」的環境中殺紅了眼，良知良能都被污染，所有的感覺都失靈了。其實噬嗑卦也跟第三十一卦咸卦（䷞）、第五十二卦艮卦（䷳）一樣是從肉身取象。肉身一旦籠罩在殺機爭奪的「噬嗑」裡，所有先天的自然官能通通失靈。所以「初九」被滅了，「上九」也被滅了。耳朵是要聰明的，結果有耳朵等於沒耳朵，耳不聽、目不明，判斷失誤，搞得自己落入悲慘的下場。

那麼初爻、上爻被滅，中間四個爻應該得到很多戰利品吧！其實不然，「六二」裡面還有一個「滅」字，但這個「滅」不見得是戰敗的一方，戰勝的一方也有被犧牲的。「六二」是小角色，是炮灰，萬一要滅就滅它，絕對不能滅到高層。所以你要是老幫人家做走狗，參加共犯結構，又是身分地位最低的那一個，小心隨時可能被滅。所以噬嗑卦總共六個爻，有三個爻最後被滅了，死了一半。從養生的角度看，原先身強體壯，但是由屯入蒙，種種欲望習氣浸染，到最後所有自然功能都出問題。所以肉吃太多，要吃點素、吃點蔬菜水果，還要止欲修行；不然，所有的自然本能滅掉一半，一定會出問題。到二十三卦剝卦的時候還是「滅」；到了大過卦（䷛），全卦都是滅。「噬嗑」鬥爭到最後，通通「何校滅耳」，損人不利己，到最後根本沒有贏家。

上爻爻變為震卦（䷲）。震卦是政權保衛戰，為了爭權而不擇手段，爭到最後卻輸了，一切成空，甚至還做了階下囚，白髮蒼蒼去服刑。這就是「上九」。所以孔子在〈繫辭傳〉中說：「善不積不足以成名，惡不積不足以滅身。小人以小善為無益而弗為也，以小惡為無傷而弗去也，故惡積而不可掩，罪大而不可解。」積善成名，積惡滅身；積小善成大善，積小惡成大惡。坤卦〈文言傳〉也說：「積善之家，必有餘慶；積不善之家，必有餘殃。」「餘殃」足以滅身。小人認為小善不值得做，沒有意義，但不積小善怎麼成大善呢？認為小惡無所謂，不傷大雅，卻因逃過懲誡而發展成重大惡行，導致積惡滅身。「噬嗑」到罪孽深重時，怎麼掩蓋都沒用，而且沒有任何人能出手相救。

二爻：吃力不討好

六二。噬膚滅鼻，无咎。

〈小象〉曰：噬膚滅鼻，乘剛也。

現在我們進入中間的四個爻。先看「六二」：「噬膚滅鼻，无咎。」中間四個爻的第一個字都是「噬」，張開大嘴，看誰咬得多。但是「六二」「噬」的是「膚」。嚴格講，膚本來跟鼎卦（䷱）烹的肉有關。古代帝王祭祀之後，就會將鼎中的肉賞賜給親信大臣。能分到這種肉，代表得到寵信，但有的人就分到比較大塊的肉，就像噬嗑卦上面那幾個爻。有的人只分到「噬膚」，像皮膚一樣薄薄的一片。也就是說，鼎中薄薄的肉片，就分給像「六二」這種地位比較不重要的小角色。所以在這個分肉集團中，「六二」分到的只能塞塞牙縫。

「膚」後面緊接著是「滅鼻」，這就更說明了「膚」就是表皮那麼一層肉片。「六二」看到這麼大一塊肉，用盡力氣咬下去，沒想到一咬就咬穿了；就像吃沒骨頭的蹄膀肉，又鬆又軟。這是判斷錯誤，因為在鬥爭場上，心裡緊張，對手看著怪嚇人的，就使出全副力氣去鬥他，沒想到他根本不經咬。就像用大炮打小鳥，瞎緊張一場，雖然「无咎」，但未免投入太大的成本，這就是「噬膚滅鼻」，鼻子的嗅覺功能出問題。

因此，面對任何挑戰都不能瞎緊張，雖說不要輕敵，但也不能高估敵人，用盡力量去對付。這是菜鳥剛進鬥爭場常犯的錯誤。「六二」為什麼這麼緊張？正如〈小象傳〉說的「乘剛也」。「六二」陰爻乘「初九」陽爻，所以才有這種滑稽的表現，好比用一個師去打人家一個連，贏是贏了，卻贏得不光彩。當然，「滅」的具體含義不止這個，如果在這個分肉集團裡，要有人被滅的話，絕對是「六二」；因為它不是核心分子，將來要支付某種代價時，就把「六二」推出去頂罪。敵我雙方爭鬥時，有時連獄卒都入獄了，這也是「噬膚滅鼻」，說明「六二」對政治嗅覺不夠敏銳。「六二」爻變為睽卦（䷥），正好說明「六二」到底不是他們一家人，隨時會把你當犧牲品，掃地出門。

三爻：出乎意料

六三。噬臘肉，遇毒。小吝，无咎。

〈小象〉曰：遇毒，位不當也。

「六三」跟「六二」正好相反，「六二」是因為高估敵人，造成不必要的浪費，而「六三」則是輕敵。相較於「六二」來說，「六三」的爻位越來越高，鬥爭的實力、經驗也比較豐富，「六三」的敵人是臘肉，當然比蹄膀難咬多了。臘肉代表老江湖，不是初出茅廬的嫩肉片。「六三」「噬臘肉」，一口咬下去，結果「遇毒」。「遇」是不期而遇，出乎意料之外，沒想到臘肉這麼硬、這麼難對付。心裡沒提防，一口咬下去，卻招致強勢的反彈、反噬，好像中毒一樣。這種毒倒不一定會要你的命，但至少讓你不好受，這就是「遇毒」。遭遇出乎預料的毒，但還不至於死，所以叫「小吝」，連「吝」都不是，最後還是「无咎」。

二爻不需要那麼用力，結果用力去咬，到底還是贏了，所以无咎；三爻輕敵，結果遭到反噬，雖然遇毒很難受，但也贏了，還是无咎。〈象傳〉說：「遇毒，位不當也。」「六三」本身有缺陷，陰居陽位，不中不正，是「位不當也」。但「六三」爻一變是離卦（䷝），是光明之象。在離卦的「網路」中吃臘肉，倒沒有太大的問題。印象中，這個卦例在我的占卦經歷中好像還沒有真正碰到過。一般人看到「六三」的爻辭，會覺得它很囉嗦，語言不精確，但《易經》任何一個爻辭的寫法，必有其道理，多少也是從觀察經歷中得來的，所以很精確。尤其三爻、四爻處在中爻的位置，上下左右的因素很複雜，所以爻辭常常會一波三折。像針對「六三」的描述，第一個是「噬臘肉」，第二個是「遇毒」，第三個是「小吝」，第四個是「无咎」。如果沒有身臨其境，很難玩味它的妙處；若真碰到了，極可能發現每個字都有道理，沒有一字廢話。這個爻雖然我自己沒碰過，但十幾年前有個男生就占到這個爻。原來他看上了一位女生，想追又不敢，就占一卦問有沒有希望？結果就占到這個爻。他當下就很納悶，交女朋友跟吃臘肉有什麼關係？是這個女生喜歡吃臘肉，你一定要陪她去吃，還會「遇毒」嗎？或者是湖南籍的女朋友食物中毒？當然不是。我當時跟他講，他心儀的女生是「臘肉」，不那麼容易上手。「遇毒」說明她好耍小性子、刁鑽難對付。可是爻變為離卦，表示中間雖然有些波折，但最後沒問題，終於交了「臘肉」女朋友，只是有點出乎預料。換句話說，「六三」在遇毒的時候不要打退堂鼓，堅持下去，雖有「小吝」，但最後「無咎」。

四爻：不擇手段

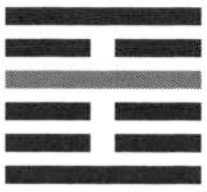

九四。噬乾胏，得金矢。利艱貞，吉。

〈小象〉曰：利艱貞吉，未光也。

第四爻更嚴重了，是艱苦的前線，因為它是執行者或執法者，是割喉競爭的操刀人。雙贏是「六五」，雙刀就是「九四」。

爻辭說：「噬乾胏，得金矢。利艱貞，吉。」「利艱貞，吉」，明夷卦（䷣）卦辭就叫「利艱貞」，要咬牙堅持到最後，才可能贏得艱苦的勝利。在最艱困的環境中撐下去，要有堅強的意志，不能輕易認輸；只有「利艱貞」才有可能「吉」。因為你的敵手是非常強悍的「乾胏」，不知道比臘肉難咬多少倍。「乾胏」就是帶骨頭的乾肉，比臘肉還難咬，不止肉很硬，裡面還有看不見的大骨頭。最要命的是，它裡面還有很硬的靠山，有強大的幕後老闆，那就叫「胏」。對敵方來講，「九四」可能是乾肉，「六五」就是肉中的骨頭——幕後的老闆，你惹得起嗎？所以咬「九四」的時候，「九四」跟「六五」是連在一起的。我們說打狗還要看主人，每到這個時候，就要摸清楚到底後台老闆是誰。過去田獵時代，打完野獸大家分肉而食，吃剩的肉常常要風乾以備後用。肉裡面若還有骨頭，沒留神猛力咬下去，牙齒都會崩掉。可見，「九四」和「六五」是肉中帶骨的共犯結構，涉及權錢交易，關係複雜，所以不好對付。

「得金矢」有好幾層意思。第一，跟前面的「噬乾胏」連起來看，最可能的一個象就是打獵之後大塊吃肉、大碗喝酒，結果在肉骨頭裡發現一支黃金箭。這是狩獵經驗中常有的現象，獸肉裡邊往往有來不及清理的箭頭。這說明在鬥爭場合中常有意外，除了「遇毒」，還有「得金矢」，沒想到吃肉吃到最後裡面還藏了一支黃金箭。第二，金就是錢，矢是殺人利器，就是權。你要參與鬥爭，工欲善其事，必先利其器。沒有錢權綜合體的「金矢」，怎麼去咬「乾肉」和那根大骨頭呢？所以鬥爭工具就是權與錢完美結合的黃金箭。那些霸權國家也是一樣，發動侵略，也需要「金矢」。錢與權的結合，在其他卦則不一定用「金矢」來表達，也有用「資斧」來表達的。如巽卦、旅卦，「資」就是錢，「斧」就是殺人防身的利器。你要是得到了錢跟權，就可能得到更多金矢，那是最大的誘因；要是輸了，失去金矢，你就要準備坐牢了。

這個過程確實是一場苦戰，所以說：「利艱貞，吉。」撐到最後才有贏的機會，所以一旦占到這個爻，表示有機會取勝，但苦不堪言，而且鬥爭的氣氛很不好受。「噬乾胏，得金矢」，得了金矢，表示沒有失敗；用小的金矢鬥贏了，可以得到更多的金矢。帝國主義發動侵略戰爭，就是為了「得金矢」。

〈小象傳〉說：「利艱貞吉，未光也。」歷盡艱辛，最後得到了這麼一個結果。鬥贏的除了金矢之外，不知還有多少不可告人的東西。而最後的輸贏，究竟是怎麼贏、怎麼輸的，外面看熱鬧的未必知道。「未光也」，這就有含蓄的意味在裡頭，不擇手段的鬥爭，能做不能說，甚至列為機密，不能講的。很多鬥爭，不管是國際的、國內的、政治的、商業的，用的手段不一定是光明的。有潔癖的人處在「噬嗑」的世界就很難適應，能做不能說的事情太多。從卦象來看，「九四」的風險確實很高，它是互卦坎（☵）的中心，上下兩個陰爻夾著它，陷在鬥爭的深淵，人在江湖，身不由己，不鬥都不行，輸了更不行；非得贏，就得不擇手段。

五爻：幕後老闆

六五。噬乾肉，得黃金。貞厲，无咎。

〈小象〉曰：貞厲无咎，得當也。

「六五」就是「九四」的後台老闆，「噬乾肉，得黃金。貞厲，无咎。」〈小象傳〉說：「貞厲无咎，得當也。」「六五」居上卦之中，所以當位。雖然「九四」跟「上九」、「六五」都在上卦離的光明圈，但「九四」「不及」，「上九」則「過」了，「聽不明」也。「上九」居離卦最上面，反而「聽不明」；「九四」是離卦剛開始，但卻「未光」。既不光，也不明，一個是勉強苦鬥取勝，幫人家賣命執行，一個是最後被打入大牢。而「六五」占了先天有利的戰略地位，有可能得當，雖然也是風險很高——「貞厲」，但是「无咎」。「貞厲」至少比「利艱貞」輕鬆，因為它不在第一線，「九四」才是衝在第一線。

「噬乾肉」，說明「六五」壓力也不小，咬的是乾肉，不過乾肉雖乾，卻沒有帶骨頭，所以它比「九四」首當其衝的壓力還是輕鬆很多。簡單講，「噬乾肉」大概比「噬臘肉」、「噬乾胏」所承擔的壓力要小。但是一方面要支持「九四」去咬「乾胏」，一方面本身也要承擔咬乾肉的壓力，所以需要更多錢。如果贏了，就可以賺到更多財富——「得黃金」。黃金自古就是爭權奪利不可或缺的資本，獲勝之後則會得到更多黃金。「六五」本身已經是大權在握，想的就是黃金，所以他跟「九四」的結合，要的就是在鬥爭中取得更大的經濟利益，所以是「得黃金」。「九四」必須「得金矢」，因為他除了對財富有興趣，也對權力有更上一層樓的欲望，所以裡面一定有「矢」。這是「得金矢」跟「得黃金」的不同。

在很多情況下，「九四」執行鬥爭，例如政黨之間的衝突，「九四」「得金矢」，中央執政部門的預算仍屬政府的權柄，有時候光靠這些還不能取勝，就有很多來路不明的資金匯入，或者法外授權，那時就需要「六五」的皇家預算支持。因為「九四」光靠合法的金矢還不能降服強敵，因為大家都不擇手段，即便在古代，宰相能調度的錢跟皇家的預算還是分開的，到最後皇家的預算就會取決於政府執行者的勝負；當勝利在望，「六五」才會把大量的黃金拿出來支持「九四」。所以「九四」在前線作戰，像以色列，美國就在後面提供武器和美元。「六五」不站在第一線，這是他們的分工，兩爻齊變就是一個獲益最多的結構——益卦（䷩）。其他像「六三」，分得很少；「六二」分得更少，甚至還可能被出賣，道理就在這裡。

「六五」爻變是无妄卦（䷘）。這說明領導人親自用黃金去資助「九四」，在幕後發動鬥爭，這也有非常高的風險，不可輕舉妄動，除非要有必勝的把握，不然後果很難收拾。何況噬嗑卦的鬥爭屬於攻堅戰，敵人都是很強的，如果沒有贏，後果不堪設想。同時，這個鬥爭也跟「六五」的起心動念、妄想占有有關。

關於「六五」這一爻，在《高島易斷》這本書裡面就有一個範例——中日甲午海戰。在戰爭發生之前，高島就占到這個爻，所以他鼓勵日本海軍大將攻堅，噬乾肉，雖然清軍是強敵，但還是要去咬，最後會得到黃金。結果甲午戰爭日軍獲勝，清政府割地賠款。

《金剛經》與噬嗑卦：節節肢解，肉身布施

佛教相信輪迴，若沒有輪迴，佛教就講不下去了。我現在講佛經的苦處就是我還不完全接受這種觀點，但是我必須順著這種觀點去講，不然就沒得談。很多佛教經典裡面真的是滿天神佛而不可思議。《金剛經》算是最平易的，但講起輪迴，就像我們聊家常一樣。關於佛的前生故事中，就有一段跟噬嗑卦有關。據說佛陀於「過去世」為「忍辱仙人」時，古印度歌利王惡逆無道。一日，歌利王率宮人出遊，遇忍辱仙人於樹下坐禪，隨侍女見之，捨歌利王而至忍辱仙人處聽法，王見之生惡心，遂割截仙人之肢體，一片一片，千刀萬剮，節節肢解；但是忍辱仙人面不改色，因為無身

相、無我相，沒有執著，既已無身，吾有何患！《金剛經》裡面常有這種故事，我們會覺得那是象徵，但佛經似乎不是象徵，它動不動就可以憶起五百世以前，甚至不知幾世幾劫之前的前身，然後可以預測未來，包括預測彌勒佛將是未來佛。

歌利王一片一片割佛的前身時，他完全不受影響。如果佛沒有破除四相——我相、人相、眾生相、壽者相，被割肉、被凌遲時，他一定充滿憤恨。《金剛經》云：「我於爾時無我相、無人相、無眾生相、無壽者相。何以故？我於往昔節節支解時，若有我相、人相、眾生相、壽者相，應生瞋恨。」已經沒有這些相了，所以他完全沒有嗔恨心。

當然故事最後是，歌利王嚇得半死，割肉凌遲都沒有辦法弄倒他，再割下去就天搖地動，結果歌利王反而變成了佛門弟子。所以佛顯現這個奇蹟，用肉身布施的修為感動了歌利王。從正常角度來講，節節肢解的凌遲一定痛得不得了，而且要命。像明末袁崇煥就被處凌遲而死，然後都城的老百姓還笨到居然認可皇帝的判決，你一刀我一刀剮下來的肉，被民眾一搶而空，人人恨不得吃他的肉、啖他的血。崇禎皇帝用這種作法對付袁崇煥，明朝不亡都沒有天理。

「節節肢解，肉身布施」代表什麼？說明「噬嗑」這種兇殘的鬥爭，人心會影響面相，所以有句話說，人到四十歲以後要為自己的長相負責。如果你的內在是「噬嗑」，你的面相會好嗎？絕對不會。

占卦實例1：前世的生死恐怖

二〇一〇年十二月中，我在富邦的佛經課堂上談到前世的問題，一位學生講她的兒子從小為頭疼所苦，診斷不出原因，後遇靈通人士告知：他前世為猶太醫學博士，在納粹的集中營裡慘遭德軍軍官槍擊額頭致死。是耶？非耶？我占問確有其事嗎？得出噬嗑卦「九四」爻動，爻變有頤卦之象。噬嗑殺機驚悚，蠻強凌弱，頤卦為巽宮遊魂。〈繫辭上傳〉第四章稱：「精氣為物，遊魂為變，是故知鬼神之情狀。」還真有那麼回事兒呢？學生說她與先生赴歐旅行時懷的胎，地點正在集中營舊址不遠，兒子未經專業學習，就深諳醫療常識，其後赴美也堅持學醫等。佛家輪迴轉世之說，令人深感興味。

占卦實例2：長平殺業動天地

二〇〇九年中，我在臺中老同學班上講《春秋經》。有次闡揚經中的反戰思想，提到戰國時長平大戰，秦將白起坑殺趙國降卒四十多萬的歷史，痛陳殺業深重，殘酷不仁，白起後遭秦昭王賜死，因果報應不爽。次月我再去上課時，一位頗有靈異感應的女學生跟我說，當天課堂上氛圍詭異，她回去一占是何緣由？得出噬嗑卦初、二、三、四、上爻皆動，齊變成升卦。噬嗑殘酷殺戮，升則離地升天，軍魂得以解脫。我一動悲憫善念，兩千多年前的殺業紓解？以前只聽過講佛經可超渡亡魂，儒典亦然？教室裡裝得下幾十萬「非人」？還是只受感應而來些代表？

女學生接著再問：下堂課他們還會來嗎？得出大有卦初、上爻動，齊變有恆卦之象。「初九」爻辭：「无交害。」「上九」爻辭：「自天佑之，吉无不利。」大有卦辭「元亨」，又是乾宮的歸魂卦，應該是各安其位，不再飄盪了！無論如何，也算功德一件。

占卦實例3：廣告名人中風往生

二〇一〇年九月上旬，臺灣廣告界名人孫大偉突然中風昏迷急救，情勢危急。富邦課堂上許多學生都與他熟識，忙問生死，卦占皆不妙。又問萬一脫險不死，身體官能如何？得出噬嗑卦二、上爻動，齊變有歸妹卦之象。噬嗑殺機深重，「上九」爻辭：「何校滅耳，凶。」非常不妙。「六二」爻辭：「噬膚滅鼻。」也傷到基本官能。歸妹卦為兌宮歸魂卦，且是京房八宮卦序的最後一卦，又稱「大歸魂」，卦氣當陰曆九月初。

噬嗑卦氣當陰曆十月中，由歸妹至噬嗑期間，隨時都有往生可能。結果只拖了兩個月，十一月七日立冬當天孫大偉過世，陰曆恰為十月初二。九月六日當天初聞變故時，先占生死，為不變的臨卦，「元亨利貞」突轉「八月有凶」，當天正是陰曆八月前兩天，人生禍福無常，冥冥中卻彷彿又有定數，令人慨歎。

人文化成——賁卦第二十二（䷕）

參透人生諸相

噬嗑卦講完，現在要進入賁卦了。〈雜卦傳〉把這兩個卦說得很明白：「噬嗑，食也；賁，无色也。」尤其是「无色」，用短短兩個字表達了對賁卦的期許，也對賁卦的究竟本質做出分析。所以賁卦明明是五彩繽紛的色相，說的卻是「色即是空」的道理。佛教《心經》也要我們參透色相，不要受五顏六色的表象習染、迷惑，以致無法掌握真相。

當然，「色即是空」並不是什麼都空，若這樣認為，則是更大的錯誤。一般人若無法參透色相，執著於有形可見的色相，他還是可以做一個安善良民；如果執著於空，認定了什麼都沒有，那才叫危險。這種極端並非佛教的本意，如果什麼都是空的，佛菩薩不就白忙了？所以「色即是空」是讓你不要執著於表象；而且，除了色相之外，人心的種種意念、受想行識，亦復如是。所以〈雜卦傳〉講「賁，无色也」，看到色相而不受色相轉移，可以參透色相的本質。

可是萬事萬物的本質不能離開色相而獨存，所以又說「空即是色」。儒、釋、道三家在這一點上，基本上都有透悟。像道家對賁卦所代表的色相深具戒心，所以強調剝除色相、返璞歸真。賁卦最後一爻講的就是繁華落盡，回歸平淡、自然、真實。儒家就講「文質彬彬」，強調「文」與「質」的均衡，不走極端。如果過於講究表面的文飾，就有虛偽、欺騙之嫌；文勝於質，就是「金玉其外，敗絮其中」。換句話說，很多歷史記載其實並非真相，所以「文勝於質則史」。史官的記載失實，掩蓋了真相，像春秋時代的歷史事實，就是史官不畏強權如實記載。但後世史書很多就不是完全的事實，尤其獨裁專斷成為氣候之後，秉筆直書完全不畏強權的史官很少見。好笑的是，古代帝王時期還有所謂的「實錄」。甚至到後來，一天二十四小時的一言一行都要記錄；一方面警誡帝王不能亂來，一方面是傳之後世。你想這會是真的「實錄」嗎？一定有很多是不敢寫也不方便寫的。所以「實錄」未必實，可能只把當時發生的大小事件記錄下來，至於事關褒貶評判的，恐怕都不敢暢所欲言。這是第一點，「文勝質則史」。第二是「質勝文則野」。「野」就是本質的，完全不重視表面的修飾工夫，這樣做也不行，太粗野。質樸則無文，雖然凸顯真實，但在人類發展越來越社會化之後，完全不講表面工夫，恐怕會與社會格格不入，也不會為社會所接受。「野」就讓人覺得沒有文化教養，心直口快、講話粗野。所以野又是一個極端。這樣一來，掩蓋真相和不重修飾兩個極端都不好，最理想的是「文質彬彬然後君子」。也就是說，儒家希望兩者配合得恰到好處，形式與實質兼顧，這就是中道。佛教說不要執著於色相，更不要執著於空，這也是中道。道家則強調回歸自然、返璞歸真。所以，儒釋道三教對於《易經》賁卦的「無色」是有共識的。

我在「噬嗑卦」一章中就說過，噬嗑卦和賁卦是一體相綜的卦，我們通常最先接觸到的是賁卦的表象，但很可能它的實質是噬嗑卦。像自然界有弱肉強食的叢林法則，人間更有各種形式的鬥爭。但是，在進行噬嗑的鬥爭時，外表都裝出一副好人的樣子，或者用美麗的藉口，掩飾殺伐不息的噬嗑。這些冠冕堂皇的理由，就叫賁。所以我們看到賁，就要小心後面可能是噬嗑的殺機。這樣一來，人生就不會誤判，也可以少吃點虧。

噬嗑、賁的卦中卦「蹇、解」的比較

在噬嗑卦一章，我並沒有從卦中卦的角度來看這個弱肉強食的世界，現在我們就結合賁卦，從卦中卦來看看這兩卦更深的內涵。

首先看二、三、四、五爻。這四個爻是最典型的互卦——中爻的概念。噬嗑卦中間四個爻都是吃肉的，是集體分贓的肉食集團。四爻在第一線「噬乾胏」，五爻躲在第二線「噬乾肉」，三爻吃臘肉的同時還會遇毒，二爻為了吃那麼一點肉片，還可能被當作炮灰犧牲掉。這樣一個嗜血吃肉的鬥爭陣營如果贏了，敵方的競爭陣營——上下兩個陽爻就會變成階下囚。二、三、四、五爻構成的卦中卦是蹇卦（䷦），因為它們是一條船上的人，風雨同舟，所以必須合作。蹇卦本來是寸步難行，誰都動不了，但環境卻逼著它們必須合作，去對付共同的敵人；或者和衷共濟，應付眼前共同的禍患。不管過去有什麼衝突、有什麼不痛快，眼前都得合作，所以說「蹇之時用大矣哉」；大難當頭，槍口一致對外。就像比卦（䷇）第三爻「比之匪人」，爻變也是蹇卦。所以人生在世，有時候還得跟「匪人」合作，就是因為在蹇的困境下，形成統一戰線的階段性合作關係是必要的。因此，在噬嗑卦的吃肉集團中，它們其實是利益的結合，所以二、三、四、五爻不管內部有什麼問題，它們一定合作，贏了就吃對方的肉，瓜分資源。當然，噬嗑卦中有蹇卦的象，還有一層意思就是，蹇卦外險內阻，寸步難行，人生的路崎嶇不平，充滿險阻，步步是危機。噬嗑卦因為充滿鬥爭，一不小心就給人家吃掉了，所以提出警告，人類文明完全靠噬嗑還是行不通。今天你贏了，但你不會永遠贏；今天你吃人，也許下次人吃你；今天你取勝，下次你被人擊敗。如果人類文明只有這一面，真的是寸步難行，必須用賁卦的人文化成來化解獸性，否則到最後大家同歸於盡，沒有真正的贏家。噬嗑卦發展到極端就是「何校滅耳，凶」，罪孽深重；在佛教來說，不論輸贏都要打入永受痛苦的阿鼻地獄。正如〈繫辭傳〉所說「罪大而不可解，惡積而不可掩」。所以噬嗑卦也需要賁卦的人文化成，好化解人與生俱來好殺好鬥的獸性，這樣人類文明才有前途。

「罪大而不可解」，「解」和解卦有關，賁卦之中剛好就藏著一個解卦，這也是從噬嗑卦的叢林法則中解脫的唯一方法；遠離顛倒夢想，才有機會「赦過宥罪」、到達究竟涅槃。噬嗑的解脫之道就藏在賁卦二、三、四、五爻構成的雷水解（䷧）。噬嗑中有水山蹇，賁中有雷水解，蹇卦跟解卦一體相綜，正因為「蹇」才要「解」，解開人生寸步難行的困局，那就要運用智慧，文化教養就是救贖之道。噬嗑卦和賁卦相綜，它們的二、三、四、五爻又分別構成有相綜關係的蹇卦和解卦，這就是《易經》的結構精妙之處。賁卦中暗含解脫之道，就是用文化來化解「天地不仁，以萬物為芻狗；聖人不仁，以百姓為芻狗」的噬嗑殺機。

噬嗑卦說明生存不易，充滿鬥爭和凶險；賁卦則透過人文思想尋求解脫。這與西方哲人的思考和主張也有相似之處。西方的悲觀哲學家叔本華也覺得人生多艱，不容易找到出路，這是他看到了噬嗑的一面；而他提出人生的救贖之道有二，一是藝術，一是宗教。宗教當然包含救贖之道，因為它就是以救贖的終極關懷作為號召，甚至主張人生而有原罪；加上人生一世繼續造孽，所以要懺悔、告解，藉著宗教修行得到解脫。其次就是藝術。我們可以從賁卦深入挖掘、甚至構建易學中的美學系統，但這個工作一直沒有人做成功。賁卦也重視形式美，而美學一定講究形式美；形式美跟內涵能夠「文質彬彬」達到均衡，那就美不勝收了。不管是繪畫、音樂、雕塑、建築等，都屬於美學的領域，也包含在賁卦之中，這也是人類的救贖之道。所以人生在艱苦困頓的時候欣賞藝術或創造藝術，都可以讓人暫時將痛苦拋開，這就有洗滌靈魂的功能。很多偉大的藝術創作也是從苦悶的靈魂迸發出來的。藝術家創造偉大的作品，希望自己得到救贖，也希望透過藝術的感染力，讓受苦的眾生得到救贖。但藝術的救贖功能，亦即「賁」中之「解」無法持久，等你回到現實生活，又陷入噬嗑卦的痛苦之中。從西方的觀點來講，宗教的救贖就比較深刻而持久。

噬嗑卦中有蹇卦，賁卦中有解卦，若能趁此一生將諸多業障統統洗淨，便能回歸自然、解脫自在。莊子說，嗜欲深者天機淺，嗜欲越深，越容易迷失方向、迷失本性。可是我們個個都是肉眼凡胎之身，人生在世，哪能免除生之大欲？幸好賁卦告訴我們，人生走這麼一趟，沉迷一回，還是有解脫之道，等到你悟道了，就可以回歸自然。

噬嗑卦與賁卦其他卦中卦的比較

噬嗑卦中還有未濟卦，三、四、五、上爻構成的就是火水未濟（䷿）。鬥了一輩子，到最後誰也沒成功；因為不論輸贏，最後統統「何校滅耳，凶」。所以，何必鬥成這樣呢？結果是「未濟」，在輸贏勝負的世界落得一場空，連靈魂都不得解脫，無法渡彼岸。在噬嗑人生中，真正能全身而退，或者建功立業、德行無虧的沒有幾個。像陳水扁，還有陳水扁帶動的大商人、大企業，最後都吃了官司，甚至鋃鐺入獄。不論你是吃乾肉、吃乾胏、得黃金、得金矢，最後也不能免於「何校滅耳，凶」。這就是噬嗑卦三、四、五、上爻呈現的景象。「罪大不可解，惡積不可掩」。我們把噬嗑卦拿來對照發生在周圍或歷史上的事件，就會發現《易經》分析事理之精準深刻，凜凜可畏。

再看噬嗑卦的二、三、四、五、上爻是一個什麼卦？火山旅（䷷）。失時、失勢、失位，好淒涼的景象。噬嗑卦上爻正是旅卦上爻：「鳥焚其巢，旅人先笑後號咷。喪牛于易，凶。」正是「覆巢之下無完卵」。換句話說，噬嗑卦的「何校滅耳，凶」，就是「覆巢之下無完卵」的象。這樣一來，噬嗑卦中有「蹇」、有「未濟」、有「旅」的象，而這都是偏向於高層——上面三個爻所形成的卦。

另外再看幾個比較靠下面的卦，一個是噬嗑卦初、二、三、四爻構成的頤卦（䷚），象徵生態的平衡；還有就是初、二、三、四、五爻構成的屯卦（䷂），有「動乎險中，大亨貞」的生機。這是噬嗑卦中含藏的五個卦。

賁卦也還有四個卦中卦。三、四、五、上爻構成的也是頤卦，但比較偏向上爻，因為賁卦到最後要返璞歸真、回歸自然，確實履行頤養之道。初、二、三、四爻構成的是既濟卦（䷾）。噬嗑卦中有未濟，賁卦中有既濟。所以叔本華認為藝術活動或宗教信仰可以得到人生的救贖。賁卦的人文教養可以追求人生的「既濟」；滿手沾血的噬嗑卦反而徒勞一生，最後是「未濟」。再看，賁卦初、二、三、四爻構成的是豐卦（䷶），豐功偉業，如日中天；文化也好，藝術也好，宗教也好，裡面都有豐厚的資源，可以建功立業、成就不凡。最後一個就是二、三、四、五、上爻構成的蒙卦（䷃）。蒙卦除了代表人生對很多東西蒙昧無知之外，也代表啟蒙之道，所以要靠著賁卦來啟蒙。啟蒙就是復元。回歸純淨自然的真心本性，本來就是賁卦最後要走的路子。換句話說，蒙卦「九三」跟「上九」的「包蒙」、「擊蒙」，跟「有教無類」的賁卦，和賁卦中的啟蒙之道如出一轍。

以上就是噬嗑卦和賁卦之中隱藏的卦象，這些卦象和爻辭的因果，多多少少都聯繫在一起了。

賁卦卦辭

䷕

賁。亨。小利有攸往。

賁卦的卦辭只有六個字：「亨。小利有攸往。」不講「利有攸往」，而是「小利有攸往」，因為它的「亨」還是有局限的。「亨」說明賁卦有亨通之道，因為善於包裝，善於企劃行銷，擺出吸引人的色相，別人一時搞不清楚你的內在本質，你當然可以先佔便宜。所以善於「賁」的人有亨通之道，「亨者，嘉之會也」；美女人人看了都賞心悅目，這是不可否認的事實。如果你有很好的本質，可是第一眼給人的「賁」不好，誰有那麼多時間去挖掘你的本質？所以賁卦善於包裝、文飾，確實有亨通之道。

但是所有靠外在的賁所得到的亨通，還必須有名副其實的內在，不然，時日一久，內在美的

「質」不夠，人家發現你是「文勝於質」，那你的亨通就很有限了。換句話說，包裝、行銷很重要，但產品的實力要跟上；如果產品實力不足，靠著賁卦所創造的短暫亨通，只是「小利有攸往」，獲利有限。這就說明，必須「文質彬彬」，內外相符，不然就會打折扣。關於「小利有攸往」，其實從卦象結構看也不難明白。賁卦內卦是離，代表文明、光明；外卦是艮，艮為止，外面有一座山擋著，那能走多遠？

「小利有攸往」點出了賁卦本身的缺陷，以及它必然受到的局限。也有人採另一種斷句，變成：「賁。亨小，利有攸往。」有亨通，但是有限。不過〈彖傳〉作者顯然不作如是觀。賁卦〈彖傳〉的解釋是用卦的結構來分析，所以，我們還是應該採信〈彖傳〉作者的斷句。但會斷成「亨小」，也因為確實有這樣的例子，像既濟卦的卦辭就叫「亨小，利貞。初吉，終亂。」但這裡很明確是「亨，小利有攸往」。「亨」是因為內卦離的光明，「小利有攸往」是因為外卦艮的限制。

賁卦〈彖傳〉

〈彖〉曰：賁，亨，柔來而文剛，故亨。分剛上而文柔，故小利有攸往。（剛柔交錯），天文也。文明以止，人文也。觀乎天文，以察時變；觀乎人文，以化成天下。

賁卦的〈彖傳〉內容很豐富，但不是那麼好懂。〈彖傳〉因為寫作年代最晚，初學者很少一開始就可以進入狀況的，有時甚至不知道它在講什麼，看不懂它對卦爻互動和結構的分析。而最後贊《易》的部分，完全是〈彖傳〉作者自己被啟發之後得出的新觀念，經文中根本就沒有提及，跟解釋卦辭就更沒有關係了。

我們先看「賁，亨」，這是解釋卦辭，告訴你賁卦為什麼能亨？然後再接著說明為什麼「小利有攸往」？這就確知卦辭不是「亨小」了。因為「亨」是一個概念，「小利有攸往」是第二個概念。賁卦能「亨」，主要是因為內卦離的光明、人際的網絡。賁卦的「小利有攸往」，主要是上卦艮的「止」，適可而止的節制。這裡講得非常清楚。後面的部分則跟卦辭沒有關係，是〈彖傳〉作者創造發揮的部分。但無論如何創造發揮，絕對沒有偏離賁卦的卦象結構，因為所有的辭都生於象，象是無字天書。〈象傳〉也是如此。

「柔來而文剛，故亨。」「文」是動詞，文飾、包裝美化的意思。賁卦為什麼能亨通呢？因為「柔來而文剛」。柔是講下卦離，下卦哪一個爻是柔？當然是「六二」，就是離卦的光明中心、文明的內涵精神。爻往內、往下發展就叫「來」，例如「七日來復」；往上、往外發展就叫「往」，例如「利有攸往」。「六二」是「文剛」，居於下卦、內卦離的光明中心，這是在講「六二」的影響力。陰柔的「六二」，居內卦、下卦之中，它就能「文剛」，用文飾美化它四周的剛，這是一個相得益彰的承乘關係。它「文」的「剛」就是「九三」，正是賁卦核心最光輝燦爛的爻，也是色相最精深的地方。而且「九三」是人位，「噬嗑，食也；賁，无色也」，講的就是飲食男女、人之大欲；人一生所進行的活動，無非是爭逐食、色。多凶多懼的賁卦「九三」，是色相最深的地方，也是習染最深的地方，更是離卦的光明之極。這就在告誡我們，不要被色相所迷，迷了就凶。「九三」是賁卦的漩渦中心，紅得發紫，漂亮得不得了。它怎麼會包裝得這麼美呢？因為「六二」中正，陰居陰位，也是光明中心、網絡中心；跟它同在離卦裡頭的「九三」也正，有內涵、有實力、陽居陽位。「六二」跟「九三」是陰承陽、柔承剛的關係，所以「六二」等於是在幕後美化、包裝、文飾枱面上的風雲人物——「九三」。「九三」是有頭有臉的，身在上面四個爻所構成的頤卦上流社會之中。「六二」不在三、四、五、上爻構成的頤卦之內，所以是幕僚、參議，但他追隨「九三」，一切作為都是希望長官、老闆光鮮亮麗。「九三」如果是電影明星，「六二」就是在後面打理一切的經紀人。這就是「柔來而文剛」，賁卦的亨通就是這麼達成的。換句話說，這還是一個團隊，「六二」是專業化妝師，知道怎麼把「九三」漂漂亮亮地推出去。「九三」如果沒有專業的「六二」在後面幫忙，「賁」的效果就會大打折扣。「故亨」，這是講「六二」用「賁」的工夫讓有承乘關係的「九三」發光。

「分剛上而文柔，故小利有攸往。」講的是外卦艮。「分」，噬嗑卦也有「分」：「剛柔分，動而明，雷電合而章。」先分而後合，你要打擊誰、要跟誰結盟，要先搞清楚。除了分別的意思之外，分也是一半的意思。我們剛才分析下卦、內卦最重要的「六二」如何文飾「九三」，創造「九三」和整個賁卦的亨通，並且讓所有的光環聚焦在「九三」上頭。然後是分「剛上」和「文柔」這兩重美化的工夫。「剛上」，上卦艮陽剛的爻只有「上九」，也是艮卦的主爻，在山頂，有登峰造極的表現。然後它可以去「文柔」，而它「文」的就是君位的「六五」；因為「六五」跟「上九」關係良好，陰承陽，柔承剛。「六五」當然是枱面上的人物，是賁卦官場中的最高領導人，他絕對要有「賁」的光環。可是他本身是虛的，是陰爻，所以一定要靠「上九」這個大靠山奧援、支持他。「上九」是退休大老，「六五」是還在枱面上的老大。「六五」因為後面有境界更高的「上九」指導他、支援他，發揮幕後的強大影響力。「六五」雖然是賁卦君位，但他的工夫還沒到頂，還需要老前輩的指導、提攜，讓他更光鮮，在賁卦中稱職地扮演領袖的角色。所以「剛上而文柔」就是「上九」去文飾美化、增加「六五」的光輝色彩。可見，〈彖傳〉透過如此精細的結構分析去解釋卦辭，就不是創作時間最早的〈大象傳〉跟〈小象傳〉能夠具備的功能了。所以，說〈彖傳〉是集大成的「天下第一傳」確實名副其實。

這樣一來，和「柔來而文剛，故亨」、「分剛上而文柔，故小利有攸往」相關的四個爻都有著落了，讓我們更清楚賁卦承乘關係的文飾效用。「九三」有實質內涵，剛進入賁卦的上流社會，「六二」就要下工夫把它捧上去，變成一顆新星。「九三」如果出息了，「六二」不也跟著發財嗎？「六五」的位置很重要，但它是陰爻，很謙和、很虛心，不像「九三」那樣光芒四射。已經退休的老前輩「上九」跟「六五」的關係很好；「六五」對「上九」陰承陽、柔承剛，也是畢恭畢敬，所以「上九」當然會出手支持經驗等各方面還不夠的「六五」，讓它坐穩大位。

從這裡我們也可以看出，賁卦的美化功能很難靠應與關係來完成，畢竟離得太遠了；只能靠承乘的貼身關係來達成，而且是「你好我也好」、「你不好我也糟」的休戚與共關係。

剛柔交錯，天文也

「小利有攸往」，不是很正面的評語。接下來，〈彖傳〉則對賁卦做了非常正面的闡述，藉著文明、文化、人文提升人的理氣象數。作者覺得卦辭講得太保守，他要革卦辭的命。當然，傳是要傳經的，但還是可以提出更高明的想法。而且這個更高明的想法，算是替賁卦卦辭做了平反，它講得非常好——「剛柔交錯，天文也。文明以止，人文也」。人文、天文是人與自然、小宇宙與大宇宙，關係十分密切。「觀乎天文」，指的是我們要用觀卦的工夫仔細觀察天文現象。就可以「以察時變」。整個《易經》就在研究時變。「觀乎人文」，人類繁衍之後，慢慢脫離動物身，有心靈的精神文明創造，這個人文世界也是非常值得我們細心觀察的：「觀乎人文，以化成天下。」這樣對賁卦的發揮可謂是精彩之極。當然，假定沒有卦辭、爻辭，我們從賁卦的象也可以解讀出來，因為內卦的基礎是文明的象，上卦艮則是往越來越高的境界攀爬，爬到孤峰絕頂、「止於至善」。這是《大學》一開始就在講的——「大學之道，在明明德」。內卦、下卦，就是明，內在的東西開發出來，「在明明德」，但這不是終極境界，接下來還要「在親民」；除了自己的「明德」要「明」，其他眾生的「明德」也要「明」。最後才是「止於至善」，那就是外卦艮。《大學》講的三綱領也可以從賁卦解讀出來。哪裡只是「亨，小利有攸往」那麼狹隘？可見卦辭的作者考慮未周，〈彖傳〉則不同，那時人文大盛，作者體悟到賁卦的卦象內涵，先從結構面解釋，後面就發揚光大，超越經文，藉傳文提出更豐富的思想。「人文化成」就這樣出現在〈彖傳〉中，點出賁卦絕對正面、而且必要的部分。

「剛柔交錯，天文也」，關於「剛柔交錯」，現在流傳的《易經》〈彖傳〉本子，這四個字是沒有的。大概是傳抄過程中漏了四個字，後人才把那四個字補上。其實《易經》掉的字還真的很少，這四個字算是掉得很嚴重的。其實我們從觀象的結構中就可以推敲出哪四個字是合乎天文的，最可靠、最有說服力的就是「剛柔交錯」四個字。不過，誰也不敢百分百肯定。只是從卦象來看，確實是「剛柔交錯，天文也」，三陰三陽不是剛柔交錯是什麼？〈繫辭傳〉下傳第十章就說過：「物相雜，故曰文。」這是對「文」的定義。「物」就是爻，「爻有等，故曰物」，所以在《易經》卦爻結構系統中，就用「物」來稱爻。然後這些爻是相雜的，陰陽交雜就叫「文」，也就是「剛柔交錯」。既然「爻有等，故曰物」，「文」如果不是一個均匀的結構，就「吉凶生焉」。「文」是剛柔交錯，代表社會、自然的結構是很複雜的，不是單調的，所以要懂得剛，又要懂得柔，還要懂得它們之間的互動，如此才會分陰分陽，迭用柔剛。人生要學的就是「文」，這裡面大有文章。不學，就沒有辦法分辨錯綜複雜的人際關係、組織關係。天文也是一樣，我們仰觀天象，天空中有亮的地方、有黑暗的地方、有明顯的、有隱微不顯的，那也是剛柔交錯，所以才會出現星光閃爍的夜景。我們都知道，宇宙中看得見的星體是極少的一部分，有些則是肉眼看不到、太空望遠鏡也看不出來的黑暗物質，而且占絕大多數。但整個宇宙呈現出來的天文現象是剛柔交錯的——亮的、暗的，而且星球、星雲之間也有引力互動的關係。這就叫「剛柔交錯，天文也」。仰看星空是如此，如果把山河大地考慮在內，生物世界也是如此，有雌有雄、有陰有陽。所以〈繫辭傳〉說：「古者包犧氏之王天下也，仰則觀象於天，俯則觀法於地，觀鳥獸之文與地之宜。近取諸身，遠取諸物，於是始作八卦，以通神明之德，以類萬物之情。」

由此可見，「剛柔交錯」這四個字恐怕比較容易被大家接受。畢竟「天文」絕不單純，不是現在流傳的缺字傳文所能描述的。「剛柔交錯」四字是否妥當，仍有待文字考古學家商榷。

文明以止，人文也

「文明以止」，指的是內卦離的文明和外卦艮的止。《大學》開篇從「明明德」到「止於至善」，這就是「人文」。確實如此，動物有這樣的本能嗎？沒有，也不需要，它只需要解決飲食雌雄、傳宗接代，哪裡還要建構代代相傳的文明傳統。只有人類小時候要上學、讀經典，接受前人已經建構的知識。人文精神是人類不斷累積、體悟而成，由觀察自然、社會、人情的互動所建構。但是人文跟文明還有不同，文明的發展要止，第一是止於至善，第二是適可而止。因為文明也可能止不下來，尤其現代科技文明對自然的破壞日益加劇，現在很多國家已經意識到這個問題，正努力採取節制的措施。所以，文明發展必須適可而止、止於至善，這才合乎人文精神。破壞生態，一天到晚噬嗑殺戮也是文明的一部分，但這種文明不可以毫無節制地發展。可見，人文是文明再加上艮卦的止欲修行、適可而止所形成的。

現代社會的科技發展已有匪夷所思的重大突破，連複製生命都不成問題了。但是複製生命就算辦得到，該不該做，這正是人文精神必須考量的。從《易經》的剝、復、无妄、大畜這些卦都可看到，人要嘗試解讀生命的奧秘，運用生命奧秘來複製生命，那將是很大的權柄，但非常有可能造成無法收拾的天災人禍。所以事實上辦不辦得到、跟要不要這麼做，《易經》都有提醒，這就叫「文明以止」；不是可以發光就全無約束地盡量發光。像臨卦也說「元亨利貞」，但是「至于八月有凶」。這種有節制、考慮均衡的精神，就是人文精神之所在。所以我們對離卦所象徵的文明，再加上艮卦節制欲望所形成的人文精神，一定要加以重視。

觀乎天文，以察時變；觀乎人文，以化成天下

「觀乎天文」，用的是觀卦那一套觀察到很多自然法則。「以察時變」，春夏秋冬就是時變，彗星七十幾年發生一次、日食月食……，舉凡天體運行的變化都是時變，都可能對我們發生影響。

所以環境大自然的時變，當然要細細觀察研究。可見，「觀乎天文，以察時變」，需要細密的觀察工夫，像觀卦、豫卦都強調提早準備以趨吉避凶；而且要知道這些自然現象、天災地變之所以然，這樣才能福國利民。像地震，現在多數國家的頂級科學家也很難準確預測，突破的努力始終不懈；如果能對地震做出準確的預測，趨吉避凶的空間就大太多了。中國古代地震的預測是以觀察動物異常活動作為指標；現代的地震預測，空中電場離子被列為方法之一。這些都是「觀乎天文」得到的信息。

「觀乎人文」，好好研究世界各大文明區塊所建構的文明，包括宗教、藝術、思想體系，目的是吸取其中有益於世道人心的養分，「以化成天下」。「人文化成」的概念，就不是觀乎文明，而是觀乎「文明以止」的人文，還要再進一步「以化成天下」，這就要經過通俗化的過程，讓知識普及。這裡涉及幾個重要概念——文明、人文、文化。文明是有錢有閒階層，受過教育的精英分子所創造的，這不能否認。但是光這樣不行，所以觀卦要「風行地上」，要深入淺出，跟生活打成一片，並普及到民間基層，才能發揮真正的功能。這就是「觀民設教」，也叫「文化」。文明和文化從英文來理解也很精確。文明是「civilization」，文化是「culture」。「civil」就是城市化的，是城市精英分子所創造、所開發出來的，這就是文明的前提。文明要普及到普羅大眾、遍及鄉野，變成日常生活的一部分，那就是「cultural」，需要種植、培養。「civil」跟「cultural」就是文明跟文化。文明要發展為文化，就要經過觀卦「風行地上」的普及工夫，才能影響深遠。

城鄉之間的差距，要從都市創造精緻文明的中心，普及到無遠弗屆的郊野鄉鎮，就像「同人於野」一樣；若僅局限於城市，永遠只有少數人受惠，一定要推擴至廣土眾民，變成文化，才算是

「化成天下」」。講到「化成天下」，在自然卦序中，賁卦是第一個揭露這個觀點的。第二個就是離卦本身。離卦〈彖傳〉，也講「化成天下」。也就是說，從賁卦首揭這個概念，到離卦〈彖傳〉時，這個概念就發展為「重明以麗乎正，乃化成天下」。第三個就是恒卦（䷟），進入人間世的下經。恒卦〈彖傳〉就變成了「聖人久於其道而天下化成」。化成天下是從文明普及到大眾的歷程，到恒卦的「天下化成」，文明的普及已經完成。就像《大學》的「平天下」，「平」是動詞，亦即天下還沒平，要去平，那是奮鬥的歷程，結果就是「天下平」。這和從「化成天下」開始，最後「天下化成」是一樣的。可見，人文化成是奮鬥的過程，從賁卦開始到離卦，然後到恒卦才完成；必須經過長時間、持之以恆的努力。就像幾個重要的人類古文明和宗教，就是經過漫長的過程才逐漸成型。

以上就是賁卦〈彖傳〉「贊易」的部分，將賁卦的內涵擴大發揮，把原本有點負面的「亨，小利有攸往」擴大到無以復加，這一點非常值得學習。〈彖傳〉的作者對於經典研讀可謂是做了極好的示範。經典雖然非常高明，但它也有可能「智者千慮，必有一失」，有些地方講得不夠圓融，後來者就要給它補全。這也叫「幹父之蠱」，而不是抱殘守缺，被經典限制住，動也不敢動。賁卦〈彖傳〉做了這個示範之後，六十四卦中還有兩個卦的〈彖傳〉也是如此；一個是姤卦（䷫），一個是歸妹卦（䷵）。姤卦和歸妹卦的卦辭根本沒有好話，歸妹卦的卦辭是完全否定的「征凶，無攸利」；姤卦卦辭則說「女壯，勿用取女」，也是反對姤的非常之變、不期而遇。這樣一來，就把姤卦和歸妹卦一棒子打死了。但是姤卦〈彖傳〉就把它抬到宇宙世界生成的層次，認為整個宇宙的創生也就是一個機緣，這個說法真是匪夷所思。然後歸妹卦也做了平反，它說女孩子到了適婚年齡想嫁人是天經地義的。你看，〈彖傳〉作者的心胸見識，跟我們現代人的脾胃多麼相合！完全不講教條，而從另外一面做意義上的提升，讓我們看到卦象更全面的現實真理，如此，卦的啟發意義就截然不同了。這樣看來，既然〈易傳〉可以打破經文的局限，二十一世紀或往後的世代，有沒有可能也跳脫這個局限，「不可為典要，唯變所適」，觸類旁通，寫出「新十翼」呢？現代文明的挑戰那麼多，很多新的經驗是古人做夢也夢不到的，若能將它吸收消化，創作新的〈易傳〉，確實是值得期待的盛事！

賁卦與天人感應

西方哲學家康德一輩子獨身，生活規律，極有自制力。他晚年時習慣在固定時間、固定路線，一邊散步一邊想問題。就在這段時間，他留下了一段著名的感言，這段感言就跟賁卦〈彖傳〉講的「觀乎天文，以察時變；觀乎人文，以化成天下」非常接近。他說他思考一生，最能感動他的，一個就是仰觀天象，看星羅棋布的宇宙星空充滿奧秘。另外一個就是觀乎人文，他發現人所服膺的道德律也如星空一樣體系儼然。外面的大宇宙和內心的小宇宙一樣都是光輝燦爛的系統，這兩者讓他一輩子感動莫名。這種想法和賁卦是不謀而合的。

另外，古代小說或是對自然秩序深信不疑的人常提到，古人往往藉著觀天象以察時變，他們總認為，天上星星的秩序跟人間重要人物的浮沉有關。就連《高島易斷》也視為當然，書中確實也有那樣的占例。例如一顆大行星殞落了，他就說哪一個重要的政治人物大概就得走了。這大概就是所謂的天人感應吧！也不知道他是運氣好，還是別的什麼，結果某某大臣就真的過世了。這樣的例子我們在古代記載中也常看到。天上的星辰好像跟人間有某種程度的呼應。再說得通俗一點，所有的占星學都是如此，像巴比倫占星學、紫微斗數、四柱八字等，都把人生的宿命跟天上星辰放在一起看，不然為什麼一個人的出生年月日時辰，可以相當程度地描繪一生可能的氣運流年？這就是天人相應，大宇宙跟我們內在的小宇宙相互呼應。現在，星象學已經平民化、普及化，甚至娛樂化了。如今台港地區的媒體，每天都會提醒我們，今天星座是什麼、運勢將如何等等，類似的東西充斥在生活之中。

然而關於天人感應的關係，在中國古代歷史上甚至變成政治鬥爭的藉口，倘若發現客星侵佔主星的位置，就被引申為可能有奸臣要謀害皇帝。其實這未必是迷信，純粹是政治鬥爭的藉口；皇帝想殺誰，就找管星象的人來講一講，殺掉某人，災象就解了。自古以來，這個藉口確實很好用，用星象的異常之變，將人間的「噬嗑」合理化。所以，連日食和月食都會被認定是國家有異變的徵兆。以現在觀點來講，日食絕對有其規律，而且是可以預測的天文現象。只是，賁卦的另一面是噬嗑卦，在進行殘酷的政治鬥爭時，賁卦往往是最美麗的藉口。

賁卦與功名科考

賁卦是官樣文章，自隋唐以後，科舉考試幾乎都跟賁卦有關。任何人想進入官場都得通過考試這一關。從考秀才開始，然後舉人、進士；一輪一輪的考試，決定你未來在官場的發展；甚至在過世的時候，考場的資歷還是跟著你！過去重要大臣過世時，朝廷會給他擬一個謚號，直到明清時期，進士出身的官員謚號才能有「文」字，表示你是科班出身。「文」就是「賁」的概念。像曾國藩人稱「曾文正公」，其謚號就是「文正」，不但「文」還「正」，那是「文」的極品。「文」代表曾國藩是進士出身，說明謚號很重視考場的資歷。像王陽明謚號「文成」，李鴻章謚號「文忠」。但左宗棠卻是例外，左宗棠不是進士出身，可是他的謚號是「左文襄公」，「襄」就是幫忙，「正」就是坐在中間的。他不是進士出身，怎麼會取這麼一個謚號？「文正」和「文襄」，你說誰大？當然「文正」大。為什麼清政府要破例呢？因為左宗棠自恃清高，對曾國藩不很服氣，經常跟他鬥。他去新疆平叛的時候，曾國藩器量大，用自身的威望幫他做後勤工作。左宗棠後來在新疆立了大功，新疆之所以設定省級行政區域，納入中國的一部分，左宗棠功不可沒。可是他正在前線打仗的時候，突然給清朝政府請假，說要參加那一年的科舉考試。原來他只有舉人出身，雖有真才實學為國家服務，但沒時間參加進士考試。正當戰事緊急時，前線將帥要請假回京參加考試，這不是開玩笑嗎？這個意思太清楚了！他就是想將來死後要一個「文」字。他雖然建立那麼大的功業，但是按照規矩，謚號中不能有「文」字。這時候皇帝只好破例特許，下旨稱左宗棠將來老死絕對有「文」字，等同進士出身。左宗棠藉著這次勒索，要到了等同進士出身的「文」字，可是皇帝一定不高興，你平常閑的時候不考試，怎麼到打仗的時候突然要考試了呢？大概就此懷恨在心，等到左宗棠過世時，謚號雖給了他一個「文」字，卻是「文襄」，「文」字爭到了，但不是「文正」，只是在旁邊幫閒的。這可是左宗棠算不到的，「文襄」的分量就差太多了。

這是「文」字與功名的一點引申，讓我們對賁卦有更深一層的認識。要知道，在以前的制度設計上，諡號對於一個人的歷史評價有關鍵性的影響，有「文」沒「文」，是進士出身，還是舉人出身，差得很遠。

賁卦〈大象傳〉

〈大象〉曰：山下有火，賁。君子以明庶政，无敢折獄。

我們在噬嗑卦提到三權分立的問題，也提到《尚書》其實早就有這樣的思維；與此相關的四個卦，皆是相綜相交的卦，噬嗑卦「先王以明罰敕法」，是立法權的象徵；賁卦則是行政權的象徵，這兩卦是行政立法一體的兩面，互相制衡，如鳥之雙翼，車之兩輪，缺一不可。然後是和賁卦上下相交的旅卦，講的是行政權跟司法審判權之間銜接的關係；還有跟噬嗑卦上下交易的豐卦，本身就是司法審判權。

我們現在看賁卦〈大象傳〉。在三權分立的系統中，作為行政權的代表，在行政、立法、司法三種公權力互相制衡上的分工，賁卦代表講究修飾的官樣文章、官方說法，所以非常適合作為行政權的表徵。「山下有火」，這是賁卦的卦象，內卦是心知肚明的離卦，外卦是艮，為了保護自己，大家絕口不提，讓裡面的光明顯現不出來。就像歷史上很多史官的記載不敢碰觸敏感的政治議題，表面文字看來隱隱約約，真相不明，因為外卦艮的強硬壓制，使得光明透不出來。

「賁」也代表官場威儀，尤其古代官員的朝服，上面所繡的動物圖案代表幾品官，顯示該級別的威儀、官威，出門還有開路的儀仗。用這種外在威儀建立官威，那就叫「賁」。現代社會很多聚會、宴會場合都要求正式服裝，甚至需要穿禮服，如果你硬是違抗，一定會被擋在門外。這都是進入賁卦的卦、爻必須認識的，它是一個趨同，不能讓人覺得你怪異。格格不入、叛逆行為在賁卦中一概用不上，因為大家都這樣，你就必須從俗。像制服也是一樣，某種制服代表某種身份或行業。這都是「賁」，是一種遊戲規則，也是一種生態結構，必須先取得外在的認同，才能成為其中一分子；至於進去之後要發揮什麼樣的影響力，那是另外一回事。這些都是賁卦的象。

「君子以明庶政，无敢折獄」。「庶政」就是關於庶民的行政事務，裡面包括大大小小、千頭萬緒的政務。這是從內卦「離為明」得來的象。「君子以明庶政」就是行使行政權，做好為民服務的工作，這是賁卦的本業。「无敢折獄」，就是絕對不可以干預司法審判。「折獄」是古代常用的詞，就是審判過程中要先聽兩造——原告和被告——的爭訟之詞，然後舉證辯論，最後做出裁決。可見，「折獄」是司法權，司法權的核心是各級法院，不受任何其他機關的干預。行政權的職權是「明庶政」，絕對不可以干預司法審判。這種尊重司法獨立的想法，在三千年前的中國就已經出現了，只是到現在都還沒有百分之百落實。

片言可以折獄

「折獄」是司法審判，現代司法體系，一種是有陪審團，一種沒有陪審團。沒有陪審團的，法官的權力就很大，可以掌握人的生死。如果有陪審團，法官就沒有這個權力，有罪、無罪還得投票通過。如果陪審團認為無罪，法官就只能宣佈無罪釋放；如果陪審團認為有罪，法官就得根據他的法學素養量刑。如果沒有陪審團，很多大案會讓參與「噬嗑」的人恐懼不安，因為初審、二審或終審各碰到什麼法官，對審判的結果都有重大影響。

根據噬嗑卦「明罰敕法」的立法規範來執行審判權，行政權那隻手絕對不可以伸過來。但是越欠缺的往往就越要強調，自古以來人性皆如此，尤其古代帝王，少有不干預的。像美國總統提名大法官，提名之後他就不聽你的了，完全根據司法程序辦事。這樣一個防止權力腐化的設計，自古有之，只是能否落實執行罷了。

豐卦象徵司法審判權，〈大象傳〉就說「君子以折獄致刑」，這和賁卦就有交集點了；所以行政權跟司法權是有交集的。我們在旅卦之中也可以找到賁卦跟豐卦的交集，因為旅卦講的也是行政權，旅卦的監獄就是行政權的一部分，但它又跟司法權密切相關。真正的司法權就是各級法院行使的審判權，必須客觀公正、獨立操作，不受任何影響。

「折獄致刑」就是量刑，事關排難解紛是否正確裁判，這也是自有人類以來的普遍需求。孔子在魯國做大司寇的時候，在這方面就有豐富的經驗，可以洞察兩造之間的是非。《論語》中記載：「片言可以折獄者，其由也與？」是說「由」（子路）根據「片言」就可斷案。「片言」是指訴訟中的一面之詞。別人判案必須聽兩造說法，而子路為人忠信果決，所以有這樣的特殊才幹。但孔子的意思並不是描述子路經常「片言折獄」，而是肯定他有這種能力；同時，學生有這種能力，老師本身也一定有這個能力。這是因為對人情、人性有透徹的了解，根據片面之詞，不必聽兩造爭訟，就可以判斷事情的是非曲直。這就是「片言可以折獄」。我們通常沒有這樣的智慧，有時各方都聽完了，還不知到底誰是誰非呢。

「折獄」就像《易經》的斷卦，衍卦容易斷卦難，斷卦也是一種「折獄」的本事。怎麼斷，若能廣泛搜集各方資訊當然最好，但有時候未必可以掌握所有資訊，能根據有限的資訊而做出精準的判斷，這才是斷卦最難的地方。

掌握精確的關鍵訊息，就可以做出八九不離十的判斷，這種「折獄」的工夫，也是《易經》的法學思維。故而從噬嗑卦、賁卦、豐卦、旅卦這四個涉及刑獄的卦，以及涉及民事糾紛的訟卦，都可以理出很多富有現代精神的法學思想。此外，例如解卦就談到「赦過宥罪」，中孚卦有「議獄緩死」，判刑後還有緩刑的空間。這些統統都在重視人世修行的〈大象傳〉中彰顯出來。

賁卦六爻詳述

上爻：自然即為美

上九。白賁，无咎。

〈小象〉曰：白賁无咎，上得志也。

賁卦六個爻都有「賁」字，也就是說，這是一個「全賁」的格局，人生無時無刻不在賁卦的習染和趨同化、社會化的歷程中。你要參與社會上複雜的人際互動，真的也好，假的也好，不可能不染上一些習氣。從初爻到上爻、由內而外、由下而上，從職場到官場，染於蒼則蒼，染於黃則黃，這是一定的。所以六個爻都在賁卦之中，這就是「全賁」；就如臨卦、觀卦的「全臨」、「全觀」，都屬基本情境，擺脫不了。不過，雖然六爻都在「賁」之中，但還是有其差別。初爻到五爻第一個字都是「賁」，「賁」所象徵的東西鋪頭蓋臉而來，你一定會受到影響。所以「賁其趾」、「賁其須」、「賁如濡如」、「賁如皤如」、「賁于丘園」，沒一個不是「賁」。換言之，在賁卦的社會中，每個人多多少少都有些社會化，講話不完全真實，總是有「賁」的文飾包裝；每個人都想把自己最好的一面表現給人家看，把不好的一面藏得很深。即使是大一點的小孩子，也下意識的開始有這個行為。

賁卦從初爻到五爻，從基層到高層，沒一個例外，可是第六爻不一樣，第六爻也有「賁」，不過「賁」字之前有個更重要的「白」字。爻辭是：「白賁，无咎。」「白賁」是返璞歸真的象，就是說等到你退休的時候，又回歸自然、敢講真話了，不再講那些高來高去、摸不著底的、掩飾真正態度的話。到這個時候，五顏六色、多彩多姿的人生歷練都經歷過了，飽經「賁」的歷練，可是最後統統消融在「白」之中。光譜中的紅橙黃綠藍靛紫七色光是「賁」，「白」就是沒有顏色。人生多彩多姿，可是到最後歸真反璞的成德境界，所有色彩就渾融成白色的光，此時「布衣暖，菜根香」，摘下假面具，不需要講假話，也少了虛偽的客套。這就叫「白賁，无咎」；飽含豐富的歷練，給人的感覺是「白」，沒有矯飾，真實自然。

人生一開始如白紙一樣單純，這「白」和「白賁」的「白」不同。「白賁」是用「白」去統攝「賁」；是飽經歷練，色相全部都收斂起來，歸於中和平淡，但平淡中有力量。像陶淵明歸隱山林，不為五斗米折腰，就很接近回歸自然、「白賁无咎」的境界。人生會像初爻到五爻那樣經過各式各樣、多彩多姿的人生歷練，如果到了上爻偏於一種顏色，就屬境界不足，那就有點可惜了。只有轉折到「見山又是山，見水又是水」這麼一個境界，絢爛歸於平淡，才是「白賁，无咎」。這也是《易經》美學的極致，樸實無華，所有的顏色都被消化吸收，呈現勻稱的結構，應有盡有，發掘不完。所以〈象傳〉說：「白賁无咎，上得志也。」「無咎」代表這是值得肯定的境界，最上面的爻「得志」，也是人生歷練的最後歸宿。「上九」爻變為明夷卦（䷣），明夷並非全是痛苦，也代表光芒斂盡、曖曖含光；由「文」返「質」，平易自然見真章，回歸真實的生命本質。

儒家講「文勝質則史，質勝文則野，文質彬彬而後君子。」若文質不能兼顧，寧可「質」勝於「文」，因為內在生命的本質比外在的包裝重要。所以上爻的境界就是「文明以止」，達到登峰造極的境界。用句俗話來說，即「自然就是美」。正如李白所說的：「陽春召我以煙景，大塊假我以文章，會桃李之芳園，序天倫之樂事。」天地自然有大美。賁卦自五爻以下都是人為矯飾，不如上爻「白賁，无咎」的自然之美，沒有粉飾匠氣，卻氣勢磅礡。

關於「白賁」，老子《道德經》有段話可作為賁卦終極境界的最佳註腳：「五色令人目盲；五音令人耳聾；五味令人口爽；馳騁畋獵，令人心發狂；難得之貨，令人行妨。」說的就是將浮華的表象脫落，就可以掌握生命的自然本質。「五色」即色彩繽紛的色相會讓人看不清真相，就像瞎了一樣。「五音」、「五味」會讓眼耳鼻舌身意的官能喪失，接觸不到生命的最高境界。「馳騁畋獵，令人心發狂」，就如噬嗑卦，打完獵就拚命吃，比喻人生的種種角逐令人心發狂。

佛教的《金剛經》也主張破除色相。它說：「若以色見我，以音聲求我，是人行邪道，不能見如來。」「如來」就是真實本性。如果迷惑於外表的音聲、色相，這樣當然求不到內在真我，那只是行邪魔歪道。如果看到外面的色相就下結論，怎麼見得到真我呢？只有「白賁」才能走上正道，追求真善美的極致，這樣才是「上得志也」。如果一個人經歷官場、商場、職場的歷練，到了退休時可以全身而退，保持真性情不受污染，不在噬嗑卦、賁卦的權錢交易中喪失本性，保持白璧無瑕，當然「无咎」。

由此可見，賁卦初爻到五爻，尤其三、四、五這三個爻很容易犯錯，很難保全自己，只有到上爻「白賁」，才得自由自在，安享退休後的生活。在古代社會，萬般皆下品，唯有讀書高，做官幾乎是唯一有出息的路子。賁卦六個爻就是學成之後進入官場，到上爻退出官場，棲隱林泉，安享退休之後心安理得的生活。賁卦的考量非常周到，十分切合實際的人生歷練，人生道路上埋藏許多「地雷」，危機四伏，隨時讓你身敗名裂。如何安然渡過，確實值得研究。這也是賁卦對我們的提醒，對於噬嗑卦歷經殘酷鬥爭後罪孽深重、沒一個是贏家的人生，提出適時的修正。

初爻：基層歷練

初九。賁其趾，舍車而徒。

〈小象〉曰：舍車而徒，義弗乘也。

上爻講完了，我們再從頭看初爻。初爻是初生之犢進入官場、職場，要「賁其趾」，從腳趾頭開始修練。這完全呼應了噬嗑卦的「屨校滅趾，无咎」。噬嗑卦初爻才剛剛進入人生的殺戮戰場就遭受挫敗，失去立足點。賁卦的社會菜鳥要站穩腳步；靠自己的奮鬥、學習，奪得一席之地，那就得下一番「賁」的工夫，這就是社會化的學習過程；先美化你的腳趾頭，讓自己站穩腳步，然後可能要穿制服、順應公司文化。這種「賁」的過程，就是接受社會規範和組織的要求。「賁其趾」就是打好根基，先從美化立足之地的腳趾頭開始；然後要重視基層奮鬥的經驗，不要急著往上爬。基層歷練就如學功夫要先蹲好馬步，這是能力養成的階段，將決定你往後職場生涯能有多大的成就；所以要「舍車而徒」，腳踏實地、安步當車，一步一腳印。就像「履虎尾」的履卦一樣。該學的東西沒學到，基層歷練不扎實，就不要急著升遷或走裙帶路線；就像走路都沒學好，別想去坐車。爻辭告訴我們，在基礎尚未穩固之前，即使有車坐也要放棄；亦即放棄升遷的機會，寧願安步徒行，這是守本分的作法。

〈小象傳〉說：「舍車而徒，義弗乘也。」捨棄坐車的機會，一步一步來，這是理所當然的。這樣以後才有升官、坐車的機會。像第二爻開始就有車子坐了。第一爻沒有代步工具，廣大的基層都得走路。就像古代戰爭片，軍官總是騎在馬上，大部分士兵都要跟在後面跑。《易經》一般在第二爻的位階就有了一定的地位，有車子的意象；但初爻「舍車而徒」的徒步工夫，是非常重要的人生歷練。所以它說「舍車而徒，義弗乘也」，這是天經地義、人之所當為。像大有卦（䷍）第二爻〈小象傳〉說「大車以載，積中不敗也」。第二爻就有大車可以坐，人生才有可能立於不敗之地。換句話說，第二爻可以帶動基層，身份地位自然不同；但第一爻想都不要想，要腳踏實地地幹，要懂得拒絕不正當的鑽營走門路，寧願腳踏實地走路，好好體會基層奮鬥的真義。

《論語》的記載中，也對這一爻有明顯的體現。因為孔子做過官，他很尊重禮制，當時顏淵死了，其父顏路想要向孔子借車做運棺的禮車。孔子說：「才不才，亦各言其子也。鯉也死，有棺而無槨。吾不徒行，以為之槨。以吾從大夫之後，不可徒行也。」也就是說，孔鯉與顏淵的身份都是士，依禮出殯不得用禮車。而孔子送葬時也非步行，因為他曾擔任大夫，依禮不可以步行送葬，必須搭乘禮車。所以不是他不願意走路，而是尊重禮制。

賁卦「初九」爻變就是止欲修行、有所節制的艮卦（䷳）。基層歷練不夠卻拚命往上擠，很可能就是敗壞的開始；權力會污染職場，使專業訓練不足。所以「賁其趾，舍車而徒」，很多公司老闆，不管孩子從國外拿了什麼學位回來，剛開始至少要有一段時間到基層歷練，道理就在這裡。沒有基層歷練，將來怎麼帶人？作為高層，除了管理，還要負責決策，如果不了解基層業務，怎麼做決策？這和古代進士要求秀才出身是一樣的道理。要是巧取，別人就會對你打問號。初爻為了節制我們想要一步登天的想法，就做了這麼一個規定。我們一直在談競爭，噬嗑卦的叢林法則就是最強勢的競爭；噬嗑卦的另外一面是賁卦，如果能「賁」得好，競爭力可能就比別人更優越。擴大來講，「美是一種競爭力」，因為賁卦的另一面就是噬嗑卦。這好像是蔣勳先生提出來的。賁卦不就是美學的象徵嗎？現在高科技產品的設計也要兼顧美的內涵才有市場競爭力。

二爻：等待的智慧

䷕

六二。賁其須。

〈小象〉曰：賁其須，與上興也。

值得注意的是第二爻。第二爻是賁卦六個爻中爻辭最短的，但意義不凡。「賁其須」，就三個字，沒有講吉凶。〈小象傳〉說：「賁其須，與上興也。」「上」很明顯就是「九三」，陰承陽、柔承剛。「九三」如果事業興旺、升官順利，「六二」幫他那麼多忙，幫他出點子，幫他包裝行銷，如果「九三」一人得道，「六二」就是雞犬升天。所以他們在賁卦中的發展是互相需要的，是典型的「二人組」。〈象傳〉強調說「與上興也」。「六二」能輔佐「九三」，讓「九三」飛黃騰達，對「六二」也是有利的。因為「九三」不管升到哪個單位，他都會覺得非「六二」不可；離開「六二」，好像很多事情就難以處理。「六二」就變成他的必須品──「賁其須」，即使天涯海角，都得帶著「六二」。這一點我們在官場、職場中也常看到。只要一遭遇困難，「九三」第一個想到的一定是「六二」，焦不離孟，孟不離焦。而這個關係可能在賁卦下卦時就建立起來了。

「賁其須」的「須」有「必須」的意思，還有「鬍鬚」的意思。過去常講「巾幗不讓鬚眉」，「巾幗」是講女生，「鬚眉」就是男生。古代男子大多留鬍子，尤其做官的，鬍子在官場中是身份的象徵。就像英國式法庭的法官一定要戴假髮，作為身份的象徵。所以，「賁其須」就是你想當官，想晉身、跨足到高層頤卦的生態裡，一定要留鬍子，而且鬍子還要留得很講究，最好有關公那樣的美髯。對鬍子的講究，這是上流社會的要求，不管東、西方都有這樣的作法。這就是說，第二爻要打基礎，必須美化儀容，這樣才有望升官。

「須」還有第三個意思，就是「等待」。很多事情都必須耐心等待時機成熟，等到一切必須的條件都完備了，才能化為具體行動，或者得到確定的結果。「六二」想升遷，就要選定「九三」，因為「九三」是賁卦六爻中最發達的；而且「九三」到「上九」，是賁卦的上層結構，是一個封閉的頤卦生態。「六二」要打入高層，一定需要引薦人；最好的引薦人就是他曾經大力幫忙的對象──「九三」。「九三」可以拉著「六二」進入高層。因此，「賁其須」說明「六二」無法靠自己爬上去，必要耐心等待，等到「九三」興旺起來，「六二」就會跟著發達。那麼「六二」就要在等待的時候打好基礎，創造機會。這種觀念和孟子說的一句話很相似。孟子說：「五百年必有王者興，其間必有名世者。」因為他一輩子周遊列國，什麼官也沒做過，到最後只能著書立說。所以他說：「如欲平治天下，當今之世，舍我其誰也？」這是把自己看得極高，只是真本領不能發揮，深以為憾。因此他認為：「待文王而後興者，凡民也。若夫豪傑之士，雖無文王猶興。」一般老百姓要「待文王而後興」；「文王」代表大德，指居位有權、可以實踐理想的位置，象徵德、位俱全。也就是說，一般人很難完全靠自己的奮鬥白手起家，總要跟對老師、長官，得到他們的欣賞；而你對他的貢獻，如果他感恩圖報，就會提攜你。所以「待文王」而後才能興的是一般人；如果一輩子都碰不到可以引領你的長官、老師，那你怎麼辦？所以，英雄豪傑就得靠自己去打造平台，不然終身都出不了頭，徒留懷才不遇的空悲歎。

孟子這段話跟這個爻的意思完全一樣，「賁其須，與上興也」。不過孟子最後興了沒有呢？沒有。沒有遇到「文王」。由此說來，賁卦「六二」這個爻就很重要了，可別嫌它俗氣，還意圖高攀什麼的，其實這個爻在每個人的生命階段都遇到過。另外值得注意的是，這個爻不說吉凶，所以吉凶未定，是吉是凶，就看你如何利用或等待這個機會。而且，等待機會的階段是必要的，沒有善惡是非可言；如果沒機會就是真的沒機會了，「六二」想自興的願望被無限期擱淺，只能依附某些組織，等待引薦人，不然就得徘徊門外。

「六二」爻變是大畜卦（䷙），「大畜」是「不家食吉，利涉大川」。這說明人生不一定要在家門中效忠，也不一定一輩子只跟一個老師、老闆。躍升上去之後，還有很多選擇機會，可以改換門庭。而且這也不涉及忠誠問題，因為它是「不家食吉」。「大畜」就是各方面儲備自己，過了門檻之後就海闊天空了。

三爻：在世不染

䷕

九三。賁如，濡如，永貞吉。

〈小象〉曰：永貞之吉，終莫之陵也。

第三爻真的是美得冒泡，很漂亮，而且「九三」就在二、三、四爻構成的互卦坎（☵）之中，浸泡在社會大染缸裡，光鮮亮麗，但習染最深，也是墮落的深淵。這就是說，「九三」在追求富貴利達的環境中，正在錦繡前程，而且眾所矚目，是鎂光燈的焦點。因為賁卦中間四個爻，唯獨「九三」是陽爻。「賁如濡如」，「濡」就是沾濕、染色。就像臺灣政黨有藍、綠之分。一旦染上某種顏色，成為刻板印象，要改換顏色就很難。這就叫「賁如濡如」。所以人生要分清自己是何屬性，參加團體更要審慎，否則，要去色也沒那麼簡單。當然，浸染其中也許悠游自在、很過癮，可是「濡如」會傷害真性情，沾染壞習氣。「濡」字在夬卦（䷪）也出現過「若濡有慍」，還有最後兩卦——既濟卦和未濟卦，小狐狸過河，叫「濡其尾」或「濡其首」。「濡其尾」就是尾大不掉，「濡其首」就是滅頂之災。既濟（䷾）、未濟（䷿）二卦事關人生最後有沒有終極悟道、有沒有渡彼岸，人生在追求成功、涉大川的過程中，隨時都可能「濡」，會受影響，會受傷，而且傷痕是很明顯的。受「濡」的影響，和一張白紙般的「賁如」完全不同，一旦染上顏色之後，原來白色不見了，「賁如」代表事業到達顛峰，是不可限量的明日之星。但同時也「濡如」，因為被社會浸染，傷到了真性情，開始作假演戲了。

不過，這樣的情形很難免，通常「賁如」越深，「濡如」就越深。就如「不習無不利」，坤卦第二爻就提醒我們，在社會大染缸裡，難免沾惹諸多習染，但是沒關係，這只是一個過程，只要「永貞」就「吉」，面臨色相引誘，但永遠能固守大原則。所謂「大節不虧，小節出入可也」，經得起考驗，就會吉。大事沒耽誤，世情不逃避，最後還能全身而退，不就是「白賁，无咎」嗎？「九三」正是萬方矚目的焦點，漂漂亮亮站上了枱面，它如何面對「六四」、「六五」高層王侯之位的誘惑和考驗？守住大原則、做該做的事，退休的時候「白賁无咎」，這樣的結果才是「永貞吉」。換句話說，這個爻已經告訴我們，未來四爻、五爻的歷練非同小可。別人賄賂，拿錢來收買，三爻還可能守得住；但四爻、五爻的權力更大、管的事更多，那就更加不容易了。送你一百萬你不收；待官位更高，送你一千萬，你就有點猶豫了；最後送一億吧！你的心一橫就收下了。這一收下，「白賁无咎」的結果就飛了。官場就是這麼一回事。所以第三爻到第六爻是高層生態，「九三」才剛剛踏進去，聽到很多掌聲、很多奉承，這時「濡如」就開始了。只有「永貞」，守得住，在世不染，才能吉。

所以〈小象傳〉說：「永貞之吉，終莫之陵也。」「陵」就是誘惑像大山一樣蓋過來。被一個強大的勢力擊敗、壓垮叫「侵陵」；「終莫之陵」，就是能抗拒，不被威脅利誘壓垮，就如孟子所說的「富貴不能淫，貧賤不能移，威武不能屈」。「九三」就要有這種大丈夫的能耐，才不會在種種誘惑下，乖乖繳械投降。即使身處「六四」、「六五」的高位，面對任何誘惑，都不能讓你變易操守，最後你就可以光榮退休，「白賁无咎」，在人生歷練中，完美通過魔鬼的考試。可見，「終」就是「上九」的「白賁无咎」；從職場退休，成為人人敬重的大老，歸隱道山，息隱林泉。這就是「永貞之吉，終莫之陵也」；期許「九三」能過「六四」、「六五」的難關，而通達「上九」得善終。

「九三」單爻變是頤卦（䷚），就是養生，懂得怎麼活。頤卦要「自求口實」，靠自己，不受外在誘惑影響。頤卦也要「養正」，就像「蒙以養正」一樣。這也是我們常說的，一個人的長相、舉止、儀態受其內心修為的影響，所以四十歲以後的面容要自己負責。這叫心靈美容法，心要靜，法相才會莊嚴。

四爻：緊守分寸

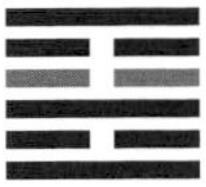

六四。賁如皤如，白馬翰如，匪寇婚媾。

〈小象〉曰：六四當位，疑也；匪寇婚媾，終无尤也。

在噬嗑卦中，我們也把第四爻、第五爻當作「噬嗑」的重心，現在賁卦高層同樣也值得重視。高層的習染才是令人擔心的，越是位高權重，誘惑導致墮落的危機越深。第五爻是君位，第四爻是中央執政大臣的位置。隨著職務加重，關說的、送紅包的人也多了；想組成共犯結構、想開方便之門的權錢交易都會來到眼前。能不能守住是關鍵，或者在守住的時候因過分堅持不願同流合污而得罪人，甚至樹立仇家，妨害到他人的生存發展，他就可能剷除你、對付你、誣陷你，這就麻煩了。如何兼顧這兩個原則，就是第四爻的重點。

第四爻爻辭用詩一樣的筆觸描述它所面臨的處境，跟《詩經》四言詩的筆法是一樣的。《易經》爻辭的寫作有很多體例，像這一爻就是詩的體例；像小劇本一樣，一條一條敘述，呈現多彩多姿的人生畫面：「賁如皤如，白馬翰如，匪寇婚媾。」「匪寇婚媾」我們在屯卦（䷂）就學過了，意思是一樣的。首先看「賁如皤如」，「皤」就是白髮，說的是年紀大了，官場混得很快，才一下子就鬢髮斑白。在噬嗑、賁的鬥爭場合，折舊率特別高，形象清新的學者，經過名、利、權的污染之後，一下就成了老油條。這對養生當然也不利，所以很容易出現老態，老態首先表現在頭髮變白，而且還不是純白，是斑白；杜甫的詩句「少壯能幾時，鬢髮各已蒼」，就是這種情景。鬢角是白得最快的地方，也是最開始顯現老態之處。也就是說，政壇新星一旦熬到第四爻掌大權，官場歷練久了，勞心勞神，身子被利益掏空了，然後相由心轉，現出衰老之態。

再看「白馬翰如」。白馬象徵清廉自持，一塵不染，一介不取。但很多馬在四爻的位置上，都被染上各種顏色。馬到底在講什麼呢？就是「心」，心猿意馬。我在乾、坤、屯三卦講過，《西遊記》的意象裡，孫悟空就是「心猿」，唐僧的坐騎白馬就是「意馬」，豬八戒就是欲望的形象化。「白馬」是說你的心還是保持清純。清新不染的白馬，因為沒有包袱、沒有欲望、沒有顛倒夢想的罣礙，跑起來就像鳥一樣飛快，這就是「翰如」。如果貪污腐敗，有包袱、有弱點，卡在共犯結構裡，拿人就手短，吃人就嘴軟，馬也不是白的，跑起來絆手絆腳，絕對跑不快。《易經》告訴你，久經官場歷練的第四爻，在「賁如皤如」的老態中，還能保持「白馬翰如」的清白，確實不容易。

保持清白雖好，但還得廣結善緣，「匪寇婚媾」，不要輕易樹敵得罪人，不然那些「寇」會要你的命。所以賁卦經過官場歷練的高層人物，年齡漸長之後，還要做到幾乎南轅北轍的兩件事，一個是「白馬翰如」，要能清新如剛出道一樣，不濫權，不汙錢；同時還要做到「匪寇婚媾」，公門好修行，廣結善緣別樹敵。如果樹敵，等到「白賁，無咎」退下來的時候，沒有權力的保護，那些生死大敵都會找上門。所以絕對不要製造「寇」，要盡量營造或「婚」或「媾」的關係。這也是《易經》非常重視的一點，在人生事業剛起頭的屯卦第二爻，就叫我們要廣結善緣，不要樹敵，更不要製造假想敵。清廉是一回事，你可以保有自己的「白馬翰如」，但絕對不要到處樹敵。若能兼顧，「六四」爻變是離卦，你就連續光明；離卦又有網絡的象，人際網絡四通八達。官場修行能到這一關不容易，多半的人會走極端；有人「白馬翰如」到底，始終不改，但敵人特多、人緣特壞。有人一心「匪寇婚媾」，到處和稀泥，可是他早已不是一匹白馬。「匪寇婚媾」是《易經》基本的處世哲學，尤其官場、職場很重要。即使在家人反目的睽卦（䷥），在睽到極點的時候也出現「匪寇婚媾」，盡力尋求挽回的機會。可見，樹敵很危險，尤其在權錢交易的複雜環境。然而，進了廚房就別怕熱，如何兼顧呢？這就得學了。

〈小象傳〉說：「六四當位，疑也。」「六四」當權了，陰居陰位，可是「疑」在心中，很多事情是能做不能說，彷彿叢林中的小白兔，生存不易。自己會「疑」，猶豫該做不該做？別人也會懷疑你。「匪寇婚媾，終无尤也」，如果懂得「匪寇婚媾」，善處人際關係，就如三爻講的「終莫之陵」，一起到上爻的「白賁，无咎」。「終无尤」也是希望四爻能通過兩方兼顧的考驗，即不得罪人，能夠守住清淨心，最後還能通過第五爻的考驗，證得「白賁无咎」的境界，那就「終无尤」，不會給自己惹來怨尤。

「尤」是個很特殊的字。女人太漂亮叫天生尤物。賁卦是一個趨同的過程，一個人太特殊，一定會變成眾矢之的。你清廉，不剛好凸顯別人不清廉嗎？這就會給自己製造很多人生的障礙。所以除了要「貞」，還要懂得圓融處事的智慧，不跟人結怨，也不表現特殊。如果拚命標榜自己的「白馬翰如」，那你不就成為「尤」了嗎？特殊的人一定遭謗，就像女人如果是尤物，人緣也不會太好。長得太漂亮或才華出眾，他就有原罪。因為不漂亮的人多，看了他就氣，一群不漂亮的人聚在一起就天天罵那些漂亮的。所以，如果你真的很特殊，就要懂得收斂光芒、和光同塵，這樣你才能「匪寇婚媾」、「終无尤」。

五爻：回歸自然

六五。賁于丘園，束帛戔戔。吝，終吉。

〈小象〉曰：六五之吉，有喜也。

最後是第五爻。「賁于丘園」，與上卦艮為山的象有關。上爻是榮退，息隱林泉。通常從官場中退休，都希望能買個山頭，回歸自然，休養身心。上爻就是五爻想要的山頭。陶淵明「悠然見南山」的自然生活，遠離惡鬥的環境，這是第五爻所追求的。而且第五爻本來就是陰承陽、柔承剛的關係，現在已經到權力的頂峰，將來也是要退的。退了之後，希望能夠「白賁，无咎」，所以在最後關頭更不能犯錯，不要牽扯不該的人情和金錢。

「賁于丘園」，就是希望退休之後有個美輪美奐的安樂窩。本來是希望遠離塵囂、回歸自然，可是人就是很矛盾，會花好多錢去修整退休後居住的「丘園」，可是，錢從哪裡來？「束帛戔戔」；《易經》馬上提醒你，既然要回歸自然，自然最美，千萬不要花那麼多錢。而且，你幹了一輩子，也不會有錢去修豪邸；若有，這些錢可能就來路不正。若還在君位就放出風聲，說要營建退休後的宅邸，圍過來拍馬屁的人不知有多少！包括建築商人，他可能就會半買半送給你。像李登輝和陳水扁，退下來都住豪宅，不就有問題嗎？就這一關沒有看破。若是做不到「束帛戔戔」，就沒有「終吉」的好結果。「束帛」的「帛」就是玉帛；「戔戔」就是一點點，沒花多少錢，很節儉。「束帛戔戔」的用意就是說，既然要修造退休的林園，那就要用自己的錢，不要隨便接受饋贈，不可以挪用公款。那樣看起來是很小氣——「吝」，但是「終吉」。

所以〈小象傳〉說：「六五之吉，有喜也。」如果想通了，人就可以為退休之後的生活置產、買山頭，但要簡易、樸實、自然，不要被欲望或拍馬屁的人葬送你的退休生活。「六五」爻變為家人卦（䷤），就是過平常家居生活。像諸葛亮死後的遺產就是幾畝桑田，鞠躬盡瘁，死而後已，所以他在歷史上有清廉之名，這就是典型的「白賁，无咎」。歷史上叱吒風雲的人物很多，四爻、五爻都經歷過了，但退休後「白賁，无咎」的好像很少。有那麼高的權位，又有種種權宜變通的方式，要蓋一棟比較舒服的、高品質的房子，好像也是人之常情，問題是錢從哪裡來？所以要「束帛戔戔」。慈禧太后不就錯在這一點嗎？她挪用了發展中國海軍的預算去修葺頤和園，錢從哪裡來？就連皇家的富貴也支付不起。後來老太婆不講話，其他人不就得乖乖地把預算挪給她用嗎？李鴻章那時就很苦，他認為不對，但不敢諫阻，結果中日甲午海戰，海軍沒有扎實的訓練，不就失敗了嗎？這就是慈禧太后沒有「賁于丘園」，沒有「束帛戔戔」，當然就沒有「終吉」，到現在我們還在罵她。

由此可見，第四爻、第五爻這兩關能不能過是關鍵，若能貫徹終始，就是「白賁无咎」。

占卦實例1：賁中的復象——《楞嚴經》因色見真的卦象

這是一個《易經》與佛經對話的占例。卦象是賁卦，動三爻與上爻。用天地之數五十五去減，最後落點就在上爻的白賁無咎，歸真反璞，「上得志」。中間經過三爻最深的色相歷練，最後鉛華落盡，「白賁无咎」，得到平淡無華的最高境界。三爻浸得那麼深，上爻證得那麼真，除了宜變的爻位，重點是落在最後的得善終，而且，兩爻齊變就是復卦（䷗），復不就是歸真反璞、剝極而復嗎？所以賁卦化了這麼濃的妝，後面卻有剝極而復的象。

我們常提到復卦的天地之心。中國的學問，儒釋道三家，透過不同的方式、不同的修煉法門，一言以蔽之，都在追求「復」那個核心的宇宙人生真相、生生不息的「機」。所以一定要透過「剝」的手段，剝除很多虛妄的假象，最後才能掌握裡面的核心本質。經歷過賁卦三爻、六爻的修煉，兩爻齊變，不就看到了天地之心嗎？「賁」中有「復」，重重色相你都經歷過，也都參透了，然後修成「白賁无咎」，掌握到復的核心真相。這個卦象，到底是問什麼呢？我們那時候開《易經》與佛經對話的課，選了六部經典，其中一部經典的主旨，就是這個象。

我們在君臨天下的臨卦（䷒）講到過，自由開放的臨卦第二爻，「咸臨，吉無不利」，「未順命也」，這說的是《維摩詰經》，還記得嗎？居士說法，菩薩都得來聽，不在乎在家出家，而且「未順命」，不必遵守那些紀律、戒規，但他工夫到了。所以臨卦第二爻自由揮灑、無窮無疆，爻變就是復卦。這也是說，從臨卦第二爻，透過《維摩詰經》在家居士的修行，可以通達宇宙人生的真相，殊途同歸，一樣也是「復」。那是《維摩詰經》，而這一部就是《楞嚴經》。

《楞嚴經》的主旨就是「賁」中「復」；在第三爻最深層的人生色相裡「賁如濡如」，若能「永貞吉」，不被壓垮，最後就能證到「白賁無咎」，然後顯露復卦的真心。沒有透過賁卦第三爻那麼深層的色相歷練，恐怕也證不得真正的白賁無咎，以及復卦的真心顯現。《楞嚴經》就是講這個。《楞嚴經》一開始是從飲食男女談起。阿難遇到重大考驗，他獨自托缽，半路遇到美女色誘，眼看著「將毀戒體」的時候，佛展現神通，讓他懸崖勒馬。這一段看得讓人很同情阿難，何必嘛！不近人情是不是？讓他歷練歷練有什麼不好？把他拉回來了，連那個魔女也跟著學佛了。所以，《楞嚴經》就從人生最實際的飲食男女出發，這兩關要是過不了，別想再往下修。想要「復」，就得經歷最深層的色相，像第三爻，完全泡在裡頭，在坎險中接受考驗。經過了，歷劫不毀，保存戒體，然後「上九」「白賁无咎」，然後就「復」。

換句話說，《楞嚴經》就講「因色見真」，從最深的色相中歷練而證道。它中間講到最精彩的地方，就提到末法時期的五十種魔相。很多人修道修到一半看到這個、看到那個，就覺得自己有神通。但那都是魔象，不是證道的象。而且越修考驗越多，五十種魔象都會來迷惑你，讓你著魔，讓你真偽莫辨。那就是「賁如濡如」。要「永貞吉」、「終莫之陵」，修到一塵不染，「白賁无咎」，很難。但是，真修到了就可以「復」。

占卦實例2：名人回歸道山

二〇一〇年十月下旬，在富邦課堂上大家又談起廣告界名人孫大偉中風昏迷的病情，發作已五十天，不見起色。我遂占問半年後如何？得出賁卦「上九」爻動，爻變有明夷卦之象。

以生死論之，此象大大不妙。明夷為落日之象，又為坎宮遊魂卦；賁卦崇尚文飾，正為廣告宗旨。「上九」爻辭「白賁，无咎。」走到人生終點，反璞歸真，得享盛譽，也算沒有遺憾了！上卦艮山絕頂，豈非回歸道山之意？果然，十幾天後孫即過世，結束了璀璨的一生。

占卦實例3：學生從遊的遺憾

二〇〇九年四月初，我在學會辦公室占問當月策運，得出不變的艮卦，大惑不解。當時剛從廈門探路回臺不久，馬上又將赴廈門大學「南強論壇」演講，並率學生轉赴江西旅遊，怎麼可能是艮止之象？於是再占一次確認，得出賁卦二、五、上爻動，齊變為需卦。賁為人文化成，需卦卦辭：「有孚，光亨貞吉，利涉大川。」一看來合理多了！不想學生團赴廈門次日即生變故，學生鄭進興游鼓浪嶼時痼疾發作，送醫不治，成了莫大憾事。原先艮卦所示的重重阻礙並沒錯，賁卦「六二」的〈小象傳〉稱「與上興」，實指進興跟團，「六五」君位為我領隊探訪江西道教名山，爻辭稱「賁于丘園」，「上九」的「白賁」反歸道山，竟指進興不幸往生。需卦為坤宮遊魂卦，健行遇險，也預示了之後發生的事故，而這在占卦當時，哪裡設想得到？

浩劫餘生——剝卦第二十三（䷖）

剝盡來復

在講剝卦之前，我們要先談談「剝盡來復」這個已深入中國文化、滲透到各個層面的概念。我在泰、否二卦中說過，「否極泰來」這個成語其實是錯誤的概念，在《易經》的正確講法是「泰極否來」。「剝盡來復」或「剝極而復」同樣是大家耳熟能詳的概念，但它卻是正確的。浩劫是「剝」，浩劫後的重生再造就是「復」；所以「剝」後面是「復」，永遠生生不息。也就是說，再大的「剝」，再大的浩劫、挫折，不會把所有東西摧毀得乾乾淨淨，一定有人能熬得過去，渡過浩劫，重建文明。

從「剝」的字形來看，《說文解字》是這麼定義的：「剝，裂也。從刀，從彔。彔，刻割也。」剝字右邊是一把刀，左邊也是刻割，可謂是下了重手。從卦象來看，一陽下面五個陰，說明資源掏空、元氣喪盡，情勢岌岌可危，這時就得趕快想辦法整治。就像身體有毛病需要開刀，如果手術成功，就是剝極而復。身體健康如此，天災人禍、從挫敗中重新起步，也都是剝極而復。像臺灣九二一大地震、四川汶川大地震，都是死傷慘重的罕見災難，而災後從物質到心靈的重建、復原，都屬剝極而復的過程。再如二〇〇八年下半年的金融風暴對全球經濟造成巨大的打擊，使得原本看似牢不可破的信貸體系、金融體系瞬間崩毀，重建過程十分艱難，需要從培元固本開始慢慢調整，景氣才會逐漸復甦。這就是剝後再復。那要怎麼「復」呢？「復」的偏旁就是一步一步走，所以要靠人奉行復卦的原理，重視基礎，像履卦一樣腳踏實地的實踐。時日一久，「復」的效應發酵，核心創造力就慢慢恢復了。

復卦（䷗）是《易經》第二十四卦，可說是乾、坤二卦之外最重要的卦，它是生命的核心創造根源、生命內在的主宰；亦即所謂的見天地之心、彰顯人的創造力價值。故乾、坤為父母卦，復卦即有小父母卦之稱。自然的創生是乾、坤，所有自然創造的事物都不能保證永續；滄海桑田或天崩地裂，都是常有的事。乾、坤之後的屯卦，就是自然天生、一切新生的象徵。但是像「屯」這樣清新的初生生命，還是會隨著屯、蒙、需、訟、師、比、小畜、履而發展變化；到了第二十三卦剝卦，還有滅亡的可能。但「剝」之後是「復」，靠著生命本身的力量，或人的智慧與創造力，亦有再生的可能。

因此，復卦象徵生生不息的力量，天地萬物即使受到剝卦的浩劫摧毀，還有重建再生的智慧與毅力，讓被剝的生命得以延續發展。然後到了第三十卦離卦，「大人以繼明照于四方」，光輝燦爛的文明永續不息。如此才合乎〈繫辭傳〉講的「易」的定義——「生生之謂易」。「生生」就是易，生生不息、生了再生。屯卦是生，是天生、自然的生；復卦就是再生，而且是靠人的智慧和創造力，讓被「剝」破壞殆盡的再延續下去。所以不要怕剝，只要有「復」的核心創造力，依舊可以東山再起。可見，復卦非常重要，不管面臨自然界、個人、社會、組織，甚至更全面的災難衝擊，只要掌握「復」的精義，就可以安然度過。所以，如果遭遇人類文明的浩劫，文明社會的一切將剝之殆盡，那麼按照《易經》的原理，一定還有「復」的創造力；但這時就不能完全靠老天爺，得靠人類自己再造乾坤，有「復」的能力，這就是「生生」。人在天地造化之中「法自然」而學到這種「生」的能力，也就是復卦所代表的宇宙人生的核心真相，所以小宇宙也能顯現乾坤造化的原理。

復的再生原理

「復」這個字，不只是在復卦本身出現，它散佈在六十四卦需要「復」的卦跟爻中。像我們學過的小畜卦和履卦，裡面就有「復」的概念。履卦是很明顯的「復」，整個「履」都在做「復」的工作，以「復」的精神為實踐的核心價值。和履卦相綜一體的小畜卦也是如此，從一開始的第一爻就是從「復」開始：「復自道，何其咎？」及第二爻「牽復吉」，都是在做「復」的動作。

除了這兩個卦，六十四卦中還有很多代表復卦再創造、再生的原理。這種復的核心能力，必須要學、必須要培養。復卦中有一個「七日來復」的概念，如在蠱卦下定決心要大刀闊斧地改革，就有「先甲三日，後甲三日」；加上「甲」這一天，就是七天。所以不管「蠱」的敗壞有多嚴重，只要懂得「七日來復」的原理，又可以天翻再變，煥然一新。還有巽卦（䷸）第五爻的「先庚三日，後庚三日」，也是一元復始、萬象更新。

必須一再提醒的是，「復」不是回到從前，而是全新的創造，不然就不是萬象更新。就像人體細胞的新陳代謝，每七天就全部更新一次。「復」就好比螺旋形的衍化，不是平面輪迴，而是不斷向上提升。就像春去秋來，每年春天都有共通的地方，但每一年的春天都不會完全一樣。人體經過剝極而復的新陳代謝，表面看起來一樣，其實已經產生全面的變化。所以「復」有重新創造的意思，代表生命的傳衍，父傳子、子傳孫，是DNA的基因遺傳；小孩有像父母的地方，也一定有不像父母的地方，有他自己的創造，多傳幾代之後，相似度就越來越少。所以「復」運用在文化上，就絕不是復古，所謂的文藝復興其實是繼往開來，是新的創造。隨著時間流逝，任何事物不可能逆流回到從前，它只能往前，所以「復」其實是創新，是一元復始、萬象更新。因此我們可以用「返本開新」四個字幫助大家正確了解復卦。「返本」，初爻就是「本」，上爻是「末」，本末終始，復卦就是要顯示「本」的意義，是生命的根基；有了這個「本」，才能開創其他東西。換句話說，我們要創新，一定要取得核心的創造力；如果不務本，就不會有真正創新的能力。就像我們研讀經典，吸收根本的智慧，但一定要在新的時代活用經典的智慧。所以「復」是返本開新，而不是考古癖。

剝、復的消息卦分析

剝卦（䷖）是一陽下五陰，全被掏空了；復卦（䷗）是一陽復始，五陰下一陽生，新的生機再度顯現。這兩個卦也是月份（陰曆）卦。復卦是十一月，剝卦是九月。在十二消息卦中，臨卦（䷒）是臘月（十二月），觀卦（䷓）是八月，再往前的泰卦（䷊）是正月，否卦（䷋）是七月。乾卦（䷀）是四月，坤卦（䷁）是十月。以十二消息卦來講，大部分是在上經出現，只有遯卦（䷠）、大壯卦（䷡）、夬卦（䷪）和姤卦（䷫）這兩組在下經。按照十二消息卦在卦序中的出現順序，從乾卦開始，其次是泰卦、臨卦、復卦，然後是大壯卦、夬卦。我們會發現，陽氣由乾卦開始越來越少，到泰卦的時候只剩一半，到復卦則只有一個陽。這說明在自然變化中，代表正面的陽氣越來越小，到了下經人間世的奮鬥階段，就要開始補陽；首先就是大壯卦有四個陽，然後是夬卦五個陽，所以人力要想辦法回天，陽氣一直消滅下去是不行的。只有到下經，才會由「復」變「大壯」，「大壯」變「夬」，君子道長，小人道憂。這是十二消息卦在自然卦序中給我們的啟發，所以人的責任很重。

復卦跟二十四節氣的重要節氣「冬至」有關。中國人說「冬至大如年」，因為中國歷史上有很長一段時間是在冬至那一天過年，在《周易》的時代大概就是如此。按周朝、商朝和夏朝的曆法，歲首各差一個月，周朝在復卦的月份，即在冬至過年。在冬至那一天過年，其實很合適，一陽復始，從卦的符號來看，剛好是轉過來了。漢武帝之後變成泰卦的月份，亦即在每年的陽曆二月四日或五日立春那一天過年。泰卦跟復卦就差了兩個卦，夏朝的曆法就是如此。商朝是在臨卦的月份過年。這樣的曆法就比較複雜了，而且周朝諸侯各國也不一定統統採用周曆。總之，復卦的冬至節氣，長期以來是中國最重要的節日，影響至今，都還保留著冬至應當培元固本，所以要吃湯圓、餃子，還有冬至進補的記憶與習慣，正符合一陽復始的象。

復卦在月份上是陰曆十一月，剝卦是陰曆九月，中間隔了一個陽氣全消的坤卦，剝極而復；看著岌岌可危，可是一反轉，又獲得重生了。這就很啟發人。從西方星座的觀念來講，復卦是射手座，如果是射手座，自己就要有核心的創造力，人生過程不論碰到什麼浩劫，都要百折不撓，千萬不要燒炭、跳樓，那就辜負了「復」的星座。哪一個星座是剝卦？天秤座。但「剝」不一定是壞事，不「剝」怎麼「復」呢？「復」本身沒有意義，就是能夠讓「剝」復原。沒有「剝」哪裡來的「復」？這是一體的兩面，我們對剝卦不要有成見。

空五蘊，探真心

在現實生活中，有很多實例顯示，剝卦的結果不見得都是壞的。正因為「剝」才能激發「復」的能量，激發你用「復」來應付「剝」的局面。所以，「復」如果是修行的究竟，要探討生命的核心價值，那麼就要用「剝」的方法，把很多假象通通剝除，讓真相得以顯現。因此「剝極而復」有一個「碩果不食」的象，成熟的果實裡面有一個核仁——核心的創造力，那顆種子就是復的生命力，但是外面包了甜美多汁的果皮果肉，到剝卦上爻的時候，都得腐爛，只留下種子——核心的創造力，那就是「復」。換句話說，要是沒有透視能力，你怎麼知道果實裡面有生生不息的種子？這就是山火賁的概念，外面好漂亮，但漂亮的表象很快就沒了，能延續生命的是包裹在裡面的種子。要是果皮果肉的假象不剝掉、爛掉，怎麼看得到種子呈現的真相？可見，人生所有的修煉，「剝」是必修的。以我們學過的卦來講，蒙卦（䷃）「九二」的「包蒙」跟觀卦（䷓）「九五」的「觀我生」，這些高智慧、高境界的爻，它們的爻變通通是剝卦。蒙卦第二爻爻變是「剝」，就是把很多習氣剝除乾淨之後，生命的主體就可以「復」了。

剝卦的象用在佛教，就是修行的必要歷程——「五蘊皆空」。下面五個陰爻全部空掉，「色受想行識」皆是虛妄的假象，都得穿透、空掉，核心的真相自然呈現。既然「復」了，假象皆已剝除，了悟貪嗔癡慢疑、喜怒哀樂愛惡懼都是假象，當然能度一切苦厄。如果五蘊不空，痛苦執著自然是纏繞不去。就像觀卦的「觀我生」一樣，一定要經過剝的過程，才能真正地「復」，掌握到真相。

所以，「剝」就是「空五蘊，探真心」，「真心」就是「復」之後顯現的天地之心。如果不空五蘊，不經過剝的千刀萬剮，剝離虛妄的習氣，根本就沒有其他路子可以通到真心。所以想要探究真心，必須「空五蘊」，必須「剝」。也就是說，想要「復」，一定得「剝」，這是一體的，沒有僥倖。《金剛經》說，凡所有相皆是虛妄；一切有為法，如夢幻泡影。就是做「剝」的工作，把很多痛苦煩惱的來源通通剝除乾淨，才能活得瀟脫自在。

〈序卦傳〉說剝、復

> 賁者，飾也。致飾，然後亨則盡矣，故受之以剝。剝者，剝也。物不可以終盡，剝窮上反下，故受之以復。復則不妄矣，故受之以无妄。
>
> ——〈序卦傳〉

「賁者，飾也」，這是指色相充滿的賁卦。「賁」既是一種文飾，有外在的榮華、色相，也要有扎實的本質，才能文質彬彬、相得益彰。如果徒有形式，裡面一塌糊塗，這就完蛋了，絕對不能長久。所以過度包裝，而沒有實質內涵，接下來一定是「剝」。「致飾」就是過度包裝，「然後亨則盡矣」，賁卦懂得包裝，有亨通，但是「小利有攸往」；剝卦是「不利有攸往」，包裝超過實際內容，「金玉其外，敗絮其中」，不可能再繼續騙下去。因為實際內涵才是人們最終需要的，不是美麗的表象。適度包裝的亨通效益用完後，就是剝的象，「故受之以剝」。「剝者，剝也」，剝就是剝，這句話就這麼解釋了！沒廢話。「物不可以終盡」，這也是《易經》的觀點，一定是永遠生生不息的，即使遭遇可怕的剝卦浩劫，都不能把所有生命摧毀。就如地球上曾有幾次冰河世紀，造成幾次的生物大滅絕，雖然有些物種滅絕，但整體的物種卻延續下來了；就看哪些生命過得了關，哪些過不了關。「物不可以終盡」，就像既濟卦後面接著未濟卦一樣，沒完沒了。「剝窮上反下，故受之以復。」注意！上面窮了，高層外卦已經不管用了，內卦底層的生命卻生機勃發。復卦就有極為深厚的內蘊，內卦是「萬物出乎震」的震卦，充滿動能，是生命的主宰。剝卦外面是艮，動不了，出不去。「窮上」就是剝卦的象；「反下」的「反」即「返」，回歸常道。「剝」的時候，外表都完蛋了，就逼著要往內心探尋。生命內在充滿機會，那就是「復」的生機，所以要回頭深刻內省，回歸內心世界，尋找本來面目。也就是說，當外在的追求都已窮途末路，只能回歸內心，這才發現裡面有無限的能量。

像禪宗六祖惠能說：「自性生萬法。」《論語》有子稱：「本立而道生。」「復」就是本，只要回歸基本面，什麼東西都可以創造出來。專心致志務本，不必擔心「窮上」，只要能「反下」就好了，這就是「剝極而復」。外面已窮盡，就返回向內挖掘取之不盡、用之不竭的資源。「故受之以復」，所以剝卦的好處就是藉由上面的窮，逼得我們返內做更新的創造。也就是說，「復」是給

「剝」逼出來的。「復則不妄矣」，一旦藉由「復」找到核心的創造力，就不是虛妄，所以下面「受之以无妄」，接在復卦後面的是无妄卦（䷘）。

无妄卦是上經最後一個「元亨利貞」的卦。「復」之後就是「无妄」。從卦象上看，「剝極而復」是生命衍化中某些生物滅絕的象。剝卦下卦是坤，上卦是艮，坤卦代表地表上沒有生命活動的跡象，一片死寂、肅殺，正是一場大浩劫的象，就像恐龍滅絕的時代一樣。這是地球上真實發生過的事情，可能還不止一次，彷彿輪迴式的浩劫。地表不適人居，在坤卦的地面上一片死寂，這就叫「剝」。可是沒過多久，到「復」的階段時，地底下又有新的生命開始萌動。所以物種的剝極而復，在生物大滅絕之後，也不見得是悲劇；對恐龍來講是悲劇，但一種更有智慧、形體更小、更靈便的動物卻躲過了浩劫；等地表恢復安寧，恐龍的霸主時代已成過去，他就可以出來主宰一切了。所以在剝卦的階段要看到復卦的生機，等到地面安全時，再現身江湖，那就是「无妄卦」。於是又「元亨利貞」，一個新的開端。

生命核心的真相

如果末來真會碰到大災難，有所謂的諾亞方舟拯救你離開，把整個家當都帶上是不可能的，於是問題來了，你會挑選什麼核心精華之物帶上方舟？那一定是要有「生生」能力的，例如人的智慧，因為保留了核心的創造力，才有再生的源泉。在許多有關末日的方舟故事中，能帶上方舟的動物一定要一公一母，因為一公一母才能交配，才能生生不息，而且要選有代表性的、血統優良的，因為傳承有限，要構成一個新的平衡。這都是剝極而復的概念。

像秦始皇時代，把秦始皇騙得頭昏腦脹的徐福，帶了五百童男童女東渡日本，做了日本人的祖先。日本人所說的天造大神，就跟徐福有關。徐福看秦國已經「剝」了，待不下去了，他就想到海外發展，然後他還真能騙，為什麼要選五百個童男童女？因為他們長大之後，就可以生出下一代。所以要「復」，就一定得挑選有再生能力的精英。可見「復」的核心就是可以再生。

再如種子也展現極大的啟示。只要留住種子，不管環境多惡劣，生命都可以繼續繁衍。曾有一個考古報導說，唐朝的蓮子經過一千多年之後又可以開花。這就是「復」的概念。種子靠堅硬的外殼保存生命資源，而且不占空間，也不需要水分，即使沉睡一千多年，經過實驗室的仔細培育，又可以開花。換句話說，蓮子就是復卦核心的種子，在艱困的時代，它可以保存資源，忍耐一千年；等到環境轉好，春風吹放自由花。這個報導確實很讓人震動。然而更讓人驚訝的是，在中東沙漠地區有一種生命力驚人的椰棗種子，在乾旱的沙漠地區經過兩千多年時間，再重新培育，仍然可以開花結果。這就是「復」的力量。這樣一來，復卦講的「七日來復」其實只是一個象徵；只要保留頑強的生命力，千年、萬年都可以「來復」。

如果「復」具有永恆不朽、長期保存的能力，不會被摧毀，那麼舍利子像不像復卦核心的種子？有道高僧坐化之後，火一燒，肉身化成舍利子。像六祖惠能全身都是舍利，死後一千多年身體還不腐朽，這也是復。這就和宇宙生命的真相有關了。脆弱的肉身怎麼會不怕剝呢？也許我們探討「空五蘊」之後的清淨心，確實具有不可思議的能量。這都是「復」的核心生命力與價值。所以，人生任何時候碰到「剝」，都要想到如何轉成「復」。

在中國，儒釋道三家的思想都受到復卦的影響。《易經》也是整個中國文化的「復」，對孔子、老子都有深刻的啟發，儒道兩家精華都從《易經》來。就四千多個字的一套卦爻符號系統，不論面臨怎麼樣的「剝」都能「復」。像《老子》談到實際修為工夫的一段重要談話——「致虛極，守靜篤」，就涉及到復卦、无妄卦、觀卦。剝卦、復卦裡面都有坤卦的象，坤就是虛靜到極點；老子認為這個時候「萬物並作，吾以觀復」，人就可以內觀生命的核心真相——「夫物芸芸，各復歸其根」，「歸根曰靜，靜曰復命。復命曰常，知常曰明」。「復」就是生命的常道，回歸天命叫「常」。「不知常，妄作凶。」意思是說，「復」後面是「无妄」。所以，從個體修行到軍國大事、世界形勢，都是剝極而復。「復」後面就是无妄。如果真能「復」了，就不會有妄念，不會輕舉妄動，一切都是真實的自然呈現。所以復卦前面賁卦過度包裝的虛妄習性，就可以徹底翻新，變成无妄卦的「元亨利貞」。我們講過，无妄卦理論上是「元亨利貞」，但非常不穩定，人真要做到起心動念不打妄想、不輕舉妄動、不造業，真的很難。所以无妄卦稍微有一點偏離，天災人禍就來了。

復卦後面是无妄卦，能「復」當然就「无妄」，「无妄」就「全真」了，「全真」當然就「元亨利貞」。所以佛家說，凡所有相皆是虛妄。「妄」這個字也不知道當時是怎麼造的字，很有意思，亡女叫妄，女人跑了就叫妄。說得也很實際，沒有女人，男人真的會感覺人生沒意思。這樣講女同胞聽了會比較溫暖。其實「妄」未必是這個意思，「女」是「汝」，說的是你迷失了自己，那叫妄。在古代農業社會，「无妄」年就是歉收的荒年，「大有」年則是五穀豐登的豐收年。如果那一年是荒年，種什麼都沒有收成，必然導致天災人禍。換句話說，无妄卦暫時「元亨利貞」四德俱全，實際操作起來千難萬難。所以，憑凡夫俗子的修為，如果占卦占到无妄卦，是以凶論的。佛教的淨土宗就是專修无妄卦，提醒人把持起心動念。只有尊重生命核心的真相，那才是根本。

復以自知，自知者明

〈雜卦傳〉說：「剝，爛也；復，反也。」「反」還是「返」，即永遠回歸基本面，就像浪子回頭，靠智慧渡彼岸的既濟卦，都是回家的概念，回到心靈的本鄉。為什麼要回歸？因為「剝」爛了，再也經不起風霜考驗，只能回到永遠不會腐朽的生命核心本質。所以「剝，爛也；復，反也」。老子講的「反者，道之動」也是如此。

在〈繫辭傳〉中，孔子把復卦主爻那個核心的一陽，用他的首座弟子顏回做比喻。顏回被稱為「復聖」，他是「克己復禮」的代表人物。現在山東曲阜孔廟，邊上就有顏回的廟。復卦因為太重要了，還被孔子列為憂患九卦的第三卦，世道越亂，越需要「復」的能力。因為「剝」得太厲害了，一定要有本事讓它「復」。「復，德之本也」，本立而道生，復是一切的根本。「復，小而辨於物」，「復」是天地之心。《禮記》中講得更明白，「人」就是天地之心，人心可以正天心；「復」就是人的心靈核心，具有慎思明辨的能力；所以「小而辨於物」，小可以小到無形，就像心是無定在、無所不在，而以復卦的一陽為代表。一個陽雖然很小，而且深藏在不可見的地底，可它是全卦的主宰，而且能「辨於物」，這正是心的能力。

關於「辨」，我們在乾、坤兩卦就講過。如乾卦第二爻「見龍在田」：「君子學以聚之，問以辨之，寬以居之，仁以行之。」還有坤卦初爻「履霜堅冰至」：「臣弒其君，子弒其父，非一朝一夕之故，其所由來者漸矣，由辨之不早辨也。」這都是心智思維的分辨能力。

關於「物」，就是萬事萬物。「復」雖然小，卻有辨物的能力，這是在講「心」，也就是「復以自知」的能力。老子說：「知人者智。」能知人，是很有智慧的。他還說：「自知者明。」在道家看來，「明」比「智」的境界高。「復」這種能力是人類所獨有的，人可以把自己當作思考探究的對象，可以反觀自我，這是其他動物辦不到的；所以這是生命衍化過程中的突破。復以自知、反身修德，這種自知很重要，但人常常想辦法知人，卻沒有自知之明。自知才能真正到達「明」的境界。關於這些，我們先點到為止，在復卦一章再詳細討論。

剝卦卦辭

䷖

剝。不利有攸往。

剝卦的卦辭很乾脆：「不利有攸往。」境況已岌岌可危，只剩最外面一層的一陽了。因為外面動不了，裡面的資源又都被掏空，大廈將傾，形勢再發展下去，連最後的陽都很危險，想要保住僅存的碩果都很難。這是對未來的形勢不看好，「不利有攸往」。如果占卦占到不變的剝卦，那麼你想問、所關切的事，前景一定不看好，必須改弦更張、想辦法急救。剝卦是陰曆九月秋冬之際，大部分植物面臨枯黃、凋零的命運，絕對不是春夏時期豐茂的象，當然「不利有攸往」；再下面就是「履霜，堅冰至」的坤卦所代表的十月。

我們知道，賁卦在剝卦的前一個階段，是「小利有攸往」，還有亨通的可能，但發展有限。「小利有攸往」進一步惡化，就沒辦法再賁下去了，再無發揮的空間，就直接發展到剝卦的「不利有攸往」。由卦象看，剝卦下面五個陰，最上面被一個陽擋住，陰遇陽則受阻礙，整個外卦就停下來，出不去了。只有到復卦，經過一段長時間的休養生息，才又變成「利有攸往」。復卦卦辭有二十一個字，剝卦卦辭只有五個字，這都是《易經》創作的高妙之處，以極精簡的字數透露豐富的信息。也就是說，當「剝」來臨的時候，往往突如其來，才五個字的工夫你就垮了，要是還想不出急救辦法，你就完了。因為只有五個字，沒有商量餘地，也沒有任何僥倖，就是「不利有攸往」。一旦剝了，毀滅之後，想要「復」，想要重生再造，那就得二十一個字才可以逐漸恢復元氣。就如泰極否來，從乾、坤開始，經歷十個卦才能創造「泰」的局面；但是從泰卦到否卦不要一個卦的時間。人生和自然界都是如此，創造積累一輩子，剝卦只需一朝一夕就可以摧毀，破壞容易建設難，復卦的重建更難。所以復卦要用二十一個字教你怎麼慢慢「復」，剝卦卻讓你還來不及想就全部毀滅了。很多事情都是如此，建設費時經年，毀壞只需一旦。所以要絕處逢生，跌倒之後再站起來，能剝極而復的，都是高手。

可是復卦下面的无妄卦，稍微有一點偏差，就會造成「差之毫釐，失之千里」的困局。无妄卦的最後五個字「不利有攸往」，又回到剝的狀態了。可見，人生真難搞，很是折磨人，事業成功、修行成功談何容易！想要「不利有攸往」很快，想要「利有攸往」不知有多難。而且復卦的「利有攸往」還不見得能經久，下一卦无妄卦又是「不利有攸往」。

從修行的角度來講，復卦有冬至閉關修行的象，就像「潛龍勿用」一樣，需要一段時間的蟄伏，待出關時，就是「天雷无妄」；因為你不能永遠閉關，山中方七日，世上已千年，等到你修養夠了再出關。但出關也不好混，起心動念稍有偏差，即使「元亨利貞」的格局也會讓你玩成「不利有攸往」，天災人禍並至。所以閉關的時候要抗拒心魔，那就是復卦；出關之後還有很多現實考驗等著埋葬你。這天災人禍，就是出關之後百折千磨的无妄卦。《易經》讀完之後讓你冷汗直流，看破世情驚破膽。

剝卦〈大象傳〉

〈大象〉曰：山附于地，剝。上以厚下安宅。

我們看剝卦的〈大象傳〉：「山附于地，剝。上以厚下安宅。」一看就知道剝卦是上下失調，上面的人老是剝削下面的人，結果搞得離心離德，所有資源都喪失了，只剩薄薄的一層殼。從管理的格局來看，這是很糟糕的局面，必須重新調整上下關係，所以要「上以厚下」。不厚道的人喜歡剝削人，但是剝削下面，不是等於挖自己牆角嗎？下面的基礎厚，上面才會安全，這是一定的。老子說：「高以下為基。」孟子講民為本，也就是重視基層百姓，基層充實才能支撐起高層。只有短視的領導才會拚命剝削基層，等到地基都被掏空了，整棟大廈都得倒。

剝卦遭遇這種危機的時候，屬於領導階層的上層要趕快釋出資源，不可以再刻薄待下，要厚道一點，把空掉的下層結構用資源重新填實，這就是「厚」的作法。坤卦強調「厚德載物」，剝卦下卦也是坤，所以領導人對下層百姓要厚道，根基才會穩，剝的危險形勢也就跟著改善了。〈大象傳〉「上以厚下」的策略，是人遇到剝卦時要修的德，任何居上者都應該用「厚」的方式對待下面的人。然後自己住的房子——宅也就安了（「安宅」）。要知道，覆巢之下無完卵，「上」要改善剝的狀況，一定要用「厚下」來「安宅」；地基穩，樑柱、屋頂都穩固。

「宅」是自己住的房子，自己住的房子當然要妥善安頓，所以要深切理解根基的重要，而其作法就是「上以厚下安宅」。如果是租的房子或者暫住的房子，你可能不肯花那麼多心思，那就不叫宅，叫「寓」，暫時借住一下；就像「寓言」一樣，藉著假的故事，講真的道理。可是「宅」是要有長久打算的，是自己的東西，需要費心思打理，怎能把自己的基業搞成「剝」呢？可見，上下資源不平均，種下的惡因惡果，將造成「剝」的危局，要趕快把它救回來，「厚下」才能「安宅」。

剝卦〈大象傳〉在六十四卦中比較特殊，它是以「上」作為行為主體，也是唯一的；這也是《易經》在面臨「剝」的緊急情況下，特別提醒居上位的人，趕快調整跟下面的關係，釋出資源，使大家都能「安宅」。

我曾在比卦（䷇）一章講過，六十四卦中有五十三個卦的〈大象傳〉用的是「君子以」，有七個卦講「先王以」，有兩個卦講「后以」；還有離卦（䷝）講「大人以」，然後剝卦講「上以」，這就是所謂的五「以」結構——「君子以」、「先王以」、「上以」、「后以」、「大人以」。這個結構充滿了智慧，也有非常豐富的經營管理學問在裡頭。六十四卦絕大部分都是「君子以」，說明人人可為，連乾、坤二卦在內；但有些特殊的卦，是要領導階層特別小心注意的，剝卦是一個，所以它用「上」；離卦因為涉及文明的永續，所以它用「大人」。還有一些卦用「先王」、「后」，復卦最特殊，既有「先王」又有「后」，意義則更深了。不管是「先王」、「后」，還是

「大人」、「上」，都屬領導階層；君子就不限定在領導階層。六十四卦中，有十一個卦涉及領導階層，這正是企業管理講的八十、二十定律，領導人一定佔少數，可是影響力很大。一個組織百分之八十的成敗興衰，要由百分之二十的精英承擔。占百分之八十的一般是沉默的大多數，對成敗興衰只負擔百分之二十的責任。一個公司的主要業績，有百分之八十是由百分之二十的人做出來的，百分之八十的平庸業務員，對業績的總貢獻度只有百分之二十。我們從〈大象傳〉對領導者的特別提醒，剛好可以看到這個比例。

那麼，「山附于地」是什麼意思？過去的解釋都說這是風化的象。這種說法也對，因為〈大象傳〉都是取象於自然。從卦象上看，剝卦上面的山（艮）當然高過地面（坤），可是越出頭，越容易成為眾矢之的，遭遇更嚴重的風蝕，結果整座山因為日益風化而慢慢崩毀，崩毀的石塊、泥土便落在地面上。這就是「剝」的象。也就是說，要維持雄峻完整的山形是很困難的，山上的土石泥塊本就來自大地，終究還得回到地上，塵歸塵，土歸土。「附」是附屬的意思，不要認為高山峻嶺有多麼了不起，它本來就是大地的附屬。也就是說，高層本來就要依附基層，沒有基層，哪來的高層？因為地殼運動，大地隆起成為山；在高空俯瞰大地，是看不到山的，只看到橘子皮一樣的小皺塊而已。社會高層領導人也是因為有民眾的支持才能崛起，所以領導人的母體是百姓、山的母體是大地。艮只是小土，坤才是大土；艮為少男，是小兒子，意思也是如此。所以山不能忘了大地母體。有了這個認識之後，你還敢剝削下面、還敢惹民怨嗎？這就是「山附于地，剝」的卦象警告意義。

另外，「山附于地，剝」也告訴我們，越是強出頭的，越容易遭致摧毀性的打擊。所以很多公眾人物，隔一段時間就得遁；因為出頭的椽子先爛。剝卦就是因為強出頭，把自己拔高起來，那就是「剝」的象。如果不高起來，把山藏在地底下，那是謙卦的象，必得善終，所以謙卦卦辭說「君子有終」。再如古代帝王肉身毀滅之後，還想靈魂不滅、得永生，這就是想要「復」。這種想法顯現在古代帝王的喪葬形式上，最具代表的就是埃及金字塔。可是我們一見到金字塔，馬上就想到「剝極而復」，因為金字塔正是「山附于地」。法老王建起金字塔這麼一個「剝」的象；他肉身腐爛，還要做成木乃伊，這也是剝卦的象。然後他希望這樣的處理可以得到剝卦的下一卦——復卦，讓靈魂再來，得到永生。這種追求剝極而復的永生觀念，比起六祖惠能大師的境界，差得太遠了！六祖真身不必勞民傷財去建造「山附于地」的大建築，他本身就是廟，這才是「復」的永生能力。

剝卦君位不言剝

〈雜卦傳〉說「剝，爛也」，從裡面爛到外面，整個核心都腐蝕掉了。「剝」的敗亡之象，是從凋零、殘破到最後的奄奄一息。剝卦之所以可怕，就是從裡面爛起，中間都被蛀蟲蛀空了；要是沒有爛到外面，你還不知道它已經爛掉了呢！就像蠱卦，也是從裡面壞起，但外卦是艮，被蓋子蓋住了，外面看不出來，那就非常可怕，所以就得「幹蠱」。剝卦也是，裡面整個空了，外面一層薄薄的殼遮住了真相。從外面看以為沒問題，其實快爛光了，要是沒有透視的智慧，沒有「履霜堅冰至」、防微杜漸的智慧，隨時都會垮。可見，剝卦最可怕的是從裡面、從根部爛起，等到發覺的時候，往往已經來不及了。

成語「魚爛而亡」，出自《公羊傳・僖公十九年》：「梁亡。此未有伐者。其言梁亡何？自亡也。其自亡奈何？魚爛而亡也。」就是提醒我們要特別注意這種「剝」的狀態，因為敗亡就在轉瞬間，可是人還渾然未覺。一個國家、一個公司，甚至一個人，若是走到「剝」的狀況，也是這樣的過程；直到變成大局潰爛，已經挽救不及了。在剝卦爻辭裡就有魚的象，君位第五爻的「貫魚」，就是要設法把即將腐爛的魚塊串起來，這也就是把一個即將潰爛的局面重新整合成功，創造逆轉勝的奇蹟。「貫魚」的結果可能轉凶為吉，「无不利」，那個爻的智慧是剝卦中非常值得學習的。也就是說，面臨土崩瓦解、眼看就要「魚爛而亡」時，如果領導人有剝卦第五爻的智慧，就可能拯救危亡、濟弱扶傾或者反敗為勝。

剝卦君位不言「剝」字，這叫不言之象。剝卦六個爻中五個爻都有「剝」，就代表正在「剝」的狀況中飽受千刀萬剮、節節肢解之苦，讓你不得好死。剝卦就如凌遲，當全局都在剝的時候，不管什麼時、什麼位，都要承受剝的煎熬。如初爻「剝床以足」，二爻「剝床以辨」，三爻「剝之無咎」，四爻「剝床以膚」，上爻「小人剝廬」，或多或少都有傷害，可是第五爻就沒有「剝」字；不但沒有剝，還旋乾轉坤，反敗為勝。這不是很值得學的智慧嗎？它是怎麼轉過來的？「貫魚，以宮人寵」，結局「无不利」。這個爻如果真做到，剝的危機就解除了。在大局即將潰爛的時候，君位不言剝，說明領導人必須要有信心，要有旋乾轉坤的能力；否則領導人都沒有信心，那不是潰爛得更快嗎？

「魚爛而亡」是從孔子《春秋經》之後的「傳」衍生出來的成語。《春秋》是「經」，裡面有很多微言大義，藉兩百多年的魯國史來貫穿春秋時期的歷史；其文辭就像卦辭、爻辭一樣有很深的意義，將國家社會成敗興亡之理說得十分透徹。那時很多小國被併吞、被「噬嗑」，其中一個小國叫梁國，後來被大國併吞了。但是它會被大國併吞，主要還是因為「物必自腐而蟲生，剝，爛也」，是自己內政不修，專門依靠外國，最後國破家亡，糜爛不可救。「魚爛而亡」就是出現在解釋《春秋》的《公羊傳》裡。在《春秋經》裡面，對於梁國滅亡的描述只有兩個字——「梁亡」。「傳」是解釋「經」的，所以《公羊傳》就解釋梁國的滅亡是「魚爛而亡」。

剝卦〈彖傳〉

〈彖〉曰：剝，剝也。柔變剛也。不利有攸往，小人長也。順而止之，觀象也。君子尚消息盈虛，天行也。

剝卦〈彖傳〉講述的就是在剝的浩劫危機中，如何臨危不亂，甚至可以絕地大反攻，穩住局面之後，還有機會「復」。這個本事非學不可。

「剝，剝也。」這是強調剝卦的實況就是「剝」。像歐洲環地中海四個國家——葡萄牙、義大利、希臘、西班牙，在金融風暴後，就是一個「剝」的象。這是怎麼形成的呢？這非常值得研究。要怎麼救呢？當時歐盟花了巨大的代價，想要「貫魚，以宮人寵」，就是想要挽回頹勢，以免殃及池魚，但所有的努力，效果並不明顯。其實自立自強才是最重要的，想靠外面的援助沒有用，因為從裡面就爛了。〈序卦傳〉也說「剝，剝也。」因為問題很嚴重，只能直截了當的說「剝」；若想要「復」，就要付出「剝」的代價。

為什麼會「剝」呢？「柔變剛也」。答案也說得很乾脆，因為陽氣一層一層流失了。本來乾卦是充滿陽氣的，後來卻慢慢剝掉了。初爻沒了，就變成了天風姤（䷫）；二爻也沒了，就成了天山遯（䷠）；三爻沒了，是天地否（䷋）；四爻沒了，是留校察看的風地觀（䷓）；五爻也沒了，就成了山地剝，這就到了極點；原先的剛爻都變成柔爻，實的變成虛的。也就是說，陰柔的、搞破壞的、負面的勢力，會把原來充實、正面、陽剛的資源，一個一個掏空、轉型，到最後只剩上爻最後一層殼；這也象徵欲望會使原有的生命資源不斷流失，形成負債，這就是「剝」的象。

「不利有攸往，小人長也。」陽爻是君子，陰爻是小人。在剝卦的時候五個爻全是陰爻，沒有君子的象，所以〈彖傳〉直接就講「小人長也」。五比一的壓倒性破壞，只剩下最後一線希望。君子的象沒有了，導致「小人長也」，這就是警示作用；「不利有攸往」，再這樣下去陽就沒有了，將永遠失去平衡。在否卦的時候還陰陽各半，只是一個往上長，一個往下消：「君子道長，小人道消。」但剝卦只有「小人長」，負面勢力一直在成長，危機一直在擴散。

這時該怎麼辦呢？下面就是旋乾轉坤的時刻。如何在危機最深的時刻逆轉勝、創造奇蹟？正是剝卦第五爻起作用的時候。第五爻產生了一種神通，即五爻和上爻在極度不利的情勢下能夠轉過來。那要什麼樣的機緣、什麼樣的能力、什麼樣的佈局呢？〈彖傳〉就只講了七個字：「順而止之，觀象也。」下卦是坤，坤為順，因為與廣土眾民的群眾有關，需要順勢用柔。上卦是艮，艮當然是止，「而」即能夠。只有順能止之，逆不能止之，如果硬碰硬，一定被衝垮；畢竟一個陽擋不住五個陰的衝擊。那麼如何能讓五個陰不再繼續往上剝，然後留住將來還可以「復」的一線生機？

為了讓陰剝陽的不利形勢停下來，一定要善用坤卦「順」的智慧——順勢用柔，「順而止之」。也就是在剝卦這麼危險的時刻，最好的防禦策略，反而是順著五陰逼一陽的勢，避開正面衝突，才有可能讓它停下來。這就有點像太極拳的以柔克剛，人家很強的力量打過來，我的力量不如對方，如果直接去擋對方的拳勢，一定會被打垮。太極拳正是借力使力，避開正面攻擊，身體一個沉轉，以四兩撥千金的方式，把對方的力量引過來，對方的攻擊找不到目標，力量就化掉了。身體的沉轉，就是剝極而復的時候，可以蓄積力量，反擊對方，這就叫「順而止之」。不過有一個關鍵，一定要看清楚對方的拳路來勢，才能順勢運用，所以要「觀象也」。「觀」就是冷靜觀察，抓住對方的拳路方向，在適當時機一閃身，讓對方落空，他的勢道用完了，就是他最脆弱的時候，也是我絕佳的反擊點。這就是「順而止之，觀象也」。

人生很多危急萬分的時候，就可以靠這個智慧化解。先觀象，然後順著來勢，就不會受到衝擊，最後還能把它止住，甚至可以產生瞬間反攻的契機。這其實就是「六五」的逆轉形勢。也就是說，「六五」這個爻一旦發揮作用，爻一變就是觀卦（䷓）。剝卦領導人若能臨危不亂，就可以利用剝的形勢，不但毫髮無傷，還可以挽回敗局。那就需要特別的冷靜——「順能止之，觀象也」。在五比一實力懸殊的情況下，絕對不能正面應戰，要懂得用巧勁，懂得用智慧，才能順勢止之。

接下來就是一個寶貴的教訓：「君子尚消息盈虛，天行也。」「天行」就是自然運行的軌跡。我們平時就觀察這些現象，遇到剝卦的時候，只要懂「順而止之」的智慧，就永遠有機會、有生機，永遠不會輕易放棄。「消息盈虛」是指十二消息卦的此消彼長、此長彼消，如泰極否來、剝極而復。這說明任何一種有利或不利的現象都不會長久，強者不會永遠強，弱者也不會永遠弱。弱者只要在最弱的時候懂得避開鋒芒，說不定將來就會轉弱為強。強的也有可能如強弩之末，由強轉弱。十二消息卦就是如此，消息盈虛，此消彼長，永遠都在變動中。此外，強弱也是相對的，再強的都有弱點，再弱的也不會輕易就被消滅。懂得陰陽互動、盈虛消長的自然規律，人生遇到剝的時候，就能動態運用「順而止之，觀象也」的智慧了。

在我們的生命中，被某一種習性左右，也是剝卦的象。當積習漸深時，身心都被欲望控制，只剩下一個正面、積極的陽，這時若能及時發現，馬上斷絕欲望，就還有挽回的機會。但是對大多數人來說，已經積了五個陰，剩下最後一個陽，想戒掉這個欲望來挽救剝的形勢，那是很困難的。就像大家都很熟悉的戒菸，很多人都是強制自己從一天抽幾包變成一根都不抽，那樣會很難過。很多人堅持沒兩天，又恢復常態，甚至變本加厲，永遠戒不掉。因為它已經形成積習，所以最好的戒菸方式就是利用「剝極而復」這個物極必反的原理，不是減量或完全禁絕，而是從原先的一天十包，改成一天一百包，抽到最後都要吐了，聞到菸味就怕，菸癮就可以戒掉了。這就是「順而止之」，不要硬擋，硬擋是擋不住的。所以與其用那種咬牙切齒的戒律，硬是要禁絕欲望，還不如利用反作用力的原理，效果可能更好。可見，硬碰硬是最笨的方式，尤其在實力懸殊的時候，要用巧勁，避開正面衝突。很多事都是如此。

時間的本質

「君子尚消息盈虛，天行也。」這句話講得很美。其實時間的流變也是「消息盈虛」，不會永遠是這樣，而是此一時彼一時，永遠不要失望，要永遠保持希望，在每一個剎那做出最好的應對。

記得我曾和學生談到時間、空間的問題時，就有一位學生占了一卦問：「時間的本質是什麼？」結果是不變的剝卦。這個答案真是太妙了！隨著時間的流逝，所有的東西都會被沖刷掉，沒有任何東西可以在「逝者如斯」的時間裡保持原狀、永遠不變。

時間的本質就是「剝」，時間久了可以療傷止痛，也可以剝除色相。像賁卦傾城傾國的色相，不都得剝嗎？色相不可能永存，所以賁卦後面就是剝卦。正因為色相不可長久，很多人想挽回青春的尾巴，就想「復」。但時間會剝掉一切，讓「英雄白頭，美人遲暮」，這是無法改變的。

時間的本質是「剝」，很無情，但每一個人都得面對。而有些東西是時間怎麼也磨不掉，可以永恆長存的，那就是「復」。也就是說，雖然時光無情，生成一切，也剝掉一切，但也有例外，有些人心很清淨，清淨心就是最好的養生妙招；他不生病，身體健康，好像可以青春常駐似的。像我的老師愛新覺羅・毓鋆，我有一年在過年前去看他，他那時已經一百零五歲了，我們在那裡待了三個小時，就聽他批評時政、罵人。一百零五歲的老人罵起人來仍然中氣十足，聽起來好過癮！我就覺得時間的本質——「剝」，沒在他身上發生作用。所以每隔一段時間我總要去看看老師，給自己增強一點信心；因為活得長是一回事，能活得腦袋清楚，罵起人來完全切中時弊，實在太令人羨慕了。他到底是怎麼活的呢？其實還是跟「心」有密切關係，就是沒有習染的清淨心。像我們一天到晚「習」，就很難活出這個層次。

剝卦中床的情色之象

剝卦六個爻中，有三個爻和床有關，即「初六」的「剝床以足」，「六二」的「剝床以辨」，

「六四」的「剝床以膚」。「以」就是槓桿的支點，也就是發生「剝」的關鍵點。剝卦為什麼有一個「床」的象呢？其實剝卦的卦象就像一張床，上面唯一的陽爻是床板，兩邊是床的支柱——床腳，可是剝卦這張床實在讓人睡得不安穩，床腳都給挖空了，如果還不知道危險，還躺在床板上，哪一天塌了都不知道。

床本來是讓人安睡的，可是一旦床「剝」了，從初爻的床腳到二爻的床柱，一個一個都腐蝕、斷掉了，危險步步逼近躺在床上的人，床上的人卻還做著美夢。所以第四爻的處境就更危險了——「剝床以膚」，這說明床一點也不安全，危機先逼近初爻、二爻安睡的地方，然後剝到第四爻「剝床以膚」。緊接是第五爻的「貫魚，以宮人寵」。「宮人」就是宮女，「寵」就是三千寵愛在一身。剝卦是柔變剛、陰剝陽，由此，讓人不禁聯想，是酒色掏空了身子，床事過多，導致健康、財富、氣勢一天一天地剝。剝卦的下一卦復卦就生生不息，因為床事產生了後代。「復」就是一代傳一代。

可見，噬嗑、賁二卦飲食男女這個人生基本問題，還會延續到下面的剝、復二卦。「復」是下一代，「剝」就是夫妻床事。「剝床以膚」，就有過度縱欲傷身的象。所以我們應該像《楞嚴經》的阿難一樣，從飲食男女悟到人生真諦。上帝造人，讓男女對床事這麼有興趣，其真正嚴肅的意義是在生命的永續，是在「復」；所以上一代「剝」，下一代「復」，不只是提供享樂。「剝床以足」、「剝床以辨」、「剝床以膚」，六個爻中三個爻都有情色的象，後面就有復卦的意思。像古代封建帝王長壽的很少，因為宮人寵太多了，然後那些專為帝王服務的煉丹術士，就像砒霜一樣把皇帝的身子一天天掏空。

剝卦六爻詳述

初爻：勿輕基層

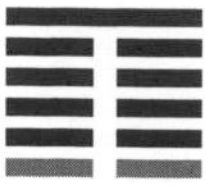

初六。剝床以足，蔑貞，凶。
〈小象〉曰：剝床以足，以滅下也。

我們看剝卦第一爻。「剝床以足」，床腳被剝掉了，那不是椿腳被挖掉了嗎？這是剝卦格局中第一個出現的危機點；就像「履霜堅冰至」一樣，支撐床的床腳斷掉了。「蔑貞，凶」，「蔑」是輕蔑、看不起人家，卻給自己帶來滅亡。你的基層、底子都被抄光了，就是因為你太大意、太輕敵，沒有重視基層的重要性；造成如〈小象傳〉說的：「剝床以足，以滅下也。」「蔑」變成「滅」，這是因果關係。

床最重要的是穩固，所以床腳要安定，代表基層要安定。如果忽視基層，結果被別人挖牆角，缺乏基層支持，床當然就不穩了。「貞」是要固守正道，才能「厚下安宅」，守住可以安居的床。「蔑」就是不厚下、剝削基層，輕忽基層的經營，後果就是走向滅亡。「貞」守不住了，就偏離正道，這就是「蔑貞」；不重視基層經營的正道，結果當然凶，這就是「滅下」的結果。

可見，會出現「剝床以足」，正因為高高在上，太不重視初爻的重要性，直到「以滅下也」，產生了危機。這就是自以為了不起的結果，是人生失敗的最大根由。老子也說「禍莫大於輕敵」，人生的禍患沒有比輕敵更嚴重的了；「輕敵幾喪吾寶」，生存最重要的資源就要喪失了。剝卦本身不是幾乎要完蛋了嗎？而且在剝卦第一爻就該注意的，越到後來就越來不及了，這也是「履霜堅冰至」為何一再被提起的緣故。

另外，「蔑」字很值得深入分析。《說文解字》的解釋很生動，其文曰：「勞目無精也。從苜，人勞則蔑然；從戍。」「勞目無精」四個字很傳神，你看那些縱欲過度的，就是典型的「勞目」；一副無精打彩的樣子，那就叫「蔑」。人一旦出現這個樣子，就一定會開始走下坡路，因為瞧不起人，輕忽初爻的潛在影響力，所以復卦特別重視初爻的力量。剝卦之所以「剝」，就是在初爻第一步就錯了。「蔑貞，凶」，就「以滅下也」，這是難免的。

「滅」字雖然在剝卦只出現這一次，但是，最重要的根基滅了，就會波及全面，導致全部一起倒。《易經》有三個卦都跟「滅」有關。噬嗑卦是一個，六個爻中有三個爻出現「滅」，所以大家「噬嗑」互鬥的結果，至少有一半會完蛋。然後就是剝卦，剝卦初爻就是「滅」，而且滅的是最重要的基層。還有一個就是大過卦（䷛）。〈大象傳〉說「澤滅木」，第六爻說「過涉滅頂」。這是三個滅亡的卦；而且在《易經》上經快結束的時候，滅亡的象不斷出現，所以警醒人要特別小心。就像剝卦出現初爻的警訊時，就應該及時改掉輕蔑的態度，「厚下安宅」，注入資源以厚下，讓初爻的陰爻之虛變成陽爻之實。「初六」爻變是頤卦（䷚），頤卦是養生的卦，由「剝」變成「頤」，就是經營初爻的根柢；若能開始重視初爻，就有起死回生的機會。

剝卦輕視初爻的象，是人最大的毛病。我們做事業、求學問，最怕自以為了不起。佛門就說「勿輕初學」；儒家也講：「後生可畏，焉知來者之不如今也？」千萬不要輕視初學、後學者，搞不好他將來成佛比你快。「勿輕初學」，是很重要的人生態度。一般人都忽視剝卦初爻，所以後果嚴重。人生最重要的是「謙」，因為「謙，亨，君子有終」，「亢龍」絕對有悔，這是人生處處可印證的。

二爻：失守淪陷

六二。剝床以辨，蔑貞，凶。

〈小象〉曰：剝床以辨，未有與也。

剝卦初爻的危機如果未能及時改善，傲慢的態度會持續造成基層流失，甚至嚴重到第二爻也流失了。這個爻是大局的分辨點、轉折點。「剝床以辨」，「辨」有辨別的意思，即分辨點，當大局開始潰爛時，第二爻通常也淪陷了。像姤卦的危機若控制得宜，就到此為止；若第二爻也沉淪了，就全無立足之地，因為初爻、二爻是地位。也就是說，如果第一爻出現危機警示，趕快修正補救，還有可能轉危為安。如果第二爻再淪陷，你就失去立足點了。

「剝床以辨」的「辨」，我們一般念「辦」，就是古代那種大床的床柱，初爻是床腳，接觸地面的部分必須結實、不能腐蝕掉。再往上是床板，床板與床腳之間是床柱，有一點像膝蓋的位置，是明顯的分界點。意思是說危機往上發展，本來是「剝床以足」，最後危機往上蔓延，如果一直蔓延到「剝床以膚」、到心臟的位置，那就非常危險了。星星之火可以燎原，第二爻是關鍵，這個爻絕對要守住；若守不住，就前途黯淡。第二爻除了「剝床以辨」之外，和初爻一樣，也是「蔑貞，凶」，如果一樣這麼驕傲、這麼不在意，不懂得依正道行事，守住最後據點，那就「凶」。剝卦開始連著兩爻都是「蔑貞，凶」，可見態度依舊，習氣深重，從「剝床以足」到「剝床以辨」，眼看著危機往上發展。〈小象傳〉說：「剝床以辨，未有與也。」陰陽配、資源互補就叫「與」，現在這些都沒有了，大家見死不救，這說明人生在剝的危局中，你自己守不住了，希望友軍能在急難時出手相救，結果是「未有與也」。因為「六二」一定要從陽爻那邊得到資源才能擋住危機，可是跟它「承乘」、「應與」的都沒有陽；「六五」跟它相應與，最應該提供資源，但它也是陰爻，沒有資源幫「六二」。

「六二」求助無門，急難時沒有外援，沒有關係深厚的生命共同體捨命相救，只能坐視淪亡，這可能也是平常勇於私鬥、怯於公戰，危急時大家見死不救。我們在剝卦的處境中可以清楚看到人性的可悲，明明已經兵臨城下，還在忙於內鬥；往往在急難發生時，旁人不僅不來相救，反而在旁邊看好戲，更何況這說不定是借刀殺人的好機會，巴不得你趕快垮。結果他不救你、你不救他，最後就被共同敵人各個擊破。剝卦正是節節肢解，一塊一塊被吃掉，就是因為缺乏「貫魚」的整合團結力量。

這是第二爻，沒有好朋友，平常沒有經營這樣的關係，甚至結了很多私怨，這時，人情的考驗就顯露出來了；落井下石的人多，雪中送炭的人少，所以爻變為蒙卦（䷃），情欲蒙蔽理智，讓你看不清楚全面的局勢，不知道他倒了，下一個就輪到你；你還糊里糊塗在旁邊拍手，其實救他就是救你自己。以疾病來講，病情本來沒那麼嚴重，因為到該開刀、該下手整頓的時候，結果你錯失時機，讓病勢蔓延，從「剝床以足」到「剝床以辨」。如果還不趕快整治，就會加速惡化，到時全局糜爛，救都沒法救。可見，有時還有機會以犧牲局部、斷臂求生的方法保全整體；但如果一節一節都爛光了，沒有可犧牲的了，那就錯失了黃金救難期。所以剝卦也是有時間急迫性的，一定不要犯「蒙」的毛病，一旦欲望蒙蔽理智，搞不清楚形勢，只顧自己，後果會很嚴重。

我們發現剝卦的初爻、二爻之慘烈，是一步一步撤守、淪陷的象，常跟人性中的卑劣、自私、輕蔑、傲慢、自大有關；而且二爻爻變是蒙卦，剝中遇蒙，大廈將傾，屋裡的人還在忙著內鬥、計較，你看糊不糊塗！就像這邊有一個位置的安排，那邊馬上放冷箭，自己也不見得一定要那個位置，就是看不慣人家好，這是最要命的。剝卦初爻、二爻把人性所有造成剝的原因幾乎都分析完了；在這個時候，人被欲望牽著走，失去了分辨能力，完全不顧大局，沒想到剝卦第三爻是大局中環環相扣的最後一道防線，這道防線一旦突破，全局一起垮，這是可惜又可悲的。

三爻：償還人情

六三。剝之无咎。

〈小象〉曰：剝之无咎，失上下也。

剝卦的初爻、二爻，從「剝床以足」到「剝床以辨」，在孤立無援的情況下被吞掉了，然後再節節往上，繼續剝。如果初爻、二爻連著兩個爻都淪陷，兩爻變是損卦（䷨），損失慘重。為什麼會是「損」呢？因為欲望太多，所以損卦教我們「懲忿窒欲」。

剝中有損象的初爻、二爻連續失利，星星之火可以燎原，下面就不可收拾了。就像人體健康的防線一道一道撤守，身體就越來越弱。因為剝中有損象，初爻、二爻的慘烈教訓，使得三爻學乖了，第三爻突然出現短暫的休止，不再剝下去了：「剝之无咎。」雖然還在剝，但情勢漸趨緩和；好像被蚊子叮一口，只是暫時痛癢一下。「剝之无咎」的「剝」還在繼續，但沒有造成嚴重破壞，這說明在初爻、二爻之後，還有機會突然醒悟，開始重視、並且設法捍衛最後的一點資源。所以「六三」不受「剝」的影響，屹立不搖。

「六三」爻變為止欲修行的艮卦（䷳）。初爻、二爻之所以失守，就是因為欲望橫流，沒有「懲忿窒欲」，結果就是「損」。第三爻守住「剝」的趨勢，採取「艮」的措施，故能屹立不動如山，外面再怎麼剝，還是「无咎」，惡化的局勢暫時緩和。我一直強調「暫時」，是因為「艮」是「時止則止，時行則行」；本來一直是陰剝陽，到第三爻沒有進一步惡化，一方面也是由於欲望過多招致損害，另一個就是剝卦有三個爻的呼應關係，即「乘承」加上「應與」的環環相扣關係。剝卦〈彖傳〉就提示剝卦第五爻不言「剝」，說明這個爻有超人的智慧，見識也不同凡響，不會感情用事，照講它是剝卦第五爻，應該領頭「逼宮」，把上面那個陽爻徹底剿滅，陰爻就可以全面稱王了。趕盡殺絕，這是一般人的想法，但不是高智慧的作法，要知道春風吹又生，只會結下更深的仇怨。「消息盈虛，天行也」，人生的禍福、強弱、盛衰很難講，將來時運反轉，人家也會同樣對待你。所以比卦第五爻就教我們要網開一面，不要四面圍堵，逼得人家困獸猶鬥，給人留一條生路，得饒人處且饒人，那才是最高的智慧。給人留一條生路，讓他有機會改過向善，只要能在你的控管範圍內達到新的平衡即可。剝卦反正已經五比一，陰剝陽、柔變剛已成定局，第五爻是剝卦五個陰爻的領導人，何必咄咄逼人，把上爻最後一點都吃光了！而且從爻際關係看，五爻跟六爻陰承陽、柔承剛，應該可以好好相處。一個目前居於老大位置的人，對於已經沒什麼主導能力的前朝遺老或者被逼下野的上爻，大可以維持表面上的客氣，甚至給他一個地方養老，這就化解了你死我活的關係，不再重蹈噬嗑卦的覆轍。剝不也是從噬嗑、賁二卦來的嗎？和平共存可能才是更好的方式。

太極圖的原理也是如此，雖說這個世界充滿陰陽對立與抗爭，但是千萬別忘了，陰中有陽、陽中有陰，你把敵對的勢力統統消滅了，對你絕不是好事，因為太極圖中黑中有白點，白中有黑點，即使把白外面的黑全都滅了，但白裡面還有黑點；沒有了外敵，內部必定出現新的鬥爭。所以要維持動態的陰陽平衡。中醫理論也是如此，一旦身體哪個部位出問題，若開刀割掉，就會使元氣大傷。我們在講豫卦的時候也說過「貞疾，恒不死」，這也是陰陽之間「消息盈虛，天行也」的動態平衡。因為人生最大的敵人在內不在外，如果外面還有敵人，就可以維持內外的平衡；外面沒有敵人，就如孟子所說的「出則無敵國外患者，國恒亡」。所以身體要學習跟細菌病毒和平共存，我們也要學習跟看不起的、很難相處的人和平共存。

所以，對「六五」最有利的作法，就是好好養著「上九」，讓人家覺得他還很厚道，就不會對他構成威脅，這樣，裡子、面子都賺到了。五爻跟上爻是陰承陽的關係，上爻跟三爻是應與的關係，從第五爻的立場來講，要維持整體的最大利益，就是練習跟最後殘存的「上九」和平共存。若從上爻的立場來看，他要絕處求生，馬上要有一個全新的佈局，把自己最重要的東西送到海外，這邊全爛了都沒關係，將來自有人幫我復仇。這就是「復」的部署，盡量爭取時間，並且跟五爻保持善意的互動。所以五爻跟上爻的關係，極有可能是雙方都往長遠看，都考慮到整個大局，不會感情用事。五爻為了大局，希望跟上爻善意互動，這種政治君位的構想、大局觀的智慧是很可貴的。上爻本身也想掙扎求生，希望跟「六五」保持良好的互動關係。另外，上爻為了生存，也為了爭取

「復」的機會，除了對五爻下工夫，也要對「六三」這個「應與」的好朋友下工夫。剝卦五個陰爻不見得統統都要除上爻而後快，五爻有高層的政治考量，正好互相利用；而「六三」跟「上九」相應與，是好朋友。

這就讓我們看出，剝卦裡面其實還有很多生機。上爻已經是「亢龍有悔」的位置，被逼到了絕地，幾乎只有繳械投降的份，但它生存的機會還很多；一個是領導人「六五」本身的政治考量，另一個就是「六三」雖然夾在五個陰爻的敵方陣營中，但可能欠他人情或金錢，所以「上九」可以對「六三」下工夫，讓他手下留情，或者表面「剝」，其實傷不到，只是演戲而已。這也是「剝之无咎」的意思。從爻的立場來看，一個陽要如何奮鬥求生，運用之妙，一個在「六五」、一個在「六三」的「承乘應與」關係，要用得很到位。

「六三」雖在五陰之中，但他可能不好意思，要還人情，對曾是長官的「上九」下不了狠手，不會參與五個陰爻共同去逼陽爻的鬥爭，只能虛晃一招，根本傷不到陽爻。「上九」下的工夫在這裡就開花結果了，所以最後能「无咎」。三爻一變就出現艮卦的象，時止則止，時行則行，整個「陰剝陽」的趨勢突然停止不動，這就給了「上九」喘息的時間。可是「六三」處在上、下各兩個陰爻之中，理論上都是要陰剝陽的，但他這麼賣人情，有失眾陰剝陽的基本立場，故〈小象傳〉說：「剝之无咎，失上下也。」

這種事例在歷史上頗多，「六三」跟「上九」微妙的互動關係，如大家最熟悉的曹操敗走華容道，關羽放了他一馬。所以人在兵荒馬亂、危急存亡之秋，什麼關係都要運用。「上九」一定要下足工夫，盡量用到「承乘應與」的關係，必要時才能救命。而且這種關係還不見得是單方面的，可能也是互惠的。「六三」做足了人情，比較心安；「六五」也達到了高層政治考量的目的。

四爻：迫在眉睫

六四。剝床以膚，凶。

〈小象〉曰：剝床以膚，切近災也。

「初六」、「六二」被各個擊破。在人世間這種「剝」的鬥爭叫「蠶食」，像蠶吃桑葉一樣，一口一口地咬；如果野心較大、實力較強，一口吃掉，那叫「鯨吞」。剝卦是小塊小塊地吃，「鯨吞」是噬嗑卦。初爻、二爻被蠶食，雖然「六三」讓「剝」的趨勢減緩了，畢竟人微言輕，只能給「上九」爭取到喘息的空間，沒多久又恢復「剝」的態勢，所以到第四爻危機更深重。畢竟「六四」跟「上九」沒有關係，既不「承乘」，也不「應與」，會貫徹陰剝陽、柔變剛的素志。所以「六四」不但危機持續惡化，「剝床以膚，凶」，而且是「切近災也」；兵臨城下、迫在眉睫，你還躺在床上打鼾睡覺。殺機逼近你的肉身，這叫「剝床以膚」。「膚」字在噬嗑卦講過，是薄薄的肉片，外面看著嚇人，其實一咬就穿。所以人的皮膚只是薄薄的保護層，其實根本護不住任何東西。只要你敢咬，絕對一咬就透，就像「噬膚滅鼻」，連鼻子都陷在裡頭。

「剝床以膚」的感覺就是在「剝」的時候殺機越逼越近，近到你全身都起雞皮疙瘩。因為這時候等於已經赤裸裸暴露在危機下，結果當然是「凶」。可見，危機在初爻、二爻始興；到三爻突然緩和，四爻又開始急遽惡化，「切近災也」，甚至要危及生命了。從情色的意象來講，「剝床以膚」的皇帝就活不長了，一天到晚找「阿修羅」，結果傾城傾國，玩完了。這也是「六四」「剝床以膚」的另一種意象。

剝卦第四爻也是一種人格類型。講的是天性就比較刻薄的人，不厚道。曾有個學生的先天本命就是這個爻——「剝床以膚，凶」，絕非厚道之人，而且可能很聰明、很機靈，但就是刻薄。如果先天是這種個性，對自己、對別人都不好。若先天是「剝床以膚」，後天就是最痛苦的明夷卦（䷣）初爻；自己痛苦，別人也痛苦。明夷卦第一爻在講什麼？「三日不食，有攸往，主人有言」，三天沒辦法吃飯，到處求人。所以先天是「剝床以膚」，欠缺生命厚度的人格類型，後半生也是受苦。所以人能厚道還是盡量厚道，吃點小虧也沒關係，否則是損己不利人。

總而言之，「六四」這個爻變負面的，危機迫近時再不從床上起來，馬上就要出事了，因為沒有任何東西能保護你。有些人心性刻薄，像商鞅就被司馬遷認為是作法自斃，他在《史記》給的評語就說：「商君，天資刻薄人也。」「天資」即天性，商鞅用嚴刑峻法治秦國，死在他手上的人不知道有多少，最後自己也沒好下場，秦孝公死後，他就被舊貴族勢力五馬分屍。那就是刻薄寡恩的下場，司馬遷的「天資刻薄人也」，說的就是性格決定命運。當然，人生也不全是定數，若是這樣，什麼也不用修了；要修，就是因為有改變的可能。

五爻：笑臉迎人

䷖

六五。貫魚，以宮人寵，无不利。

〈小象〉曰：以宮人寵，終无尤也。

我們看「六五」開始反敗為勝了，用絕高的斡旋手段，網開一面，與敵人和平共存，以維持全局的總平衡。這就是君位的智慧。「貫魚，以宮人寵，无不利」，「无不利」當然是很好的結果，完全沒有任何負面作用。〈小象傳〉說「終无尤也」，這便是「匪寇婚媾」、廣結善緣的結果，懂得給人留餘地，所以人緣好，不會有人怨恨他。「終无尤」就是得善終。人生那麼短，交朋友都來不及，何必樹敵？你現在贏了就整人，要是將來輸了，冤家債主都找上門，你會更慘。這麼簡單的道理，就有人想不通，不懂「貫魚，以宮人寵，无不利」、「終无尤」的智慧。「尤」是恨，我們講過賁卦無怨無尤的概念，第四爻的「白馬翰如，匪寇婚媾」，就是希望能「終无尤」，希望人生到最後沒有怨恨相纏。要想「終无尤」，就要懂得做人。「六五」爻變是觀卦（䷓），是冷靜深入觀察，不會感情用事、挾怨報復。

我們再看「貫魚」。很多古典小說常有「魚貫而從、魚貫而入」的說法，有秩序地一個一個走進來，就是「魚貫」。「貫魚」就是把魚一個個串起來。為什麼剝卦的陰爻取象是魚呢？這是《易經》的一種說法，大概從剝卦之後就會不斷出現，陰爻都用魚或者豬的象，陽爻常用羊的象。老子說「治大國若烹小鮮」，「小鮮」就是小魚，象徵基層的、靈性不開化的群體。剝卦五個陰爻就是五條魚，五條魚各有各的想法，「初六」、「六二」、「六三」、「六四」拚命想把「上九」頂翻，想要剝陽，「六三」卻手下留情，「六五」則另有考量。表面上是五個陰爻對抗一個陽爻，其實裡面可以分化、團結的部分多得很，這就是「上九」的一線生機。五個陰爻並不是意見一致的一塊鐵板，「貫魚」就是有貫通整合能力，靠著君位的權威意志，整合五個各有私利考量的陰爻，讓大家一致聽命行事。聽命行事之後怎麼樣呢？「以宮人寵」，也就是不要再逼「上九」，由咄咄逼人的態勢改成笑臉，就好像宮廷裡的宮女求寵於君王，這就對大局有利——「无不利」，沒有什麼不好。「六五」這個象就有一點像皇后、后妃，是陰爻、嬪妃的領導人，率領所有陰爻向「上九」示好。從過去宮殿生活的象來看確實如此。

上爻：生死判官

上九。碩果不食，君子得輿，小人剝廬。

〈小象〉曰：君子得輿，民所載也；小人剝廬，終不可用也。

「碩果不食」，「碩」也念「石」，像蹇卦的「王蹇來碩」也是如此。《說文解字》說：「碩者，頭大也。」《詩經》也講「碩大無朋」，意思是沒有比它更豐滿的。果實纍纍就叫碩果。「碩果」本來是開始收成，但這是剝卦上爻，也就是說植物到結果的時候，這輩子也就結束了。開花是剝卦前一個卦——賁卦。盛開的花五顏六色，那是最燦爛的時候；開花之後結果，結果就是剝卦。換句話說，結果之後就要傳承下一代，讓果實中的種子散佈出去，讓它們找個好地方成長，那就是復卦。剝卦上爻這個意象確實很動人，也很自然，眼看著修成了正果，這個階段就將結束了，所以終而復始，剝極而復，你就有責任用所有力量捍衛裡面的種子——孕育下一代的資源。而「碩果不食」，樹枝上掛著肥碩的水果，不知費了多少心血澆灌，可是現在沒用了，就擺在一邊，讓它自然腐爛。就像退休的大老、資政、顧問，沒人用、沒人睬，擺在一邊顧而不問。這也是「六五」的政治考量，用自然淘汰法，把「上九」排除掉。剝卦六個爻的重心就在上爻；就像乾卦的「亢龍有悔」，處在這個位置，沒人理你，甚至還有人找你麻煩。乾卦「亢龍有悔」告訴我們怎麼知進退，「知進退存亡，不失其正」。剝卦的下一卦是復卦，其實就是乾卦初爻「潛龍勿用」，如何閉關潛修、等待時機。這就是說，「亢龍有悔」、「潛龍勿用」的智慧，在剝、復二卦講得更詳細。

「碩果不食，君子得輿，小人剝廬」，這個爻是最有意思的，若占到這樣的象，一般都很彷徨，不知道結果到底怎麼樣？其實結果就看你是君子還是小人，這下更難過了！萬一結果不好，就代表你是小人；要是結果好，就代表「真不好意思，我是君子」！所以「碩果不食」是事實，然後還會有一個結果。剝卦上爻危機之極，要一翻兩瞪眼，看最後的結果是「得輿」還是「剝廬」？正如「《易》為君子謀，不為小人謀」，看你的修為、存心，決定你最後的業報。「輿」既代表車子，也代表民眾。君子就有車子坐，還得到民眾的支持。也就是說，雖然你已不在其位，可是那些受過你恩典的老百姓或舊屬依然擁戴你，所以〈小象傳〉說：「君子得輿，民所載也。」雖然已經沒有實權，可是大家還願意扛你這頂轎子，你還享有尊崇、禮遇。既然還有群眾支持你，當政者也不敢太過怠慢，這是君子。

那麼，如果是小人，在位時刻薄寡恩，對人對事都不留餘地，也有可能淪落為「碩果不食」，那麼就是「小人剝廬」了；別說沒有車坐、沒有群眾支持，連一個茅棚的棲身之地，人家都要把它拆掉，讓你無處容身。換句話說，這時候就要檢討過去是怎麼做人、做事的。「君子得輿，民所載也」，還能得善終；「小人剝廬，終不可用也」，只能完蛋。如果占卦占到剝卦只動上爻，而且點到上爻，這是最有趣、也是最難的，結果模稜兩可，在「碩果不食」的時候，一個是「君子得輿」，一個是「小人剝廬」，該如何斷案呢？如果是君子就沒事；如果有事，就是小人。《易經》

真是毫不含糊。就像產品驗證，人生剝到極處，才知道你是君子還是小人，這是《易經》的生死判官，如照妖鏡，跑不了。

占卦實例1：「三一九槍擊案」占象

上文講到「六五」跟「上九」互相利用的關係很重要。如果占卦占到剝卦動這兩個爻，會點到第五爻，兩爻變是互相合作的象——比卦（䷇），合作對雙方都有好處；可是最主要的關鍵還是「六五」要有冷靜觀察的智慧，因為點在「六五」那個爻。「上九」樂意配合，五爻也獲利，最後是比卦，大家和平共存，產生最大的效益。

有個案例是剝卦動三個爻。這是占算二〇〇四年三月十九日陳水扁遭襲，兩顆子彈事件的真相。「三一九槍擊案」中的兩顆子彈是一個懸案，神探來了都沒辦法，死無對證。那麼真相到底是什麼？不管人間的法庭能不能平反，總有天地鬼神的法庭吧？打槍的人是誰？子彈到底會不會轉彎？一顆子彈、兩顆子彈雖少，卻決定了臺灣四年的命運。事情發生後，臺灣在二〇〇四年和二〇〇五年之間社會對立的局面糟糕透頂，選舉後的訴訟也在進行。那時聽到各種說法，官司也在打，我就心平氣和地占了一卦問「三一九槍擊案」的真相到底是什麼？結果是剝卦三爻齊動，點到第三爻、五爻和上爻。我們講過關鍵是第三爻，然後配合「六五」、「上九」承乘應與的關係，通過上爻穿針引線，結合第五爻的君位跟第三爻的民間執行者，這個三合一會產生什麼效應呢？三爻齊變為蹇卦（䷦），「蹇之時用大矣哉」，是風雨同舟的概念。這個結果充滿了戲劇性。事實上，三一九槍擊案最後不也造成戲劇性的逆轉嗎？是不是「貫魚，以宮人寵，无不利」？本來民進黨一定是選不贏的，但是兩顆子彈改變了選舉結果，選前翻盤，逆轉勝。換句話說，這一點效應逆轉整個形勢，在民進黨連任不利的剝卦局面中，因為有整合「貫魚」的能力，保住「六五」的大位，結果變成「无不利」。「六五」本身不可能翻盤，他得利用「上九」的關係，一條船上的人有共同利益，必須一致對外，爭取權力的延續，然後找到實際的執行者「六三」，一個不中不正的位置，由他去「剝之」，執行那不會造成重大傷亡的兩槍，結果當然「无咎」。

這樣虛晃一招，看著是剝，但不會傷到性命。而且「剝之无咎」的「六三」是最重要的宜變爻位。「六三」是「六五」透過「上九」找來的，三股力量合在一起，就造成逆轉勝的結果。所以他們不管彼此有什麼矛盾，都得合作。當這個卦象一出來，我們就知道怎麼回事了。「六五」我們當然知道是誰；「上九」是誰，大概推也推得出來。「六三」是誰？絕對不是死在漁網中的那一個，早跑掉了。實際執行的就是「六三」。這是設計非常精密的局，三股力量串在一起，可能前一兩個月就提案，如果情況「剝」了，想逆轉勝，把最後一張牌打出來就可能有希望。

從正常的政治鬥爭來講，這樣一個三合一的佈局，真正知道核心機密的應該不超過五個人，像呂秀蓮絕對不知道。這就是一個精心設計的局，在「剝」中運用「蹇」的人性特質，造成「貫魚，以宮人寵，无不利」的局面，使「六五」大位捍衛成功，「上九」也坐穩寶座，「六三」領到酬勞就銷聲匿跡。我們對這個局可謂是心知肚明，不過對破案沒有幫助。易占沒辦法幫你拿碩、博士學位，因為學術研究不承認，法庭也絕不會接納作為呈堂證供，但還是有良心的法庭知道；因為人世間的法庭要講證據，天地鬼神的法庭不必講證據。照佛家造業的觀點，所有的業都會跟著你走，

「萬般帶不去，唯有業隨身」，等到我們講到坎卦的時候就知道了，無間地獄在等誰？絕對不是等我們這些安分守己的人。

占卦實例2：毓師仙逝

二〇一一年三月二十日清晨，我接到同門黃師兄來電告知，毓老師一早身體不適，送醫急救。我心中頗生異感，勉強定下來占問吉凶，為剝卦三、四爻動，齊變有旅卦之象。剝卦生機耗盡岌岌可危，旅卦飄飄盪盪將有遠行，卦情大大不妙。剝卦「六四」爻辭：「剝床以膚，凶。」「小象傳」斷言：「切近災也。」老師多半已離人世。不久師兄再從臺大醫院來電，說老師急救無效往生，那陣子擔心的終成事實。

占卦實例3：法國國運不振

二〇一〇年三月底，我推算法國未來五年的國運，得出剝卦初、三、上爻動，齊變成明夷卦，剝卦「六三」值宜變為艮卦。

明夷為日落的黑暗之象，卦辭稱：「利艱貞。」剝卦資源流失，不利有攸往。艮卦遭遇重重阻礙，發展停滯。剝「初六」爻辭：「剝床以足，蔑貞凶。」基層民不聊生。「遇剝之明夷」，真是有夠慘！這當然是受了席捲全球的金融風暴的影響，由這些年的後勢來看，此占又說中實況。

一元復始——復卦第二十四（䷗）

復卦的核心創造力

《易經》除了乾、坤兩卦之外，最重要的就是復卦。復卦的重要性，在於其為「小父母卦」。父母就有生生的能力，「生生之謂易」，生生就是「復」。乾坤為父母卦，天父地母，往下一代傳一代，子子孫孫終而復始，就是「復」的含義。復卦是第二十四卦，前面二十三個卦中，就有很多卦、爻蘊含了復卦重生再造、生生不息的核心創造力。復卦以後的四十個卦也是如此。也就是說，只要有復卦一陽的存在，培元固本，永遠有再起來的機會。所以，理解什麼是「復」，包括如何運用、培養，其重要性值得一再強調。

在前面學過的卦裡，如履卦（䷉）就跟「復」的能力有密切關係。「履」字的核心就是「復」，上面是「尸」，「尸」就是「以什麼為主」的意思。〈繫辭傳〉中，履卦為憂患九卦的第一卦，是「德之基也」；復卦是憂患九卦的第三卦，是「德之本也」，是宇宙人生的根本真相。「履」是以「復」為主要原則來修行、實踐，要把復卦的核心創造原理履行出來。所以，復卦的

「德之本」，是指導履卦「德之基」的本源；履卦全部都在復卦的思維影響之下。那麼，和履卦相綜的小畜卦（䷈）初爻、二爻也是以復卦為指導思想、基本原則；亦即在「密雲不雨」的環境下，再怎麼沉悶，還得做好自己的事，好好培養基本實力，將來才有撥雲見日之時。所以小畜卦初爻就叫「復自道」；不是別人的道，是「復」你自己的道，甚至有心量承擔你的「咎」。把復卦的核心創造力揮灑開來，就進入小畜卦的第二爻——「牽復吉」，第二爻跟第一爻手牽手地一起「復」，回歸生命的本源。

還有訟卦（䷅），在充滿爭端的環境裡，居高位的第四爻如果敗訴，就得調整了。調整就跟「復」有關。調整得好，將來說不定還有反敗為勝的機會。首先是「不克訟」，在爭訟中「受傷」，接著是「復即命」，療傷止痛、重新站起來。有了「復」的能力，就可「渝安貞，吉」，長期來看，永遠不會失敗。「復即命」最後的結果是「不自失也」。正如〈雜卦傳〉說的：「復，反也。」「反」即「返」，是回家的意思，在佛家就是渡彼岸，究竟圓滿的智慧「般若波羅蜜」，回到心靈的原鄉、生命的本然。「復」是乾、坤合生的，所以訟卦不但在第四爻有「復」的概念，第二爻也有「返」的概念——「歸而逋」，敗得很慘、很憋氣，簡直要鑽到地洞裡去，還要保「邑人三百戶無眚」。「歸」就是「返」，回到基本面來自我反省，這也是復卦的指導思維。

終日乾乾，反復道也

乾卦跟復卦最重要的關係就在第三爻：「君子終日乾乾，夕惕若，厲，无咎。」第三爻是「三多凶」的人位。一個人在多凶的人生，要保持自強不息的奮鬥，「復」的能力就很重要。所以〈小象傳〉直接就點出來了：「終日乾乾，反復道也。」「反」是回歸常道的「返」。能「反」，遇到再大的危險都會無咎。然後乾卦第三爻是人行天道，爻一變為履卦，要用「復」的核心原理去實踐。

《論語》記載，孔夫子曾說：「朝聞道，夕死可矣。」不知有多少聰明人或者自以為聰明的人，讀經不求甚解，把孔老夫子這句話解得大錯特錯，好像只要聽到究竟圓滿的真理之後，就可以死而無憾。中國人有那麼笨嗎？「聞道」之後就要死，豈不是太可怕了！其實「死」就是改過的意思，就像「昨日種種，譬如昨日死；今日種種，譬如今日生」所說的「大死大生」，不是生命沒了，而是過錯沒了，獲得復卦的新生。這個解釋的理論基礎在《大戴禮記》裡，孔子的弟子曾參講得很清楚，早上「聞道」，發現自己的過錯，晚上就改過來了；不到一天的時間，立即就把過錯改過來了，那也是「復」。「復」本來就有改過的意思，所以它是一個繞著中心軸的螺旋形運動。畢竟人生不可能完全按照中間的正道而行，總是東倒西歪、有所偏離，犯小過是難免的。小過之後立即調整，而且不犯同樣的錯誤，就像顏回的「不貳過」，所以他被稱為「復聖」。那麼，「終日乾乾，夕惕若，厲，無咎」就是指人生在自強不息的奮鬥中難免犯錯；犯錯就得從善如流，立即改，不要超過一天。所以，「朝聞道，夕死可矣」就是乾卦第三爻的概念，聞道之後才有能力覺察自己犯錯，然後馬上按照真理去改，那就「復」了。可是這句話長期以來以訛傳訛，誤以為是明理悟道之後，即使死了也不遺憾。既然「反復道也」是復卦的思維，「復」就是要活過來，死了豈不違背這個原則？

另外，在「幹父之蠱」的蠱卦（䷑）中，蠱卦也是腐爛之後重生、改造，我們也一再強調這個卦的重要性，因為它合乎我們這個時代要改革的主調；改革之後要身心開放，所以蠱卦之後是臨卦的開放自由。蠱卦中就有「七日來復」的概念，因為「先甲三日，後甲三日」，加起來就是七天；「甲」那一天就代表要改革了。但改革的前三天就得做準備，後三天還得檢討、修正。所以「先甲、後甲」也是「七日來復」的概念。不管你病得多重，經過七天一個週期的幹蠱、改革，之後就能重生，這也是復卦的基本規律。

可見，自古以來復卦就受到特別的重視，不是沒有道理。至於復卦以後的卦，也有很多與「七日來復」有關。像巽卦的「先庚三日，後庚三日」，庚是第七天干，從「先甲」到「先庚」，完成了一個七天的過程。一個卦只有六個爻，到七就非變不可，第六天干就是革卦的概念，必須改弦更張。革卦就有「已日乃孚」、「已日乃革之」的說法，因為到了第六天，已經窮盡了，所以就得「革」。然後到「庚」，「庚」即「更」，就是必須變；然後就是「辛」，變成全新的了。成語裡面就有很多這一類的文化印記，如「一陽復始」（或者說「一元復始」）、「萬象更新」。

關於「七日來復」，還有震卦第二爻、既濟卦第二爻的「七日得」，都是這個概念；失而復得，要花七天。另外，「七日來復」中，「來復」就強調了「來」是「復」的特色，即歸本返原；爻的運動是由外往內、由上往下。回歸核心，「來復」才能自在解脫、遠離顛倒夢想，證得究竟涅槃。在解脫自在的解卦（䷧）中，當一切不值得留戀時，就有「其來復吉」，這正是復卦的概念。因為解脫了，又恢復身心自由，所以解卦中也有復卦的指導思想。還有解卦前面的蹇卦（䷦），處在人生困頓時期，寸步難行，外險內阻，〈大象傳〉叫我們「反身修德」。「復」就是「反」

（返），都叫你回頭，外面行不通了，就要回歸內心，再找資源重建，先恢復你的創造力、生命力，外面的困難就會自然而然消解了。正如孟子所說的：「行有不得者皆反求諸己，其身正而天下歸之。」

觀復的力量源自坤卦

〈序卦傳〉說：「剝窮上反下，故受之以復。」「復」之後，「復則不妄矣」，又重新出發，後面就接著无妄卦。也就是說，返本不是目的，目的是開新；可是不回歸生命的本源，就不會有開創新局的能量。所以西方的文藝復興不是復古，而是創新，找回核心創造力，本立而道生，自性生萬法，皆可作如是觀。老子說：「致虛極，守靜篤；萬物並作，吾以觀復。」「虛極」、「靜篤」，虛靜到極點；觀卦的「觀」，復卦的「復」，所以「觀復」一定要用坤卦的智慧。復卦的外卦為坤，而且復卦裡面包含了三個坤卦。坤為母，母親肚子裡有胎動，就是復卦的象；由厚德載物的坤卦導引出復卦的真心，一代一代生生不息，每一代都有一定程度的相似，也有一定程度的新生。

復卦中有三個坤卦，說明要用坤的智慧、耐心、愛心，才能醞釀「復」的能力。二、三、四、五爻，還有三、四、五、上爻以及二、三、四、五、上爻構成的卦中卦就是坤卦。當然，「復」不可能一次到位，所以復卦中還有兩個復卦，初、二、三、四爻和初、二、三、四、五爻構成的卦中卦都是復卦，這說明「復」不是一次搞定，需要不斷地復，不斷追求真理，不斷修正、調整，一復再復。可見，復卦初爻作為三個復卦的初爻，所代表的真心，其意義有多強。還有剝卦上爻那碩果僅存的一陽，轉換成剝極而復，成為復卦初爻重生再起的力量，都很值得重視。

螺旋形的上升曲線

復卦的錯卦是姤卦（䷫），由原來的五陰下一陽生，變成五陽下一陰生。在二十四節氣中兩個卦剛好隔半年，復卦是冬至，姤卦是夏至。姤卦是危機管理的概念，危機管理也是現代管理的智慧；碰到危機，如何在第一時間妥善處理，不讓危機擴大，這是現代企業和組織的必備智慧。如果姤卦是危機，復卦就是轉機。如何化危機為轉機，就是錯卦的應用。

復卦的交卦是豫卦（䷏），熱情行動、「利建侯行師」的力量，其實是基於復卦的核心創造力而來。若能具備復卦的核心創造力，豫卦絕對可以料事如神，早做準備，還可以及時行樂。這就是由復卦的內在修為，轉為豫卦表現在外的強大行動力。

所有的「復」，最根本的是恢復人性，其他的都是枝枝節節。破產了可以重造，而生命更重要的目的是「復性」。人性的核心價值一旦恢復，才是真正的重放光明。為什麼要復性呢？因為「性」迷失、蒙塵了，必須迷途知返。尤其這一兩百年東西方的發展，導致人性的迷失，於是有人大聲疾呼，像抗戰時期，人稱「現代三聖」的馬一浮（一八八三—一九六七）老先生，就在四川辦了一個復性書院。他的宗旨不是要鑽故紙堆，而是希望借鑑西方文化復興的經驗，針對當代的問題，從中國經典來恢復人性。這剛好也是復卦的思維，不是復古，而是重建人性，並以「復」的創造力解決枝枝節節的時代問題。復性書院到最後還是沒辦成，馬老先生終生獨身，「復」是要生小孩的，一個獨身的人主張「復」，可能不太行吧！

由此看來，「復」的路線不是直線，而是曲線，像太極圖就是復的曲線，而且是旋轉的。太極拳的肢體曲線，就是「復」的曲線，「復」才能站得穩妥。這就說明，「復」不是平面上的圓周運動，那叫重複；「復」是立體的螺旋運動，中間有一個中心軸，可以無限地往上、往外擴大、發展；如果發展得好，就可以變成力大無窮的「龍捲風」。所以我們說復卦跟遺傳基因DNA有關，基因的分子鏈是雙螺旋結構，跟六十四卦也有關。這都不是偶然，它只是把我們傳統《易經》定性的東西量化後，在科學上實證出來。可見，復卦的螺旋立體結構就含有生命的奧秘、遺傳的訊息。而且不但是生命的訊息、宇宙的訊息，文化的基因亦在其中。

學習《易經》的方法——反復其道

在二十四節氣中，復卦是冬至，〈大象傳〉說「至日閉關」。在十二消息卦中，復卦是陰曆十一月。如果用一天來講，復卦是子時，晚上十一點到凌晨一點的時間就是復，是一天終而復始的時期。邵雍曾在《皇極經世》一書中預言，二〇一二年就是復卦年，瑪雅文化也說冬至那一天將天崩地裂，地軸旋轉異位。在邵雍來說那是一陽復始，前面的剝、豫、比、觀，除了觀卦是兩個陽爻，其餘的都是一個陽爻，到底是巧合還是什麼，值得探討、思考。

到現在為止，我在闡述《易經》時總是重複講解、前後貫通，頗費一番苦心。因為學《易經》要用復卦的方式來學，要不斷複習前面的卦，因為它們是息息相關的。孔子讀《易經》「韋編三絕」就是如此。「韋」是熟而軟的牛皮，是用來裝訂竹簡的。孔子勤於翻閱竹簡，把裝訂竹簡的牛皮都翻斷了。為什麼會讀斷？因為要前後翻閱。一般的書是從頭念到尾，《易經》不是，隨時讀到哪裡，就要翻到前面來對照；竹簡翻來翻去，一定忙得滿頭大汗。我們現在方便了，可以用檢索的方式，但一定要做的是前後對照。現在的學生為什麼《易經》讀不好呢？因為讀到後面就忘了前面，讀了前面又忘了去翻後面。

可見，《易經》不是讀小說，不論讀哪個卦，都跟前後有關，方法對了才能讀懂、讀通，再就是得熟能生巧；前後呼應，息息相關。要加強這種訓練，講到這個卦馬上就想到跟哪個卦有關；這一比較，深度就出來了，然後思考實際的問題時，在形勢判斷、預測時才會準確。

復卦卦辭

䷗

> 復。亨。出入无疾，朋來无咎。反復其道，七日來復，利有攸往。

一看卦辭就知道，復卦多麼不容易，真是「七日來復」，需要花二十一個字的工夫，才有可能從剝卦五個字的瞬間毀滅中重新站起來。中間又分那麼多階段，每一個階段都不能省略。假定要七天才能復，六天都不行，必須腳踏實地一步一步來。因為破壞容易，建設難，重建更難。剝卦「不利有攸往」，五個字的工夫就毀了；復卦要重建，至少要二十一個字的工夫，才能從剝卦的「不利有攸往」扳回來，抵達復卦的最後四個字——「利有攸往」。

怎樣從「不利有攸往」扳回到「利有攸往」呢？復卦的總綱就告訴我們——「亨」。「亨者，嘉之會也」，有了復的能力，就可以重新建交，原先蒙塵的阻礙統統都恢復亨通。所以復卦有復的能力，一定是通暢的。

下面的都是四個字，像唱詩一樣：「出入无疾，朋來无咎。反復其道，七日來復，利有攸往。」最後是「利有攸往」，「往」就是行動有「主」的意思。「帝出乎震」，下卦震一陽復始，生命力開始恢復，開始建立主宰意識，有自己的主張，就可以順勢展開。也就是說，一旦恢復、建立核心生命力，就可以在外卦坤廣土眾民的平台上施展抱負。這就是「利有攸往」的「往」，行之有主，主是內卦震，尤其表現在「初九」這個核心力量上。

「出入无疾」，人生就是出和入，出門回家、出將入相；出不要有病、入也不要有病，出入自由，不會被拖累、傷害。復的狀況就是這樣，沒有疾病、欲望、污染的干擾，身心健康，很有創造力，沒有任何東西能傷害你。「疾」字除了疾病的意思外，還有「快」的意思。復本來很慢，你看太極拳的起勢多緩慢，前面都在蓄勢、柔中蘊剛、綿裡藏針；出手的時候走的是螺旋型的太極曲線，無堅不摧。這也是「出入无疾」。就像槍膛中的「來福線」。為什麼不用空的槍膛呢？來福線也是繞著中心軸，沿著螺旋的軌跡出去，那樣就有強大的殺傷力。如果是空的槍膛，沒有來福線，力量就會大打折扣。本來「七日來復」就不是求快。想求快，就像歸妹卦想一步到位，一定出毛病；而且像箭一樣專走直線，這也是一種病態。「大衍之術」的「衍」字就是彎彎曲曲，絕對不硬碰硬，可是最後一定流到大海。兵法也講順勢推衍、迂迴路線，沒有一步到位的。人生很多毛病都是急躁造成的。慢慢來，事緩則圓，這也是「復」的概念。

「朋來无咎」，陰陽和為「朋」，乾卦基本上沒有「朋」的問題；對亞當來講，也要到夏娃出現之後，才有「朋」的問題。「朋」是互補的，陰與陽為「朋」、為「友」，陰陽和就能生生不息。「朋來无咎」，我們可以把復卦看成是純陰的坤卦跟乾卦結合之後，乾坤交合，陽入陰中，於是珠胎暗結，在外卦坤（媽媽）的肚子裡，就出現了長子（震）的象。「朋來」，相對於原來純陰的坤卦母體來說，是懷孕、是一陽進來，居於最內、最深、最底層的初爻。「朋來」就「无咎」，所以一陽復始，充滿生命的喜悅、生生不息的生機；而且又重新站穩了，可以立於不敗之地。這是指剝極而復的轉換時期，從「碩果不食」到「復」，終於又取得新的力量，開始慢慢壯大。可見，「朋來」就是指「初九」。

「反復其道」，說明重新出發，不是朝夕可至，需要一而再、再而三的不斷修整，而且不能偏離中心軸——道。這個實踐的過程就是「反復其道」。「其道」是指自己的道，跟別人沒有關係，這是每一個獨特的生命該有的奮鬥、經營的正確的方式；不必抄襲，也不必盲從，是專屬自己的奮鬥之道。換句話說，不是一次搞定，是反復其道；不斷改錯、調整、摸索。那要多久呢？「七日來復」，才發展成熟，然後就「利有攸往」，沒問題，可以跨大步放心往前。

復卦〈彖傳〉

〈彖〉曰：復。亨。剛反，動而以順行，是以出入无疾，朋來无咎。反復其道，七日來復，天行也。利有攸往，剛長也。復其見天地之心乎？

〈彖傳〉是要把卦辭二十一個字做簡單的介紹，但它的介紹很有意思。復卦「亨」的根據就在「剛反」；也就是「初九」一陽復始，回歸到生命的最底層、最內層、最核心的位置。

「動而以順行」，指的是內卦震。「初九」這一回頭，底蘊又生發出新的力量；中心有主，又有大的動能，然後外卦為坤，就可以藉著坤而順勢展開。因為只有一個陽，不能硬碰硬，要善用「順」的智慧。像剝卦「上九」要擋住下面的五個陰爻，也要「順」才能止之。復卦就是要運用坤卦的智慧，何況裡面有三個坤，「動而以順行」，一旦扎了根，接下來就是如何自然而然地揮灑開來了。

「是以出入无疾，朋來无咎。反復其道，七日來復。」讀到這裡，讓人差點失去耐心，搞了個半天還是沒解釋，到後面則提出一個重要的概念——「天行也」。「天行也」可說是解釋「反復其道，七日來復」完全是自然運行的軌道。剝卦〈彖傳〉也講「天行」：「君子尚消息盈虛，天行也。」蠱卦也講「天行」：「先甲三日，後甲三日，終則有始，天行也。」天體的運行，確實是周而復始，所以人也要學天道自強不息，不要靠外力。「天行」跟「七日來復」有關，它是一個核心的、自然的天則，那麼它是怎麼運行的？「利有攸往，剛長也」，這一點理解起來沒什麼問題。十二消息卦陽長陰消，是從復卦開始的，然後慢慢二陽臨、三陽泰、四陽大壯、五陽夬、六陽乾。在形勢消長的階段，復卦絕對是「剛長也」，所以前途看好——「利有攸往」；像冬至那一天白天最短，後來陽氣漸生，越來越溫暖，也就是正面的力量越來越強大。

「復其見天地之心乎？」「見」即「現」。為什麼用疑問語氣呢？因為復卦藏在生命最內核，在宇宙人生或形形色色的組織中深藏不顯，就像碩果之內的種子核仁，不容易被見到。所以儒、釋、道各家都用盡方法探尋真心、真如；探尋自性、良知；探尋生命核心的力量，目的就是為了「天地之心」。但是沒有辦法明確指出，它只是一個過來人的經驗，所以用這種揣摩的語言是非常合理的。要用語言文字表達最核心的真理，那是最困難的。〈繫辭傳〉就說：「書不盡言，言不盡意。得意忘象，得象忘言。」「復其見天地之心乎？」其實就是誘導我們自己也去復復看，如人飲水，冷暖自知。冷暖沒有意義，每個人還要走出自己的路子來，師父領過門，修行在個人。能夠成佛，是因為眾生的自性被觸發，靠自己成佛。

「復其見天地之心。」在《禮記》講得更明確。「人」就是天地之心，從第二十四卦復卦演進到第三十卦，就是人類文明光輝燦爛、薪盡火傳的離卦。從開天闢地、自然演化到了第二十四卦復卦，人類登上自然演化的舞台，脫了動物身，有了身、心、靈的高層演化，最後就到離；前一代的人死了，但文明傳下來，成為後代整個人類文明的共同資產。能夠超越肉身死亡的轉折點，就從復卦開始；精神生命的力量抬頭，正因為前面的剝把強壯的肉體力量消滅，譬如恐龍滅絕。所以剝不一定是壞事，舊的不去，新的不來，從自然演化的觀點來看，必然越來越精進。乾卦〈彖傳〉說「大明終始，六位時成」，就已經預言後世精神的力量會出來，只是先保存著，待時機成熟才煥發光明；就像一千年前的唐朝蓮子，時候到了一樣會發芽。

生命的規律節奏

「七日來復」為什麼是「天行也」？從自然角度看，很多人會以為是一個星體七天繞行一圈。其實日月星辰的運轉週期是年、月、日，如地球繞太陽公轉，那是一年；月亮繞地球轉，那是一月；而地球自轉是一天二十四小時的概念。這個週期跟「七」都沒有關係。那為什麼說「天行」是「七日來復」？從現在的曆法看，可能會聯想到一個星期有七天，對我們來講，那是最好的生活、工作節奏。那麼，中國人是依據什麼、又是從什麼時候開始有一週七天的規定呢？而且，照這樣看，「七日來復」好像比年月日還重要，可是它既然不是根據星體的運轉，怎麼能說是「天行也」呢？而且還影響這麼深！顯然在《易經》的時代就有「七日來復」的概念，那時還沒有一週七天的概念，但以前的人怎麼上班、怎麼休假呢？中國早就有「來復日」的說法，這是事實；「復」本來就有休假日的概念，如第二爻「休復」。但為什麼休假日是以七天為一週期，在中國古代文化中似乎找不到具體的答案。

其實一週七天的概念受西方影響較多。《聖經》記載，上帝花了七天造人、造世界。工作到第六天，工作完成，上帝要休息了，於是第七天就休假。現在全球普遍採用的一週七日，肯定是受到《聖經》的影響；但《易經》的時代絕對比耶穌早個兩千年以上，不可能受到《聖經》的影響，那麼，「七日來復」的概念又是從何而來呢？

另外，佛教也很重視「七」，有象徵意義，也有實質的東西。例如往生後要做七，因為人死後每隔七天都要通過一個階段，所以從頭七做到七七，七七四十九天之後就可以魂歸地府，往自己該去的地方去。此外，佛典記載釋迦牟尼一生下來就走了七步。可見「七」在佛教也有很深層的內涵。對中國的影響就太多了；如「山中方七日，世上已千年」，還有「打禪七」，為什麼是七天？但是《易經》的「七日來復」，也絕不可能受佛教的影響，因為佛教傳入中國是東漢明帝的時候，那時《易經》早就有了。

其實「七日來復」確實是「天行」，是宇宙的規律，但不要往外面看，要往裡面看；人身小宇宙的運轉規律確實是七天一個週期。《黃帝內經》就說過，人的身體和生命的傳衍都和七天的週期有關。現代研究也證實，人體的新陳代謝就是以七天為一週期，全身細胞每七天就要全部更新一次。

《黃帝內經》「天癸至」的概念

雖然很多人知道《黃帝內經》有關「天癸至」的概念，但多半不明就裡。《內經・素問》第一篇就講到：「女子七歲，腎氣盛，齒更髮長；二七而天癸至，任脈通，太沖脈盛，月事以時下，故有子；三七腎氣平均，故真牙生而長極；四七筋骨堅，髮長極，身體盛壯；五七陽明脈衰，面始焦，髮始墮；六七三陽脈衰於上，面皆焦，髮始白；七七任脈虛，太沖脈衰少，天癸竭，地道不通，故形壞而無子也。」

女子從青春期開始到停經期，包括月事週期的概念，都是「七日來復」。「天癸至」的時候，就是女孩子到了青春期，也就是坤卦的母體可以懷胎生育、可以為人母了。《黃帝內經》總結了中國人對人體生理變化的觀察經驗，女子十四歲一般就可以當媽媽了；到了七七四十九歲，做媽媽的義務完成，大概也很難生育了。所以中間有三十五年，是上天賦予女性盡神聖母職的有效期。一般來講，女性四十九歲以後就是更年期，也就是說，女性每七年都會產生明顯的身心變化。女性懷胎的週期是二百八十天左右，也是「七」的倍數。然後胎兒（震卦）在媽媽（坤卦）肚子裡，也是每七天為一個成長階段。這是陰性的生命。

那麼，除了「七日來復」，還有「八月之凶」，八就是男子的成長週期。男性要為人父、「雲行雨施、品物流形」的時期是二八一十六歲。所以陽體生命的週期是八年，直到八八六十四歲，大部分器官退役，男子才進入更年期，不能再生育。

這些都跟復卦的生生不息有關。人的生命形成後，人體小宇宙的規律絕對不可以忽視，醫學、養生、保健都得服從這個原則。「復」是人與生俱來的自癒力，像一般感冒，要是不打針吃藥，七天之後大概也會好。

「七日來復」的生命規律如何運用在醫療保健上，《黃帝內經》就有詳細說明。復卦本身的象就是從青春到不再青春，每一代去執行生命傳衍的天職，這是「七日來復」的規律。而復卦的天地之心——震，絕對跟心臟有關。當然「天地之心」不只是講肉體的心臟，只是若把它落實到形而下的肉體層次，復卦就跟心臟有關。我剛才提到復卦跟女子月事週期有直接相關，也跟心臟有關。一位從醫的學生平常就很喜歡思考問題，有一次遇到一個病例，一位已經停經的婦女有嚴重的心臟病。一般的治療方式療效不佳，這位醫生大概是受《易經》的啟發，他就用了一個方式，把她的心臟病治好了。怎麼治好的？讓她恢復月經。所以自然的生命很有意思，女子一旦脫離四十九歲，心臟就容易出問題。可是在十四到四十九歲之間，不大容易受到心臟病的侵襲，這是上帝對神聖母親的保護。停經婦女用恢復月事週期的方法解決心臟的問題，這就是藉著「復」的方式，抵制了心臟病的侵襲。

類似「七日來復」的例子還有很多，像佛教的「七」，也可以得到合理的解釋。既然生命的誕生跟七有關，這就叫「七節律」，這是小宇宙的自然規律。而佛教做頭七，七七四十九天去往生或輪迴，這個「七」就跟往生有關。總的來說，「七日來復」跟生、死都有關，所以當然是「天行也」。

復卦〈大象傳〉

〈大象〉曰：雷在地中，復。先王以至日閉關，商旅不行，后不省方。

「雷在地中」，這是復卦的象。接著講到「閉關」。閉關是修行的一種方法，目的就是為了剝極而復，借用這種方法療傷止痛，使得將來可以重新出發。這是調整身心的一種手段，等於是給自己放幾天假，跟外面暫時斷絕聯繫；以清淨心修行，深刻地反省、檢討過去，等功德圓滿再出關，又可以面對現實生活的重重挫折和考驗。出關之後就是无妄卦（䷘），又有很多始料未及的考驗。此時能否從容應付，跟閉關時修不修得到位有關。所以閉關是為了儲備能量，準備再出關時接受「无妄」的考驗。

為什麼是「先王以至日閉關」？因為上古時期是冬至過年，由中央政府領導人——先王規定放年假。從前農業社會，年假可能要放到正月十五元宵節。因為那段時間根本不能耕種，所有對外活動統統暫停，不管是官府還是普通百姓，都進入「冬眠期」，衙門機關不辦公，大家一起「窩冬」。

在某種程度上，這裡也回答了我們提出古人怎麼休假的問題。古代年假放得很長，尤其是先秦時期的農業社會，漫長的冬季不僅休耕，也休兵，這時候你不休假幹什麼？所以古人認為，在一陽復始的冬至時節，外面的大宇宙進入冬眠期，身心小宇宙也要好好滋補、調養那唯一的陽，以期來春蓄勢出發。所以先王規定至日那天要閉關放假，暫停所有的應酬、公事，大家好好在家調養。

我們也知道，「至」字跟坤卦的關係很密切，坤卦的核心創造力就是「至」；還有就是復卦一陽再往二陽成長的臨卦（䷒），其第四爻——中央執政的爻位叫「至臨」，說到做到，有很強的執行力，對民眾的服務無微不至，結果當然是「无咎」。

另外，「至日」在二十四節氣中也是很重要的，在陰陽合曆的時代，「二至、二分」之晝短夜長、晝長夜短的分界點，即陰陽交替的時候都是很重要的節氣。復卦是冬至，姤卦是夏至，觀卦是秋分，大壯卦是春分。「二至、二分」就是繞日運行軌道的四個點。

「先王以至日閉關」之後，就是「商旅不行」，所有的商業活動全部暫停；接著政治活動暫停，衙門也不辦公，即「后不省方」。「后」就是地方諸侯。在秋分時候，還可以到處視察，了解民情、疏解民困，作為施政的重要參考；可是在冬至的時候，老百姓都在窩冬，身心靈都在休假，準備春暖花開時重新出發；地方上的諸侯、行政長官就不要在這個時候視察地方。這是先王下的命令。如果「后」是指「后王」，當然就要尊重前代的規矩，照章實行，一切活動配合大環境的形勢而行。

復卦是調養、靜養的時候，所有的活動暫停，所以「商旅不行，后不省方」是休假的概念。我們也會聯想到「七日來復」——女性的懷胎和「天癸至」的概念。女性每個月的「例假」——月經，這也是閉關休養生息的時候；既有能夠生育的象徵，也應該避免男女活動。女子懷胎十月也是閉關，這是為了「至」，好好照顧下一代，這是坤卦最重要的創造力。

用復卦的概念看，「商旅不行」，其實已經在醞釀要有一段休養生息的時間，因為剝卦的時候傷得太深了，所以復卦得慢慢來，不能急，要文火慢燉。

單行道與螺旋行進之道

復卦六個爻，既簡單又深刻。首先我們把它簡單化，假定它是高速公路單行道，兩邊都是懸崖峭壁。大家都有開車的經驗，最安全的走法就是走中間的道，尤其晚上開車，因為五個陰只有一個陽——車燈，在燈光指引下，照著路的中心線走最安全。可是再高的技術都不可能完全壓著中心線走，一定會或左或右，偏離了中心線，但這只是「小過」，不很嚴重。發現有偏差，透過「復以自知」的深刻反省趕快調整，不然就要摔到懸崖下，摔下去就回不了頭，那就是「大過」了。物理學上所謂的鐘擺理論，擺的幅度都不是很大，所以還會擺盪回來；如果擺幅太大，超過了安全範圍，一出去就無法復位。

這就如同通過文化傳承、經驗累積，一代傳一代地指出一條人生奮鬥的明路，告誡我們「諸惡莫作，眾善奉行」，要孝順父母、尊敬師長……這就是復卦的意思。雖然前人已經指出一條明路，但不管我們怎麼走、怎麼複製前人經驗，都不可能完全一樣。因為人就是會犯錯，改過之後就可以再轉回來。所以每一代人的實際人生，都是在走這樣的路；而這個軌跡，剛好就是DNA的雙螺旋路線。但兩個大前提是，一個是不能回頭，一個是不能摔下去。第一爻的出發點一定是在中心線上，但有可能從第二爻就開始偏離，偏離到完全回不了頭，就是第六爻的「迷復凶」；迷路了，還執迷不悟，這時非死不可。天災人禍等浩劫破壞都來了，那就太悲慘了，因復成迷而走火入魔。

「迷復」完全就像佛陀預言的：「末法時期，邪師說法，如恒河沙。」邪師就是「迷復」。本來想要「復」，結果反而迷了。你看多冤枉，因復成迷，沒有復見天地之心，反而不知道迷到哪個魔鬼之心，回不了頭。因為離開復卦的天地之心後，剛開始有一點偏差，卻覺得自己是走在直線的正路上，剛愎自用，不聽人勸；結果一直這麼走下去，走到最後也回不了頭，這就是因復成迷。想要追求佛，結果反而入了魔。這就是典型的「失之毫釐，謬以千里」，只在一念之間，剛開始錯誤的第一步，結果越走越遠。這在復卦的初爻到上爻，還有无妄卦的初爻到上爻都有提醒。无妄卦的初爻尚好，上爻卻是天災人禍、一塌糊塗，悔之晚矣。天雷无妄、地雷復的下卦都是震，都是足；千里之行，始於足下，有沒有「履霜堅冰至」的反省預警智慧，就顯得十分重要了。早期《易經》在還沒有最後統一版本之前，很多古典記述如司馬遷在《史記》中就說：「《易》曰：『差以毫釐，失以千里。』」現在所有的卦、爻都沒有這一句話，但是有這樣的觀念；就是「復初」到「復終」、「无妄初」到「无妄終」。人生常是這樣，第一步要是錯了一點點都會很嚴重，就像噬嗑卦第一爻「屨校滅趾」是「无咎」，到「何校滅耳」就是凶。皆因業障太重，形成慣性、惰性，甚至是習性，就永遠回不了頭。

「復」就是希望你接觸正確的東西，結果卻誤導了。即使在復卦中有三個坤卦的象，想要永遠維持「不習无不利」卻很難，反倒很容易從「履霜」發展到「龍戰于野，其血玄黃」。人性就是這樣，總是會犯錯，但是犯錯沒關係，面對錯誤，勇於改過，「善莫大焉」，「无咎者，善補過也」。那就是復卦第三爻，三多凶的人位——「頻復，厲无咎」。「六三」陰居陽位，意志軟弱，很難抗拒誘惑，容易走錯路。但是走錯路就回頭，就是第三爻的概念，屢屢犯錯、屢屢回頭，就是「頻復」；雖然「厲」，但是无咎，還在復卦的範圍內。就像乾卦第三爻的「君子終日乾乾」，就是在第三爻的人位頻頻犯錯、頻頻改過的「反復道也」。

但是如果超過限度，就會由「頻復」變成「迷復」。三爻跟六爻相應，天人交戰的「頻復」在內卦震，主宰的力量已經受到影響，故造成三爻的擺盪；如果內在的狀況未能及時改善，犯錯頻率高，夜路走多了，總有一天碰到鬼。所以從內卦的內在狀態，發展到外卦的外在行為，就可能造成上爻的慘烈結果。另外有一點非常重要，這也是復卦給的重要啟示。復卦第三爻如果錯而不改，就要下地獄了，因為第三爻爻變為明夷卦（䷣），是最痛苦的卦，看不到一點光。這就是人性的幽暗面，從天堂到地獄，繫於一念之間，成佛成魔也在一念之間。在想要依正道修行成佛的復卦第三爻，犯錯可以，要是不回頭就得下地獄，由追尋天地之心，陷入明夷之心。

可見，修行真不容易，一級一級按觀卦說的往上修，由凡夫俗子的眾生修到羅漢，再由羅漢修到菩薩，最後看能不能圓滿成佛。在追求究竟圓滿成佛的這一路上，要遭遇種種魔鬼考驗，一念之差，隨時有墜落的可能，導致前功盡棄，這就是復卦第三爻的概念。修行檔次低，小的魔來找你麻煩；修行檔次高，大的魔來找你麻煩；等到快成功了，最大的魔就來找你麻煩。這樣看來，一般老百姓的生活反而沒有這些風險。但是人生要從反面看，明夷卦第三爻一變就回到了復卦，放下屠刀，立地成佛。平常修行勤謹，一念之差下地獄；平常罪業滿身，一念向善也可以上天堂。這就是第三爻人位單爻變給的深刻啟發。三爻的改或不改，會決定第六爻的最後下場。復卦六個爻都有「復」，既然「復」是宇宙人生的真相，也是我們奮鬥修行的方向，每一個爻都要修，只是上爻修到「迷復」去了。所以，不管是哪一種「復」，也不管是不是會出狀況，人生無一例外，都得「復」，否則還有生命嗎？

營衛氣血——復卦的中醫觀點

在進入復卦六個爻的實際歷程前，我們再從中醫的角度講一下與復卦有關的觀點。前面提過，女性自十四歲至四十九歲的三十五年生命之中，每個月一次的月經，可以對心臟起到保護的作用。這個道理可以用來間接治療心臟病，這大概是上帝造物，不想讓女人負擔辛苦的生產責任，還要擔心心臟病，所以有這樣的防護機制。

中醫有一個很重要的觀念，叫「營衛氣血」。「營」指的是新陳代謝，在《易經》就可以用復卦作代表。「衛」就有一點像西醫講的免疫、防疫機制。如果免疫系統被破壞，任何病菌都可以入侵，所以復卦也是自然的防衛機制，使人體免受細菌、病毒的傷害。復卦的交卦是豫卦（䷏），豫卦就是預防身體遭遇外感傷害，復卦則是身體本身就有預防的機制。

因此，新陳代謝機能跟免疫功能是息息相關的，「營」的重點在內，「衛」的重點在外。防禦外敵入侵，讓你常保康樂，那就是豫卦。《易經》最圓滿的卦——謙卦講「裒多益寡，稱物平施」，就是維持各種機制的平衡。幾年前我們曾卜卦問中、西醫治療手段的特色，西醫占到的是坎卦（䷜），風險很高，初爻、二爻動，尤其初爻的風險更高，為了要克服一個險，結果越陷越深。初爻爻變是節卦（䷻），看來《易經》對西醫的評價是有所保留的。坎卦二爻叫「坎有險，求小得」。西醫的開刀是哪裡出問題割掉哪裡，但割除並非是最好的方式。坎卦初爻、二爻冒著一些風險，「求小得」，不求圓滿，把有問題的器官切除掉，希望保障整體的安全，可能也有新生的機會，因為兩爻變是屯卦（䷂），「動乎險中，大亨貞」，帶著一點草莽氣息，在險中求生。

中醫的考慮似乎更全面、更整體，占卦的結果是謙卦（䷎），初爻和三爻動。初爻是「謙謙君子，用涉大川，吉」；第三爻正是最有名的天下第一爻——「勞謙，君子有終，吉。」謙卦初爻、三爻兩爻動就是復卦的象。中醫的著眼點是恢復自體療癒的元氣，而不是切掉這個、切掉那個。所以在謙的和平態度下，動刀未必是最好的，甚至要你身心勤勞一點，在勞、謙之中得到培元固本的「復」。我們看，「謙中復」跟「坎中屯」，「復」是生生，是人文的、精緻的生；「屯」是新生，自然的生、草莽的生；一個是重視全體均衡的「謙」，一個是一股腦切除的「坎」，雖說各有所長，但中醫好像略勝一籌。

復卦六爻詳述

初爻：天地之心往內求

初九。不遠復，无祇悔，元吉。

〈小象〉曰：不遠之復，以修身也。

「初九」是復卦最重要的核心，首先是「不遠復」。復卦初爻天地之心所代表的良知良能，本來就藏在內心，怎麼會遠呢？如果老往外面看，不會反觀自省，才會覺得它遠。孟子講「惻隱之心、羞惡之心、辭讓之心、是非之心，人皆有之。」就像眾生皆有佛性，明明是與生俱來，怎麼會遠呢？一般人糊塗，不知道往內求，明明佛在家中坐，就在日常生活、待人接物之中顯現，卻一天到晚遠地燒香、往心外找佛，怎麼求得到天地之心呢？其實踏破鐵鞋無覓處，哪一天恍然大悟，得來全不費工夫。〈繫辭傳〉就說：「《易》之為書也不可遠。為道也屢遷。變動不居，周流六虛。」「不遠」就能「復」。

剝卦也是如此，第四爻〈象傳〉就說「剝床以膚，切近災也。」災難就在眼前，卻還渾然不覺，在床上睡大覺。復卦要探尋正面的東西，也是這樣；離得這麼近，卻要遠求。難怪孟子說：「道在邇而求諸遠，事在易而求諸難。」這就是一般人的毛病。《論語》中孔子的弟子子夏就說：「博學而篤志，切問而近思，仁在其中矣。」朱熹和呂祖謙合著的《近思錄》，就取自《論語》這句話。我們思考人生的問題，不要虛無縹渺，要貼近日常生活，這樣才會有所得。

所以，如果真心實意，用心體察，你就會感覺到下卦震象徵的內在動能，要「復」就「不遠復」。再有一種說法，就是你一直想走中間那條線，但不可能那麼精確，人一定會犯錯，一定會有所偏離，偏離沒關係，趕快調整回來就好了。那也叫「不遠復」，迷失得不遠，從善如流，立刻回頭。時時保持「不遠復」的反省，就可以「无祇悔」。「祇」就是「至」，不至於後悔。不要像「亢龍有悔」，因為剛愎自用，不肯回頭，以致追悔不迭。肯回頭，不遠就「復」。這就告訴我們，陽剛太過，太強硬，就會「悔」。

從最貼近身心的地方尋找真理，人生行事不但不會發展到「悔」的地步，而且，結果是「元吉」；到最後工夫純熟，充滿核心的創造力，幾乎都不犯錯，結果一定吉。復卦卦辭反而沒有「元」，只講「亨」。但是，核心的生命力、創造力，就落實表現在復卦的初爻。一旦「不遠復」，就「无祇悔」，「元」就出來了；創造力泉湧而出，生生不息，自性生萬法，本立而道生，就叫「元吉」。

〈小象傳〉說：「不遠之復，以修身也。」講得很實際，「不遠復」就是拿來修身的。《大學》為什麼在修身前面要講誠意正心呢？就是因為復卦乃天地之心。格物致知也是如此，心才能格物。復以自知，落實到每日可見的就是修身，就是復卦初爻「不遠復」的概念。修身不是空的，幹事業也是一樣，路線錯了就趕快調整、修正。

這是「初九」，也是「復」的源頭，還不至於犯太大的錯，等到涉世漸深，車子往下開，習性、惰性漸深，天機漸淺，誘惑挑戰犯錯的可能性就增加了。

平常心就是道

復卦初爻在〈繫辭傳〉中被特別引用發揮。原文是：

> 子曰：「顏氏之子，其殆庶幾乎？有不善未嘗不知，知之未嘗復行也。《易》曰：『不遠復，无祇悔，元吉。』」

「顏氏之子」就是顏回（顏淵）。「其殆庶幾」，就是說顏回的表現差不多是這樣了吧！就算沒有百分百，也大概有九十九了。顏回怎麼表現不錯呢？「有不善未嘗不知，知之未嘗復行也。」

從起心動念到行為舉止有任何一點偏差，第一時間就察覺到了，而且立刻改，不會重犯。真的是知行合一，「不遠復，无祇悔」，不至於發展到「悔」的地步，所以能「元吉」。〈繫辭傳〉第一章開宗明義就說「乾以易知，坤以簡能」，乾是「易知」，復是「自知」，復卦是從乾卦拷貝過來的，可以反省自己、認識自己。若人超脫不了飲食男女的境界，就是噬嗑、賁；現在是剝、復，脫離只知食色的動物身，進入比較高級的生命形態，就一定要重視自知的能力。我們說孔門七十二賢，顏淵因為得到孔子的屢次褒獎，即使事業成功、人情練達的子貢也自歎弗如；自認只能聞一知二，顏淵卻是聞一知十，應該也是言之有據。所以顏淵在孔廟配祀的規格歷來都很高，如今在曲阜孔廟不遠處，就專門有一座祭祀顏淵的廟。

從佛教講，復卦初爻代表的就是金剛心。我曾占問《金剛經》說什麼？答案就是復卦初爻的「見天地之心」，凡所有象皆是虛妄，須直探本心。《金剛經》探討的種種法門就是要你印證天地之心。也就是說，我們要尋找的佛不在天邊，就在眼前——「不遠復」，這就是我們常常講的「平常心是道」，這也是復卦初爻的概念。《金剛經》云：「應無所住而生其心。」「生其心」就是天地之心。像玄奘從小出家，我們也占問過玄奘一生究竟修到何種程度？也是復卦初爻動。玄奘一生艱苦卓絕，不管翻譯事業還是留學生事業，看來都是圓滿的。

二爻：及時休養

六二。休復，吉。

〈小象〉曰：休復之吉，以下仁也。

「初九」如果是真理的基準點、初發心，問題還不大，如同「初筮告」，但若「再三」就「瀆」了，嗜欲蒙蔽理智。幸虧第二爻離真理很近，而且它的天賦稟賦很好，「六二」中正，像坤卦「六二」一樣不容易受到習氣的污染，不會「性相近，習相遠」。另外，雖然「六二」跟「初九」是不正的承乘關係，因為陰乘陽、柔乘剛，容易發生狀況；但復卦「初九」的感染力和作為典範的影響力太強，會讓「六二」不自主地受到正面的影響，所以「六二」的結果還是好的。換句話說，如果開車離開「初九」的出發點，到「六二」可能有所偏離，可是因為離「初九」很近，馬上就警覺不對，自然會立刻調整，不像第三爻調整得那麼痛苦。

「六二」跟「初九」離得很近，基督教常講「願與我主相親，願與我主日近」；離典範越近，貼身學習，就近取法，就不容易犯大錯。離得越遠，像上六「迷復」，不迷都不行。「六二」雖然本身沒有很大的創造力，但是跟在「初九」身邊學習，所以「休復，吉」。「初九」是「元吉」，「六二」雖「吉」，卻沒有「元」。

「休復」之「休」，這是《易經》第三次出現這個字，也是最後一次。前面兩次出現，一個是否卦君位的「休否」，可以讓「否」暫時休止，有休養生息的喘息空間。復卦的閉關就是休假的概念，「休」是為了更貼近內在天賦生命的真實，所以不要做工作狂，休息是為了走更長遠的路。也不能趁休假時夜夜狂歡，不但沒有得到休息，還喪失了休假的真意。「休」是身心得到大放鬆，所以否卦第五爻要「休」，才有進一步「傾否」的機會。「休復」是正面的，有美好的意思，不僅「復」得很自然，而且確實得到休養生息的機會，所以「吉」。還有一個「休」出現在大有卦的〈小象傳〉：「君子以遏惡揚善，順天休命。」「順天休命」的「休」也有美好的意思。人要懂得休息，機器隔一段時間就要養護，何況我們的身心呢？身心得到徹底休息，生命力才能源源不絕。所以隔一段時間就得安排休假，而且是真休息，不能休息時還在想公事，還在爭名奪利，那就完蛋了。

〈小象傳〉說：「休復之吉，以下仁也。」「下」是動詞，「仁」就是核心的創造力，也是愛心，是陰陽兩性互動產生延續生命的種子。「仁」字除了「二人偶」的意思之外，也是「天地人」三才的概念。「二」字上面一橫是天，下面一橫是地，中間是「人」，正是「天地人」三才的概念。對「六二」來講，「仁」就是「初九」。「六二」離它那麼近，雖然「初九」位置好像比它低，比它更內在、更深入，但「六二」絕對要取法「初九」，才會有「休復，吉」。這就是「以下仁也」，禮賢下士的「下」。「六二」很重視「下」，因為復卦就是「窮上」而「反下」，上面窮了，就要取法於下，取法於內，重視核心的「仁」，生命得到紓困，才會活得舒服自在。「下仁」就佛教來講就是「親近善知識」，從《論語》來講就是「里仁為美」。《論語》還講「擇不處仁，焉得知」，怎麼算有智慧呢？「里仁」就是這裡的「以下仁」，你住在哪裡、交往的對象，最好都是仁人、善知識，所以才有孟母三遷。可見，選擇居處的環境或行業，要選有核心創造力的、有仁心愛心的社區，或者對社會有正面意義的行業，不然「近朱者赤、近墨者黑」。

第二爻爻變是臨卦（䷒），臨卦多好！「元亨利貞」，只要小心避免「至于八月有凶」，自由自在，海闊天空，很有創造力。「休復」就讓一陽復變成了二陽臨，本來是一個核心的仁在這裡，結果旁邊的人跟他學習，變成好多「仁」；從一陽擴大至二陽，創造力開始擴散，從核心感染到旁人。另外，「休」字在《尚書・秦誓》和《大學》最後一章都有這樣的話：「若有一個臣，斷斷兮無他技，其心休休焉，其如有容焉。人之有技，若己有之，人之彥聖，其心好之。」這裡說的是為人處事要寬和、包容，不要刻薄、嫉妒，打壓比你有才的人，要讓好人出頭。看到別人的好處，一點也不嫉妒，還幫他宣揚，就好像是我自己有這個好處一樣。在此處，「休」就是在人群、組織之中「有容」，能真心欣賞、推薦別人的長處，一點也不嫉妒。我們常看到互相嫉妒的派系鬥爭，所以國家、組織的成敗，以及個人修德都跟「休」有關，是人生盛衰成敗的關鍵。所以《大學》和《尚書》都要求人要「休休焉」。

三爻：一念之間

六三。頻復，厲无咎。

〈小象〉曰：頻復之厲，義无咎也。

「六三」不中不正，是「三多凶」的人位，內卦震的生命力已經衰微，然後離「初九」比較遠，不像「六二」那般親近。所以「六三」「頻復」，犯錯的頻率很高，屢錯屢改，雖然「厲」——危險，但只要改了，還是「无咎」。這和乾卦的「君子終日乾乾，夕惕若，厲，无咎」多像！

〈小象傳〉說：「頻復之厲，義无咎也。」「頻復」是危險動盪不安的，「人之所當為」叫「義」，人常犯錯也是天經地義，不必大驚小怪、有罪惡感，更不要掩飾，只要改就「无咎」；如果不改，爻變就是下地獄的明夷卦（䷣）。可見，這個爻的擺盪真的很絕，在「天地之心」跟「明夷之心」之間天人交戰，在佛心跟魔心、神性跟魔性之間擺盪，只在一念之間。這也是在「復」的修行路上常有的事。《尚書》就說：「惟聖罔念，作狂；惟狂克念，作聖。」聖賢的「聖」和瘋狂的「狂」隨時都可能轉換角色。如果，起心動念有一點不正，聖就變狂；若能克制不正當的欲念，狂也可以變成聖。復卦第三爻爻變為明夷卦，這個啟發是很深刻的。

從這個觀點來看，我們一天之中念頭的起伏，天堂地獄都不知道去了多少次。如此一來，天堂地獄哪裡有那麼遠呢！一念就去，一念又回。但千萬不要屢錯而不改，否則總有一天爻變變成「明夷」，墜入無邊的黑暗中。

四爻：依中道而行

六四。中行獨復。

〈小象〉曰：中行獨復，以從道也。

「中行獨復」，說的是「六四」陰居陰位，跟「初九」是相應與的關係，內外呼應。而且外卦是坤，「六四」是坤之始，在外卦坤的廣土眾民之中，能用坤卦無限的包容、慈愛和順勢用柔，與「初九」的天地之心配合無間，內外相濟，並且依循時中之道而行，故能「獨復」，完全合乎中道。如夜裡開車，絕對不會偏移兩邊，摔得粉身碎骨。

復卦五個陰爻中，只有「六四」跟「初九」的關係好得不得了。這跟剝卦「上九」「碩果不食」的陽爻和「六三」相應與，所以能「剝之无咎」是完全一樣的。若把剝卦倒過來看，「上九」

就是復卦的「初九」，「六三」就是復卦的「六四」。

「中行獨復」，有「中行」的理念，有跟隨的真理準則，有從核心創造力發而為外在的行動，那一定是合乎中道、表現卓越的，而且，獨特的創造力也得以開展。「獨」就是「初九」，也就是「慎獨」的「獨」。《中庸》一開篇就提到「慎獨」和「中和」之道的關聯，一定是先獨後中的。「陰陽和」就稱「中」，就能生生不息，而且每一個生命保持它獨特的特色。此外，《中庸》又透過一個定義性的概念，把這個觀念講得更為清晰：「在天曰命，在人曰性，在身曰心，在己曰獨。」命、性、心、獨根本就是一回事，把它落實到每一個個體生命，每一個人都不一樣。我們就要重視那個不一樣，把它開發出來。表現在事業上就是有獨門絕活；你就是不可或缺的環節，永遠都有價值，那就叫「獨」。而且要「慎獨」，用真心去培養。復卦不是核心的創造力嗎？每一個生命體都有它獨特的基因，每一種文化也有「獨」；像中華文化、佛教文化、希臘文化、西方文化，都有它獨特的地方，那才是真正的競爭力。能夠「獨復」就能「中行」，所以《中庸》講「是以君子，必慎其獨也」，後邊就說「喜怒哀樂之未發，謂之中；發而皆中節，謂之和。」這講得清清楚楚。

「六四」復了之後，爻一變就是充滿生命力的震卦（䷲）。為什麼四爻爻變是震呢？因為它一直跟隨初爻的核心創造力，一點都沒有偏離。所以〈小象傳〉說：「中行獨復，以從道也。」「從」就是跟隨，「初九」是主，六四是「從」；「初九」的「天地之心」，指導「六四」的「中行」。

五爻：大德敦化

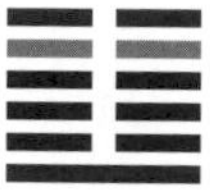

六五。敦復，无悔。

〈小象〉曰：敦復无悔，中以自考也。

第五爻是復卦的君位，「敦復」可謂是爐火純青了，從初爻開始復，一路到第三爻又懸崖勒馬拉回來；到第五爻功力逐漸深厚，尤其在「六四」的「中行獨復」之後，一切都合乎標準，積澱深沉厚重。到第五爻就是「敦」。〈繫辭傳〉云：「安土敦乎仁，故能愛。」外卦坤正是溫柔敦厚的典型。「敦」在臨卦和艮卦也出現過，如「敦臨」、「敦艮」。「敦艮」是艮卦第六爻，止欲修行到了絕頂。在《易經》修到「敦」，就是仁厚長者、功力深厚的象，正所謂「大德敦化」。所以「敦」不是第五爻就是第六爻，四爻以下的生命沒法達到「敦」的境界。

「敦復」，一路復到最後不退轉，絕對經得住誘惑、考驗，最後乃有大成，修到「无悔」的境界。不會犯錯，怎麼會有悔呢？「亢龍」才有悔，「敦復」因為功力深厚，隨心所欲不逾矩，怎樣做都對。所以〈小象傳〉說：「敦復无悔，中以自考也。」怎麼達成這樣的境界？因為「六五」居上卦之中，可以進一步發揮「中行獨復」的「中」；根據《易經》或《中庸》講的時中之道反省自己。這說明自我測試很重要，人最好自己把關，不要讓人家來挑你毛病；自己發現不對了，「有不善未嘗不知，知之未嘗復行」，就輪不到人家挑你毛病了。

「六五」爻變為屯卦（䷂）。復是人為後天的修行，是「生生」；屯是「天生」，是天造自然的生。新生叫「屯」，再生叫「復」。再生的「復」若能宛如新生的「屯」，這就叫巧奪天工，完全回歸自然。人不斷調整、修行的結果，結果是人合天工。不過這裡也有隱憂，現代科技如此進步，尤其跟復卦有關的遺傳基因，以及從復卦到无妄、大畜的演變來看，基因重組、破解生命密碼，人造人確實有可能。假定復卦代表一整套DNA密碼，初爻就是破解基因密碼，二爻「休復」；到了四爻「中行獨復」，爻變是「震」，「萬物出乎震」；到了第五爻實驗功力純熟，不會犯錯了，爻變為「屯」，人創造的生命跟上帝創造的生命幾乎一樣。可是千萬不要忘了它的危機跟風險，一是第三爻的「頻復」，不斷的試驗可能失敗，複製錯誤的生命有可能變成「阿凡達」之類的變種人，那不就失控了嗎？復卦變明夷卦，後果多嚴重！所以，科技即使辦得到，也不應該這麼辦，生命科技要有意義的重大突破，應該是克服先天遺傳的疾病。

上爻：天災人禍並至

上六。迷復，凶。有災眚。用行師，終有大敗，以其國君凶，至于十年不克征。

〈小象〉曰：迷復之凶，反君道也。

更可怕的就是上爻的「迷復」，禍國殃民，天災人禍並至。這說明什麼東西都不要過頭，像「飛龍在天」已經很好了，登峰造極，「亢龍有悔」就不好了；「黃裳元吉」很好，「龍戰于野，其血玄黃」就很慘。在這個基礎上，我們看復卦「上六」慘烈的程度，在《易經》三百八十四爻裡可能排行前三名。

《易經》十大凶爻的第一爻是離卦第四爻的「突如其來如，焚如，死如，棄如。」說它是世界浩劫、生物滅絕的象，絕不是開玩笑。天災可能是人禍引起的，當人類文明的創造力、科技的創造力越強，很多表面看是天災，其實是人禍啟動的，因為人破壞自然的程度太深。

我們看「上六」。人為的「天地之心」，發展到「上六」就走火入魔，走上了不歸路，連累眾生遭受重大傷害。「迷復，凶，有災眚。」「眚」即眼睛長東西，看不清楚，代表欲望蒙蔽理智。迷了之後，看什麼都不準，就會有問題，這就是人禍。「眚」時盲動，一定招災，不能怪別人。可是，「災」是水火構成的，是自然災害的概念。如果《易經》的爻辭出現「有災眚」，就代表天災人禍並至，而且人禍可能演變成天災，真正的原因是人自作孽。「天作孽，猶可違」，可是自作孽，逃到哪裡都不行，因為欲望跟著你走。萬般帶不去，唯有業隨身，你走到哪裡都會惹災。所以「眚」是人禍，「災」是天災，有時候分開，有時候聯動。「有災眚」就更嚴重了，有戰爭、饑荒，又有海嘯、地震，滔天大禍並至。我們現在這個世界不就是「有災眚」嗎？這是人的「自作孽，不可活」，要回頭很難。

「用行師」、「有災眚」就是一個徵兆，然後人還執迷不悟，想用自己僅有的一點力量，解決「迷復」的滔天奇禍，怎麼解決得了呢？負隅頑抗，只有擴大傷害，搞到「終有大敗」。「以其國君凶」，船沉了，船長能跑嗎？「上六」是過氣的亢龍之位，會拖累「六五」的君位，甚至波及、連累整體，禍國殃民。

「以其國君凶，至于十年不克征。」君死國亡，一蹶不振，長達十年都沒辦法恢復元氣，不再有能力興兵作戰、發動攻勢。能想像到的凶都發生了，而且受害範圍非常廣。所以這一爻是有名的凶爻。明明已經修到「敦復，无悔」了，都還有可能墮入魔道。不過一念之差，就由「敦復」墮入

「迷復」，由「飛龍」變「亢龍」，由「黃裳」變「龍戰」，這就是修行之路的艱困。

〈小象傳〉說：「迷復之凶，反君道也。」還是要回歸基本面——君道，領導統馭有其正道，「迷復」就是偏離了正道，所以要趕快回頭，否則就不可收拾。《易經》經傳中常出現的「反」字，「反對」的意思很淡，大部分是「反復其道」的概念，就是提醒你迷途知返。可是很多個性剛強、不服輸的人，執迷不悟，屢勸不聽，非得撞牆再回頭，或者不見棺材不掉淚。上文我們就講過，中心路是真正的道路，剛開始有點偏差，錯到最後就是「迷復」。偏偏有些人在「迷復」中還自認是真理，走的是正路，那就沒辦法了。但問題是他會殃及池魚，這就很麻煩了。

占卦實例1：康熙親征葛爾丹

復卦「上六」迷復這個爻有一個著名的占例，就和康熙親征葛爾丹事件有關。當時，為了平定吳三桂叛亂、穩住蒙古各部，康熙決定把女兒藍齊兒嫁給蒙古的葛爾丹，以贏得暫時和平。待吳三桂之亂平定後，康熙御駕親征，翁婿大戰，女兒夾在中間當然倒楣。

康熙攻打葛爾丹勢在必行，決策已定，但過去這種軍國大事少不了要占卦。大學士李光地當時就是有名的易學家，奉命占算此戰吉凶，結果就占到「迷復凶」這一爻。這還得了！皇帝要完蛋了——「終有大敗」。「用行師」，就是要去打葛爾丹，「以其國君（康熙）凶」，還「至于十年不克征」。他看到這個卦象就呆住了，再呈給康熙看，也奏請不能打，要忍。結果康熙一笑置之，繼續打。他認為這個爻是應在葛爾丹身上的，是葛爾丹「迷復凶」，「至于十年不克征」說的是被康熙徹底剿滅。結果康熙對了。

易學大師李光地的功力算是深厚的，是占卦占錯了，還是斷卦斷錯了？其實，《易經》最高的境界不是占卦，德高鬼神驚，智慧高到一定程度，可以超脫一般的禍福吉凶。但康熙這個例子還有解釋的可能，占卦不可能錯，斷卦上李光地可能真的錯了，康熙對了。康熙的博學可說是千古一帝，晚上用功讀書到吐血，因為他覺得皇帝應該更有學問，更要用功，不僅學中華學問，連西方學問也涉獵。我在「大衍之術」一章特別提醒，內卦代表自己，外卦代表對方，只要沒有太複雜的關係，內卦通常代表啟占的一方，外卦的任何動態，包括爻動，代表對方可能的狀況。既然康熙要去征討葛爾丹，這個爻動在外，所以康熙說這不是我，是對方「迷復凶，有災眚」。有沒有道理？有道理。這個例子提供我們很多思考，除了斷卦的問題之外，還有就是像康熙這種人物，真的是有可能超脫吉凶禍福的。人如果能力、智慧、膽識、德行都夠，還用得著占卦嗎？正如荀子所說的「善《易》者不占」。但是要修到康熙那個地步也不容易。

我們再看「迷復」這個爻，為什麼這麼凶呢？用卦中卦檢驗就清清楚楚了。復卦二、三、四、五、上爻和三、四、五、上爻構成的都是坤卦，「上六」正是坤卦上爻的「龍戰于野，其血玄黃」，「其道窮也」。跟「迷復凶」如出一轍。「迷復」裡面藏了兩個「龍戰」，不凶才怪呢！然後「迷復」這個爻所描述的慘敗狀況，讓我們聯想到泰卦上爻「城復于隍」的傾城傾國。泰卦上爻就是「迷復」；泰卦的「城復于隍」，就是泰卦三、四、五、上爻構成的復卦上爻。所以我一直提醒大家學習《易經》要全盤照顧，像孔子「韋編三絕」一樣，把《易經》都讀爛了，才能真正搞清楚。

占卦實例2：金融風暴十年後美元的國際地位

二〇〇九年四月上旬，我將赴廈門大學「南強論壇」演講，準備時事資料。其時金融風暴肆虐，G20剛開過會計議國際合作，我占問：十年後美元的國際地位如何？得出復卦初、二爻動，齊變有師卦之象。罪魁禍首的美元，仍有極強的力量，在國際間大打貨幣戰爭。復卦「初九」爻辭：「不遠復，无祇悔，元吉。」美元還是全球創造價值的核心。「六二」爻辭：「休復，吉。」各國都得跟隨起舞，才有存活空間。師卦〈彖傳〉稱：「行險而順，以此毒天下而民從之，吉，又何咎矣！」全世界受美元毒害，卻無力反抗，只能跟從，美元作為國際硬通貨的優勢不會動搖。

易經密碼：易經六十四卦的全方位導覽 / 劉君祖著 .
-- 初版 . -- 臺北市：大塊文化 , 2015.11
冊；　公分 . --（劉君祖易經世界；4）

ISBN　978-986-213-650-8（第三輯：平裝）

1. 易經　2. 研究

121.17　　104020591

劉君祖易經世界4

易經六十四卦的全方位導覽

易經密碼　第三輯

作　者：劉君祖

責任編輯：李濰美

封面設計：張士勇

文字校對：楊菁、鄧美玲、劉君祖

法律顧問：董安丹律師、顧慕堯律師

出　版：大塊文化出版股份有限公司

地　址：台北市 105022 南京東路四段二十五號十一樓

網　址：www.locuspublishing.com

讀者服務專線：0800-006689

電　話：(02) 87123898　傳眞：(02) 87123897

郵撥帳號：18955675　戶名：大塊文化出版股份有限公司

總 經 銷：大和書報圖書股份有限公司

地　址：新北市新莊區五工五路 2 號

電　話：(02) 89902588（代表號）　傳眞：(02) 22901658

初版一刷：二〇一五年十一月

初版七刷：二〇二二年五月

ISBN　978-986-213-650-8

定　價：新台幣四〇〇元

Printed in Taiwan